교수설계 연구를 위한 설계 · 개발연구 방법론

임철일 이다연 이진연 한옥결
고보경 홍수민 임은선 채지윤

교육과학사

머리말

AI융합 교육을 어떻게 할 것인가에 대한 이론적, 실제적 관심이 높아져가고 있다. 2020년 'AI융합 교육' 전공이 전국의 교육대학원에 설립되기 시작하면서 AI융합 교육에 대한 실제적 관심이 부각되기 시작하였다(교육부, 2020). 이후 2022년 AIEDAP(Artificial Intelligence Education Alliance Policy Lab)이라는 국가 사업이 전개되면서 교과 내용으로서 AI와 일반 교과를 어떻게 융합하여 수업을 실행하는가에 대한 이론적 관심이 깊어가고 있다(임철일 외 3인, 2024).

AI융합 교육은 융합 교육의 한가지 형태로 학교 현장에 등장한 STEM 혹은 STEAM(Science, Technology, Engineering, Art, Mathematics)의 연장선에서 살펴볼 수 있다. 수학 혹은 과학 교육이 일상 세계의 문제와 동떨어진 형태로 단일 교과의 지식만을 다루는 방식의 문제점을 지적하면서 STEAM이 시도되었다. AI융합 교육은 STEAM의 연장선에서 AI와 다른 교과 예컨대, 과학, 수학, 사회, 미술과의 융합을 지향하고 있다. AI 자체에 대한 이해에서 벗어나서 다른 교과의 지식을 AI 차원에서 새롭게 이해, 해석하고 관련된 문제를 해결하는 역량을 개발하는 데 관심을 가지고 있다.

AI융합 교육에 대한 관심의 증가로 인하여 자연스럽게 AI융합 교육을 어떻게 할 것인가라는 문제가 제기되었다. 기존의 교과 중심 교육은 정해진 국가 교육과정과 교과서 그리고 정형화된 수업 방법에 의하여 이루어지고 있다. 그에 비하여 AI융합 교육은 AI융합이라는 역량을 교육적으로 달성하기 위한 내용과 방법이 아직 규명되어 있지 않기 때문에, 기존의 여러 교육 방법을 참고하여 새롭게 교육방법이 개발되어야 한다. 예컨대, 생물학적 지식과 AI 지식을 융합하여 교육을 실행할 때 관련된다고 보여지는 지식들을 참고하여 개발해야 한다. 이 과정을 거치면서 AI융합 교육을 위한 수업 설계의 모형과 원리가 만들어진다(임철일, 2024). 그리고 이 지식을 활용하여 학교 현장 등에 활용할 수 있는 최적의 AI융합 교육 프로그램을 개발하게 된다.

그렇다면 학교 현장에서 새롭게 요구되고 있는 AI융합 교육을 위한 수업 설계원리와 모형에 관한 지식은 어떤 방법론적 과정을 거치면서 개발될 수 있는가? 이 책은 바로 이러한 수업 설계와 교육 프로그램 개발을 위한 처방적 지식을 생산하는 연구 방법론으로서 '설계 개발 연구 방법론'을 소개하고 있다. 설계 개발 연구 방법론은 현재 관심을 받고 있는 AI융합 교육을 개발하기 위한 원리와 모형을 개발할 수 있을 뿐만 아니라, 다른 다양한 유형의 교육 프로그램의 개발에도 적용될 수 있다. 실제로 이 방법론은 지난 수십 년 동안 교육공학 분야 좁게는 교수설계 영역의 주요한 연구 방법론으로 활용되어 오고 있다.

이 연구 방법론을 최초로 제안한 Seels와 Richey(1994)에 이어서, 체계적으로 집대성한 Richey와 Klein(2007)에 따르면 설계 개발 연구 방법론의 기본적인 특징은 다음과 같다.

> "교수적 또는 비교수적 산출물 및 도구, 그리고 그 개발을 이끄는 새로운(혹은 개선된) 모형의 생성에 관한 실증적 기반 확립을 목표로 하는 설계, 개발, 평가 과정에 대한 체계적인 연구"

이 정의에 따르면 설계개발연구 방법론은 교육공학의 연구 영역 중

하나인 수업의 설계, 개발, 평가 과정 및 이것들이 궁극적으로 지향하는 수행의 변화에 영향을 줄 수 있는 비교수적(non instructional) 혹은 교육 외적 해결안의 개발을 위한 연구 방법론으로 볼 수 있다. 이 방법론의 관심은 무엇보다도 '수업의 설계 및 개발 과정'에 초점을 맞추면서 이 활동을 안내할 수 있는 타당한 지식의 도출에 있다.

교육공학은 역사적으로 매체 혹은 기술의 교육적 활용에 관심을 가지면서 출발하였다. 그리고 이 전통은 최근의 메타버스기반 교육, AI융합 교육 혹은 AI활용 교육에 대한 관심에서 알 수 있듯이 새로운 첨단 기술이 계속 등장하는 한 하나의 지식 영역으로 지속될 것이 분명하다. 다소 복잡한 교육 관련 지식이 없더라도 새로운 첨단 기술을 교육에 활용하면서 그 효과를 확인하는 연구는 끊임없을 것이다. 설계개발 연구 방법론은 앞서 언급한 새로운 매체와 기술의 교육적 효과성 연구가 가지고 있는 한계점을 지적하면서, 특정 매체와 기술이 어떻게 활용되는가를 수업 설계, 개발, 평가 과정의 맥락에서 살펴보아야 한다는 점을 강조한다. 수업 설계의 체계성, 처방성이 매체와 기술의 활용과 연결될 때 나타날 수 있는 최적화된 효과성에 관심을 가지는 방법론이다.

국내 교육공학 영역에서 설계개발연구 방법론에 대한 관심은 2010년을 넘어서면서 Richey와 Klein(2007)의 저서가 국내에 번역되어 소개되는(정현미, 김광수, 2012) 시점에 본격화된 것으로 볼 수 있다. 그 이전에도 설계개발연구 방법론과 유사한 연구가 국내외에서 시도되었으나, 대체로 이 시점 이후로 국내 대학원의 교육공학 혹은 수업 설계 분야의 박사 및 석사 학위 논문의 연구 방법론으로 활용되기 시작하여 현재에 이르고 있다.

설계개발 연구 방법론이 이렇게 하나의 체계성을 보여주는 연구 방법론으로 받아들여져 활용되는 데에는 몇 가지 이유가 있어 보인다. 첫째, 실험실 연구 방식의 한계를 극복하게 하여 준다. 교육 방법에 관한 과학적 연구 방법으로 소개된 것은 대체로 실험실 연구의 형태를 보여준다. 통제된 상황에서 특정 변인의 변화가 가져오는 효과를 분석하게 된다. 그러나 교육 현장은 특정 변인 이상의 복수의 원리들이 종합적으로 작동하면서 결과를 가져오게 된다. 설계개발 연구는 이런 자연스러운 상황을 대상으로 연구를 수행한다.

둘째, 설계개발 연구는 이른바 내적 타당화를 연구 방법의 주요 단계로 설정하는 점이 특이하다. 내적 타당화는 연구자가 관심을 가지는 설계원리 혹은 모형의 타당성을 전문가 검토 과정을 거치면서 도출하게 된다. 전통적 실험 연구는 이론이나 모형 등에서 특정의 가설이 논리적으로 도출되고 이를 검증하는 단계를 거치게 된다. 이에 비하여 설계개발 연구는 처방적 설계원리나 모형의 적절성을 전문가 검토 과정을 거치면서 한 단계 최적화를 한 다음에 외적 타당화 과정을 거치는 과정을 포함하고 있다.

마지막으로 설계개발 연구는 질적 연구 방법론과 양적 연구 방법론을 혼합하는 관점을 취하고 있다. 설계원리와 모형에 대한 학습자와 교수자의 의견, 반응에 대한 질적 분석을 참고하면서, 양적 연구 결과를 해석하여 관심을 가지는 원리나 모형의 강점과 약점을 심층적으로 이해하는 과정을 포함하고 있다. 이를 통하여 양적 결과 분석을 보다 심층적으로 할 수 있게 한다.

설계개발 연구 방법론의 이러한 특성과 장점에도 불구하고, 국내의 다양한 연구에 이 방법론이 적용되는 과정에서 새로운 단계가 추가되거나 정교화되는 과정을 거치고 있다. 예컨대, 내적 타당화를 거치면서 여러 가지 실제적 상황 때문에 외적 타당화를 실행하지 못할 경우, '사용성 평가' 단계를 추가하여 교수자 혹은 교수설계자가 실제로 적용할 때를 상정하여 제안된 설계원리나 모형의 사용성을 검토하는 과정이 추가되기도 하였다(한형종, 2019).

이 책은 교육공학 그리고 좁게는 수업 설계 영역의 지식 창출의 요구가 증가되고 있는 시점에 즈음하여, 지금까지의 국내의 설계개발 연구 방법론 사례를 체계적으로 분석하여 주요 특성을 보여주고 있다. 제1부는 설계 개발 연구 방법론의 개요, 유형, 절차를 소개하면서(제1장에서 제3장까지), 초기 산출물의 개발 과정(제4장), 내적 타당화(제5장), 외적 타당화 및 결과 분석 및 기술 방법(제6장)을 다루고 있다. 제2부에서는 설계개발연구 방법론 적용 사례를 도구 개발(제7장), 교육프로그램 개발(제8장), 설계원리 및 전략 개발(제9장), 단위 수업 모형 개발(제10장), 절차적 수업 설계 모형(제11장)으로 나누어서 제시하고 있다. 설계개발 연구 방법론이 대상으로 있는 것을 도구, 교육프로그램, 설계원리 및 전략, 단위 수업 모형, 절차적 수업 설계 모형으로 구분하여 보았다. 특히 단위 수업 모형과 구분되는 교수체제설계(Instructional Systems Design, ISD) 차원에서 절차적 수업 설계 모형을 별도로 제시하고 있다. 수업체제설계 관련 특정화된 ISD 모형에 관한 연구가 더욱 활성화되기를 기대하여 본다. 마지막으로 수업 설계 분야에서 활용될 수 있는 유사한 연구 방법론으로서 설계기반연구와 형성연구 방법론을 검토하면서, 설계개발연구 방법론의 향후 발전 방향을 제시하고 있다.

설계 개발 연구 방법론 저술의 취지에 동감하여 지난 2년 동안 공동의 작업에 최선을 다하여 참여한 박사과정의 이다연, 홍수민, 한옥결, 이진연, 고보경, 채지윤, 임은선 연구원들의 노력에 감사한다. 이들은 교육공학과 수업 설계 분야에서 현재도 활발하게 연구를 수행하고 있고, 향후 이 분야의 학문적 발전에 일조할 것으로 기대된다.

모처럼 이 책이 AI융합 교육과 같은 새로운 분야의 교육공학적 지식 혹은 수업 설계의 지식을 창출하는 데 있어서 도움이 되기를 기대하여 본다. 특히 학교 현장의 훌륭한 교사이자 동시에 연구자들이 자신들의 수업 설계에 관한 아이디어를 학문적 결과 형태로 만들어내는 데 도움이 되었으면 한다. 마지막으로 어려운 출판 여건에도 불구하고 선뜻 책의 출간을 결정하고 지원하여 준 교육과학사 여러분에게 감사함을 표시한다.

저자들을 대표하여

임철일

목차

제1부 설계 · 개발연구 방법론의 개요와 절차

제2부 설계 · 개발연구 방법론 사례

제1부

설계 · 개발연구 방법론의 개요와 절차

제1장

설계·개발연구 방법론의 개요

교육 연구자로서 교육 방법의 문제 혹은 수업 설계와 관련된 문제를 어떻게 해결할 수 있을까요? 구체적으로 새로운 에듀테크를 활용하는 교수학습 방법을 개발하여 적용하고자 할 때 어떤 연구 방법론을 활용할 수 있을까요? 설계 · 개발연구 방법론은 바로 이러한 상황에서 제시되었습니다. 교육 현장의 교육 방법의 문제를 해결하는 데 도움을 줄 수 있는 다양한 산출물, 도구, 원리와 모형을 개발하는 데 적합한 연구 방법으로 제안되었습니다.

1장에서는 설계 · 개발연구 방법론이 무엇인지 개괄적으로 알아보겠습니다. 설계 및 개발과정에 관한 지식을 창출하는 것을 안내하는 이 연구 방법론의 정의, 특징, 유형 등을 개요 형태로 설명하여 이후 장에서 이루어지는 세부적인 안내와 연결되도록 합니다.

1. 설계 · 개발연구 방법론의 의미와 유형

1) 설계 · 개발연구 방법론의 의미와 특징

설계 · 개발연구 방법론은 Seels와 Richey(1994)에 의해 교육 분야에서 처음으로 정의된 연구 방법이다. 설계 · 개발연구 방법론에 대한 관심은 기존의 매체 혹은 기술 적용 차원의 교육 방법 혹은 교육공학 연구를 벗어나려는 시도로부터 시작되었다(박성익 외, 2021, 임철일, 2012). 이후 체계적인 수업설계 혹은 학습 환경 구축을 중심으로 하는 학문적인 토대를 정립하려는 관점과 맞물리면서 보다 엄격하면서도 차별성 있는 연구 방법론이 요구되었다.

Richey와 Klein(2007)은 설계 · 개발연구의 특성을 종합적으로 정리하면서 다음과 같은 간결한 정의를 제안하고 있다.

> "교수적 또는 비교수적 산출물 및 도구, 그리고 그 개발을 이끄는 새로운(혹은 개선된) 모형의 생성에 관한 실증적 기반 확립을 목표로 하는 설계, 개발, 평가 과정에 대한 체계적인 연구"
>
> *"the systematic study of design, development and evaluation processes with the aim of establishing an empirical basis for the creation of instructional and non-instructional products and tools and new or enhanced models that govern their development."*

이 정의에 따르면 설계 · 개발연구는 구체적인 설계 및 개발의 과정과 결과, 그리고 그 영향에 대한 연구라고 할 수 있다(Richey & Klein, 2007/2012). 이러한 정의를 기반으로 임철일(2012)은 설계 · 개발연구 방법론을 최적화된 교수방법, 모형, 프로그램을 개발하거나, 특정의 교수방법, 교수모형, 교육 프로그램이 실제로 효과가 있는지를 실증적이고 경험적으로 확인하기 위한 목적으로 수행되는 연구를 위한 방법론으로 보았다. 또한, 강지혜와 박태정(2022)은 설계 · 개발연구 방법론은 효과적인 교육 프로그램, 과정 및 산출물을 설계, 개발, 평가하는 데 활용할 수 있는 지식을 창출하는 연구 방법론이며 연구 질문에 대한 답을 찾고, 체계적이며 과학적인 지식을 생성하기 위한 과정이라고 정의하였다. 이를 종합해 보면 설계 · 개발연구가 기존의 다른 연구 방법론들과 달리 교수설계의 이론적 기반을 경험적이고 실증적으로 확대 및 발전시키는 데 목적을 두고 있음을 알 수 있다(강지혜, 박태정, 2022; 임철일, 2012; Richey & Klein, 2007).

설계 · 개발연구를 위한 방법론 혹은 간략하게 설계 · 개발연구 방법론의 핵심적 특징을 설명하면 다음과 같다. 첫째, 설계 · 개발연구 방법론을 수행하는 연구자는 실제 현장 속에서 연구를 하면서, 교육 현장의 문제를 해결할 수 있다. 다른 연구 접근과 달리 설계 · 개발연구 방법론은 교수학습 연구의 전통적인 방식을 뛰어넘어 교수설계의 이론적 기반을 실증적으로 확장시킬 수 있다(임철일, 2012; Richey & Klein, 2007). 지현경과 임철일(2022)은 소프트웨어 교육이 대부분 정보 교육의 맥락에서만 진행되고 있으며, 일반 교과와 소프트웨어의 융합을 위한 사례 및 지침이 부족하다는 교육 현장의 문제에 주목하였다. 이를 해결하기 위해 초등학교 담임교사 1명 및 학생 27명의 의견을 수렴하였고, 이를 바탕으로 창의적 문제해결을 위한 교과-소프트웨어 융합 수업설계를 위한 절차적 모형을 개발하였다. 이처럼 설계 · 개발연구 방법론은 우리의 지식기반을 확장시킬 뿐만 아니라, 종합적인 설계와 개발 이론을 구축하는 데 실증적 토대를 제공한다(Richey & Klein, 2007/2012).

둘째, 설계 · 개발연구 방법론은 상세화되고 확정된 연구 절차를 포함하기보다는 연구의 주제 및 대상에 따라 다양한 하위 연구 방법과 절차의 적용을 제안하고 있다(임철일, 2012). 이다연과 임철일(2021)은 설계 · 개발연구 방법론을 활용해 창의적 문제해결(CPS)의 문제 이해 단계를 위한 온라인 지원 도구를 개발하였다. 이 연구에서는 구체적인 연구 절차로 첫째, 분석(선행 문헌 및 사례 분석), 둘째, 도구 설계(도구 흐름도 및 인터페이스 설계), 셋째, 도구 개발 및 사용성 평가, 넷째, 도구 사용 및 현장평가와 같은 4가지 하위 단계를 설정하였다. 반면 한형종과 임철일(2020)은 가상현실 기반 시뮬레이션 설계원리를 개발하기 위해 설계 · 개발연구 방법론을 채택하면서, 구체적인 하위 절차로는 첫째, 원리 개발(선행 문헌 분석, 전문가 면담), 둘째, 원리 타당화(전문가 타당화, 프로토타입 개발, 사용성 평가)와 같은 2가지의 절차를 제시하였다. 이와 같이 설계 · 개발연구 방법론에서 활용할 수 있는 연구의 하위 절차 및 단계의 개수와 명칭은 연구에 따라 매우 다양하지만, 공통적으로는 '개발'과 '타당화(적용)'의 절차를 따르고 있다(강지혜, 박태정, 2022).

2) 설계 · 개발연구 방법론의 유형

설계 · 개발연구 방법론은 구체적인 설계 및 개발의 과정과 영향에 관한 연구이자, 전체 설계와 개발 과정 또는 특정 설계와 개발 과정 요소들에 대한 연구로 구분된다(Richey & Klein, 2007). 설계 · 개발연구 방법론은 크게 산출물 및 도구 연구와 모형 연구로 구분된다. 물론 이 두 유형은 설계 · 개발연구 방법론에 해당하는 모든 연구를 포함하지는 못한다. 그러나 이 분류에 따라 설계 · 개발연구 방법론의 연구 범위를 이해할 수 있다(Richey & Klein, 2007/2012). 각 유형의 연구 범위, 주요 절차 등은 제2장에서 구체적으로 살펴본다.

〈표 1〉 설계 · 개발연구 방법론의 유형(Richey & Klein, 2007/2012)

설계 · 개발연구 방법론	
유형 1. 산출물 및 도구 연구	유형 2. 모형 연구
• 포괄적인 설계와 개발 프로젝트(Comprehensive Design and Development Projects) - 교수적 산출물과 프로그램 - 비교수적 산출물과 프로그램	• 모형 개발(Model Development) - 포괄적 모형 개발 - 모형 구성요소 과정 개발
• 구체적인 프로젝트 단계(Specific Project Phases) - 분석 - 설계 - 개발 - 평가	• 모형 타당화(Model Validation) - 모형 구성요소의 내적 타당화 - 모형의 영향에 대한 외적 타당화
• 도구의 설계와 개발(Tool Design and Development) - 도구 설계 - 도구 개발 - 도구 사용	• 모형 사용(Model Use) - 모형 사용에 영향을 주는 조건에 관한 연구 - 설계자 의사결정 연구 - 설계자 전문성, 설계자 특성 연구

먼저 유형 1 산출물 및 도구 연구는 특정 산출물, 도구의 개발 혹은 프로젝트의 운영 등을 통해 이루어진 설계 및 개발 과정의 설명과 분석이 이루어지므로 맥락 의존적인 성격을 지닌다(한형종, 임철일, 2020). 유형 1에 해당하는 대표적인 예로는 이다연과 임철일(2021)의 창의적 문제해결(CPS)의 문제 이해 단계를 위한 온라인 지원 도구 개발 연구가 있다. 이 연구는 중등학교 학습자의 창의적 문제해결 절차 중 문제 이해 단계를 지원하기 위한 온라인 도구를 설계 및 개발하고([그림 1] 참조), 이에 대한 교수자 및 학습자의 반응을 분석하였다.

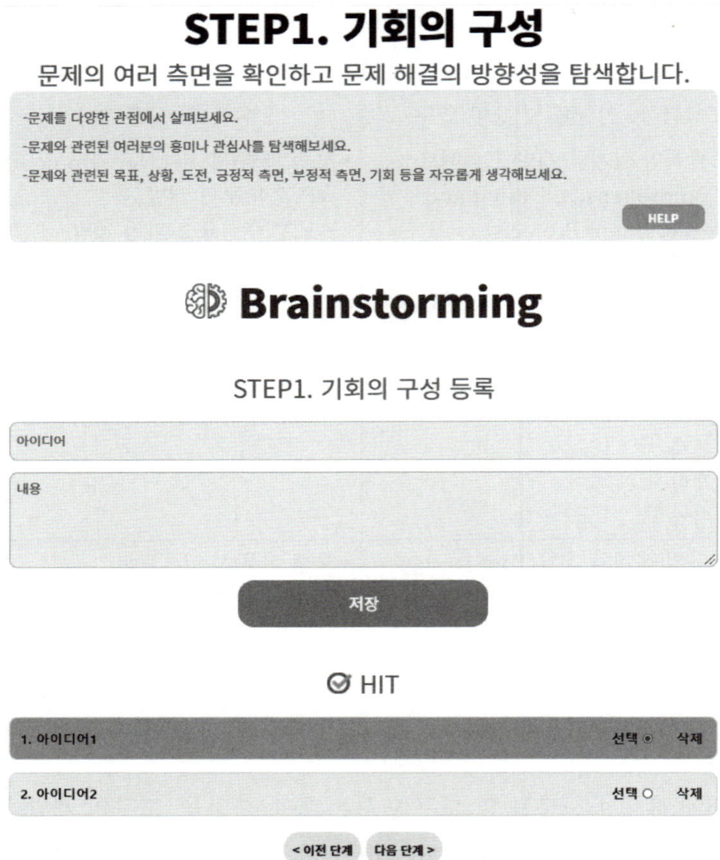

[그림 1] 온라인 지원도구(CPU-S)의 화면 예시(이다연, 임철일, 2021)

다음으로 유형 2 모형 연구는 새로운 모형 개발 및 설계, 개발의 일반적인 분석을 지향하여 산출물 및 도구 연구보다 일반화된 결론을 도출하는 특성을 보인다. 또한 모형 연구의 경우 모형뿐만 아니라 설계원리, 전략 등을 도출하여 종합적으로 활용할 수 있다(임철일, 2012). 유형 2에 해당하는 예시로는 한송이와 임철일(2019)의 증강현실 기반 수업 설계원리 개발 연구가 있다. 이 연구는 고등교육 맥락에서 증강현실을 기반으로 하는 수업을 효과적으로 설계하기 위한 수업 설계원리를 개발하는 것을 목적으로 하며, 선행 문헌 고찰 및 전문가 면담을 통해 초기 수업 설계원리를 개발하고, 전문가 검토와 사용성 평가와 같은 타당화 과정을 통해 수업 설계원리를 개선해나가는 방식으로 진행되었다. 연구 결과로는 〈표 2〉와 같이 9개의 수업 설계원리와 이에 대한 24개의 상세지침이 개발되었다.

〈표 2〉 증강현실 기반 수업을 위한 최종 설계원리 및 상세지침 예시(한송이, 임철일, 2019)

단계	설계원리 및 상세지침
적합성 판단	1. 목표 적합성의 원리: AR의 장점을 극대화할 수 있는 관점에서 최적의 교육목표를 설정하고, 학습 요구와 AR 사용의 관계 파악 및 증강현실의 적용 가능성을 판단한다.
	1.1. 증강현실의 장점을 극대화하고 콘텐츠가 효과적으로 사용될 수 있는 수업 목표 및 활동을 선택하라.
	1.2. 증강현실 사용이 학습 요구에 부응하는지를 판단하라.
	2. 최적의 AR 선정의 원리: 풍부한 학습환경을 위한 적절한 AR 하드웨어 및 AR 소프트웨어를 선택한다.
	2.1. 학습 목적에 따라 적절한 증강현실 하드웨어(기기)와 소프트웨어(콘텐츠)를 선택하라.
	2.2. 비용적인 측면과 접근성을 고려하여, 유연하고 직관적인 콘텐츠를 선택하라.
	2.3. 최소한의 콘텐츠를 선택하라.
	2.4. 성취기준의 달성에 있어 증강현실 콘텐츠가 교육적인지 점검하라.

2. 설계 · 개발연구 방법론 재강조의 배경

교육 연구와 관련하여 전통적으로 실험통제하에서 변인 간의 관계를 확인하는 실험 연구(experimental research) 또는 유사 실험 연구(quasi-experimental research) 방법론이 주로 활용되어 왔다(백순근, 2004). 하지만 실험 연구 방법론으로는 실제 현실을 개선하는 지식을 창출하기 어렵다는 한계가 지적되었고, 이를 극복하고자 응용 연구가 등장하게 되었다. 응용 연구(applied research)는 기존의 지식이나 이론을 적용하여 현실을 개선하기 위한 연구 방법론이다. 대표적인 예로 교사들이 교수학습활동을 개선하기 위해 실시하는 실행 연구(action research)가 있다.

한편, 교육공학 분야에서는 새로운 교육 방법을 탐색하기 위하여 개발 연구가 등장하였다. 개발 연구는 교육 방법의 현실적 필요를 반영하여 교수설계의 모형, 원리 등을 개발하는 연구 방법론이다(나일주 외, 2016). 앞에서 설명한 Richey와 Klein(2007)의 설계 · 개발연구가 대표적인 개발 연구이다. 최근 기술의 발달에 따라 교육 현장에서 기술의 활용에 대한 요구가 높아지고, 그에 따라 교수자의 수업 설계 역량이 강조되면서 일반적이거나 특정한 맥락에서 활용 가능한 교수학습 모형 개발에 대한 요구가 증가하고 있다. 기술을 활용하여 새로운 도구 및 산출물을 개발하거나 교육적 문제를 해결하기 위해서 학습자 데이터, 인공지능 등을 교육적으로 활용하기 위한 모형을 개발하기 위해 설계 · 개발연구가 활용되고 있는 것이다(송유경 외, 2021). 이하 교수설계 모형을 위한 대안적 연구 방법론으로서 활용되고 있는 설계 · 개발연구 방법론의 재강조 배경을 기술의 발달과 교수자의 수업 설계 역량 강조 측면에서 살펴보고자 한다.

1) 기술의 발달에 따른 설계 · 개발연구 방법론의 필요성

매체와 테크놀로지의 활용은 설계 · 개발연구 방법론의 핵심으로(Reiser & Dempsey, 2012), 과거부터 테크놀로지 활용 연구에 설계 · 개발연구 방법론이 널리 활용되어 왔다. 주로 누군가가 새로운 기술을 처음으로 탐색 및 시험 활용해 보고, 그 후에 그에 관한 체계적인 연구형식을 띤 설계 · 개발연구가 이루어지는 방식이었다(Richey & Klein, 2007).

최근에는 4차 산업혁명과 함께 인공지능, 빅 데이터, 메타버스 등의 첨단 기술이 교육환경에 널리 활용되기 시작함에 따라 다양한 교수학습 관련 인공물(artifacts)을 설계 및 개발하기 위한 설계 · 개발연구가 급증하고 있다(강지혜, 박태정, 2022; 김민지, 허선영, 2021; 이현주, 김진선, 2020; 한송이, 임철일, 2019).

인공지능은 개인화 학습, 자동화된 평가 및 피드백, 학습분석 등 다양한 방식으로 교수설계를 지원할 수 있는 가능성이 있다. 메타버스는 가상 혹은 혼합형 수업을 구현하고 학습 경험을 향상시킬 수 있는 잠재력을 가지고 있다. 인공지능, 메타버스와 같은 테크놀로지의 발전은 교육 현장에서 새로운 가능성을 열어주고 있어, 이를 활용한 교수설계에 대한 관심이 증대하고 있다(임철일, 2019). 또한 이러한 기술의 발전에 따라 수업 설계에 활용할 수 있는 다양한 도구들이 개발되고 있다. 예를 들어, 온라인 학습 관리 시스템(LMS)은 학생의 진도 추적과 과제 관리를 용이하게 해주며, 시뮬레이션 소프트웨어는 실제 상황을 모사하여 실습 기회를 제공한다(한형종, 2019). 또한 가상현실 및 증강현실 도구는 현실적이고 몰입도 있는 학습 경험을 제공할 수 있다(한송이, 2019). 설계 · 개발연구 방법론은 이러한 다양한 도구들의 활용 가능성을 탐구하고, 교수설계에 효과적으로 통합하는 방법을 연구하는 데 활용될 수 있다. 연구자들은 설계 · 개발연구 방법론을 활용하여 이러한 동향과 도전에 대응하여 현대적인 교수설계 방법과 도구를 개발 및 개선할 수 있다.

2) 교사의 수업 설계 역량 강조에 따른 설계 · 개발연구 방법론의 필요성

수업 설계는 수업 목표를 달성하기 위해 학습자 특성, 학습 내용, 교수 · 학습 환경 등을 이해하고 해석하여 수업을 계획하고 설계하는 활동을 핵심적으로 담고 있다. 여기서 교사는 수업의 전문가로서 수업을 설계 및 실행하는 주체이다. 교사는 교육과정 혹은 교과서를 기반으로 무엇을 가르칠 것인지, 즉 수업의 아이디어 등 내용을 정하고, 이를 어떻게 가르칠 것인지 등을 계획한 후, 학생과 함께 수업을 실행한다(Stein et al., 2007). 설계자로서의 교사는 문서화된 교육과정을 해석하고, 주어진 환경에 맞게 적절한 교수학습전략을 활용하여 수업의 목표를 달성하는 역할을 수행할 수 있어야 한다.

교사의 독자적인 수업 설계 역량은 교사에 의한 교육과정 자율화가 강조되면서 더욱 중요해졌다(곽영순, 2015). 교육과정 자율화란 국가 수준에서 개발한 일반적인 교육과정에서 벗어나, 단위 학교 혹은 개별 교사의 수준에서 지역이나 학교가 놓인 각종 상황 및 학습자의 요구에 적합한 교육과정을 개발하는 것을 의미한다(곽영순 외, 2013). 다시 말해 교사는 학교나 교실 수준의 교육과정을 설계하는 데 전문성을 갖추도록 요청되며, 어떤 내용을 가르칠 것인지부터 어떻게 가르칠 것인지에 이르기까지 교사가 결정할 수 있는 권한을 가지게 되었다(박순경 외, 2008).

교사의 수업 설계 역량은 교과별로 분절된 수업이 아닌 교과 간 융합 수업이 강조되고 있는 최근에 들어서서 더욱 중요하다. OECD(2006)는 미래학교 시나리오를 제안하며 전통적 교과 영역별 지식 구분에서 벗어나 핵심역량을 중심으로 교과 간 융합 수업을 통해 새로운 학습 내용과 방법을 접목할 수 있어야 한다고 강조했다. 국내에서는 2011년부터 융합 교육 관련 정책이 수립되기 시작하였다. 교육부(2011)는 문제해결력과 융합적 사고력 제고를 목표로 수학, 과학, 기술, 예술 등 융합 교육을 활성화하기 위한 융합인재교육(STEAM)을 추진하며 융합 교육의 방향성을 제안하였고, 2020년에는 융합 교육 종합계획('20~'24)을 발표하며 교사의 융합 교육 전문성을 함양하기 위한 사업을 추진하고 있다. 김자미 외(2020)는 융합 교육을 위해 필요한 내용(수업 내용, 방법, 주제, 목표 등)을 살펴보고 수업을 기획하는 것을 융합 수업 설계라고 정의하고, 이를 위해 교사에게 필요한 융합 교육 역량으로 다음 〈표 3〉과 같이 제시하고 있다.

〈표 3〉 교사에게 필요한 융합 교육 역량의 구성(김자미 외, 2020)

역량	정의	세부 역량	정의
교육과정	융합 교육을 실행하기 위한 내용을 도출하여 새로운 교육과정을 재구성하고, 진행하는 것	지식 연결	다양한 교과의 내용, 체계, 사회적 문제나 관심사 등을 분석하여, 융합 가능한 주제를 찾아내는 것
		맥락적 재구성	융합 주제를 토대로, 목표를 설정하고, 교수학습, 수업 내용에 근거한 평가를 설계하는 것
교수학습	학습자에 대한 이해, 수업 환경 등을 고려하여 융합 교육과정을 실현하기에 적합한 교수학습 방법을 설계 및 적용하는 것	실천적 시나리오	학생 중심의 융합 수업 목표 달성(문제해결)을 위해 교수학습전략을 포함한 프로그램을 구성하는 것
		ICT 융합	융합 수업 구성, 진행, 평가, 자료 공유 등 수업 전반에 걸쳐 사용할 ICT 도구를 활용할 수 있는 것
		교구 활용	교구 자체의 사용법이 아닌 융합 교육에서 문제를 해결하는 데 적합한 교구를 선택해서 활용할 수 있는 것
		융합 콘텐츠	융합 교육에 필요한 수업자료를 선택, 재구성을 위한 충분한 지식을 갖고, 실천할 수 있는 것
평가	융합교육과 관련된 교육과정이나 프로그램 전반에 대한 목적 달성 정도를 파악하고 관찰하는 것	학습 평가	융합교육과 관련된 다양한 평가 방법을 습득하여, 교육과정에 적합한 평가를 구성하는 것
		수업 평가	융합 교육과정 전반에 대한 평가를 위해 필요한 지식을 토대로 평가의 기획-설계-적용을 실천하는 것

Shulman(1986)은 일찍이 수업 설계를 효과적으로 하기 위해 교사에게 교과 내용학과 교육학이 결합된 내용교수지식(PCK)이 필요하다

고 주장하였다. 그러나 교육 현장에서 테크놀로지의 보급 및 활용은 교사에게 기대되는 수업 설계 역량에 큰 변화를 가져오고 있으며, 이에 따라 교수자가 효과적으로 수업을 설계하기 위해서 내용교수지식(PCK) 이외에도 테크놀로지의 활용과 같은 추가적인 역량을 길러야 하는 점이 제기되었다. 칠판과 같은 전통적인 테크놀로지는 특정한 목적으로만 개발되어 변화가 거의 없으며 교사가 기능을 직관적으로 파악할 수 있었으나, 최근의 디지털 테크놀로지는 특정한 목적이 아닌 광범위한 분야에서의 사용을 목적으로 개발된 경우가 많아 끊임없이 변화 및 발전하고 있으며, 기능이 직관적으로 드러나지 않는 경우가 많다(정슬기 외, 2023; Koehler & Mishra, 2009). 따라서 교사가 테크놀로지를 효과적으로 활용하기 위해서는 과거에 비해 더 큰 노력을 기울여야 한다.

테크놀로지 내용교수지식(Technological Pedagogical and Content Knowledge, 이하 TPACK)은 이러한 맥락에서 새롭게 강조되고 있으며, 교사가 수업에서 테크놀로지를 효과적으로 활용하기 위해 갖추어야 하는 지식 및 교육의 방법에 대한 개념을 제시한다(Schmidt et al., 2009). TPACK은 Shulman(1986)이 제시한 내용교수지식(PCK)이 확장된 개념으로, 교과목의 핵심적인 내용에 대한 지식인 내용지식(CK), 교수학습이 일어나는 과정, 학습활동, 교수 방법에 대한 지식인 교수지식(PK), 테크놀로지를 활용하여 과업을 수행하는 데 필요한 방법을 개발하는 테크놀로지 지식(TK)을 기본요소로 한다(Koehler & Mishra, 2009). 이 각 요소는 상호작용하여 내용교수지식(PCK), 테크놀로지 교수지식(TPK), 테크놀로지 내용지식(TCK)을 구성하게 되며, 이들이 통합되며 TPACK이 형성된다. 설계·개발연구 방법론은

TPACK과 같은 새로운 관점을 교수설계에 효과적으로 통합하는 방법(김성욱, 2016)을 연구하는 데 활용될 수 있다.

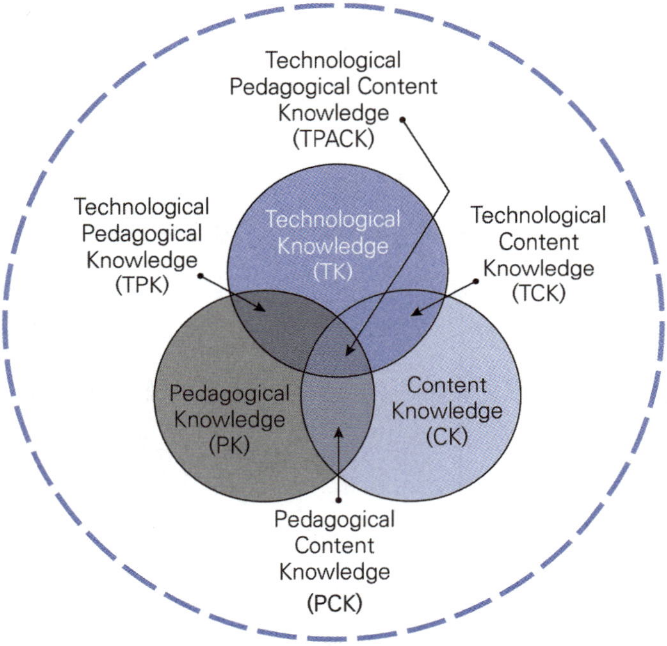

[그림 2] TPACK 프레임워크와 지식구성요소(Koehler & Mishra, 2009)

요컨대, 개별 교사가 테크놀로지 활용, 다양한 교과 간의 융합 등과 같은 새로운 교수학습환경 및 상황에서 효과적으로 수업을 설계할 수 있어야 한다는 요구가 증대되고 있으며, 이를 위한 관련 지식이 요구된다. 이때 설계 · 개발연구 방법론이 교사들에게 수업 설계에 대한 지식 및 방법론을 제공해줄 수 있다. 설계 · 개발연구 방법론은 교사의 수업 설계를 지원할 수 있는 지식의 개발을 위한 도구(tool)로서 활용될 수 있다.

본 장에서는 설계 · 개발연구 방법론의 의미와 유형을 소개하였다. 설계 · 개발연구 방법론은 교수적 산출물 및 도구, 그리고 그 개발을 이끄는 새로운(혹은 개선된) 모형의 생성에 관한 실증적 기반 확립을 목표로 하는 설계, 개발, 평가 과정에 대한 체계적인 연구 방법이다. 최근 기술의 발달에 따라 교육 현장에서 기술의 활용에 대한 요구가 높아지고, 그에 따라 교수자의 수업 설계 역량이 강조되면서 일반적이거나 특정한 맥락에서 활용 가능한 교수학습 모형 개발에 대한 요구가 증가하고 있으며, 설계 · 개발연구 방법론이 대안적 역할을 하고 있다.

제2장 설계·개발연구 방법론의 유형 및 주요 절차

국내에 설계 · 개발연구로 알려진 연구들이 많이 있습니다. 플립러닝의 교수학습자료 개발을 위한 인지적 지원 도구 개발 연구, 창의적 문제해결(CPS)의 문제 이해 단계를 위한 온라인 지원 도구 개발, 가상현실 기반 교육용 시뮬레이션 설계 모형 개발, 증강현실 기반 수업 설계원리 개발 연구, 인공지능 교육시스템 기반 초등학교 수학 수업 설계 모형 개발 연구 등 많은 사례가 있습니다. 이들은 크게 두 가지 유형으로 구분됩니다. 도구나 프로그램의 개발 연구와 설계원리, 전략, 모형 개발의 연구로 구분됩니다. 도구나 프로그램을 개발하는 연구는 산출물 및 도구 연구이며, 수업에 대한 설계원리, 전략, 모형을 개발하는 연구는 모형 연구로 구분됩니다.

제2장에서는 설계 · 개발연구 방법론의 두 가지 유형(산출물 및 도구 연구와 모형 연구)과 각 유형에 따른 주요 연구 절차를 알아보겠습니다. 설계 · 개발연구 방법론에 따라 연구를 수행하고자 하는 연구자들에게 어떠한 절차에 따라 연구를 수행할 수 있는지에 대한 개략적인 설명을 제공하고자 합니다.

1. 설계 · 개발연구 방법론의 유형

Richey와 Klein(2014)에 따르면 설계 · 개발연구 방법론은 '교수적 또는 비교수적 산출물 및 도구, 그리고 새로운 혹은 개선된 모형의 생성에 관한 실증적 기반 확립을 목표로 하는 체계적 접근 방법'이다. 설계 · 개발연구는 새로운 지식을 생성할 뿐만 아니라 기존에 개발된 모형을 타당화하면서 교수설계의 이론적 기반을 실증적으로 확대하고 발전시키는 데 그 목적이 있다(임철일, 2012; Richey & Klein, 2014). 설계 · 개발연구는 기존의 이론과 개념을 바탕으로 해당 주제에 대한 보다 실증적인 연구를 수행한다. 연구 과정을 체계적으로 설계하여 효과적인 교수설계를 위한 산출물을 제공하거나, 개발된 산출물과 도구의 유효성을 검증한다. 요컨대 설계 · 개발연구 방법론은 체계적인 설계, 개발 및 평가 과정을 통해 새로운 지식을 도출하는 데 초점을 둔다.

설계 · 개발연구 방법론은 또한 이론과 실제를 연결하여 새로운 모형을 설계하고 개발함으로써 기존의 문제를 해결하려고 한다. 이 방법론은 경험적 연구로서 실증적인 기반을 확립하는 것을 지향하며 교수적 해결책을 강조하는 전통적 입장이 갖는 한계를 극복하기 위해 비교수적 해결책을 포함한다(한형종, 2019). 이를 통해 연구자는 새로운 도구나 산출물을 개발하여 교육 현장에서 적용 가능한 지식과 자료를 제공할 수 있다.

Richey와 Klein(2007)에 따르면 설계 · 개발연구 방법론은 과정이나 절차를 연구 대상으로 삼으며, 이론과 실제 사이의 교량 역할을 하는 산출물을 연구 결과로 도출한다(Ellis & Levy, 2010). 이때 산출물은 설계 모형, 설계원리, 설계전략, 설계지침 등을 포함한다. 연구자들은 이 방법론을 통해 새로운 설계 모형이나 원리, 전략, 지침 등을 개발하여 교육 현장에서의 실질적인 변화와 개선을 이끌어 낼 수 있다. 교육공학 전문가들은 설계 · 개발연구를 통해 학습자의 학습을 촉진하고 수행을 증진시키는 데 필요한 교수적, 비교수적 산출물을 도출하고 관리하는 데 활용할 수 있다(Richey et al., 2011).

설계 · 개발연구 방법론은 산출물 및 도구 연구(products and tools

research)와 모형 연구(model research)의 두 가지 유형으로 구분된다. 유형 1 산출물 및 도구 연구는 특정 산출물이나 도구의 설계와 개발 프로젝트에 관련된 연구를 의미하며, 맥락에 따라서 변화하는 특징을 가지고 있다. 반면에 유형 2 모형 연구는 새로운 설계와 개발 과정을 일반적으로 분석하는 것을 목표로 하며, 산출물 및 도구 연구에 비해 더 일반화할 수 있는 특징을 가지고 있다. 또한, 모형 연구는 설계 모형뿐만 아니라 설계원리, 설계전략, 설계지침 등을 개발하는 데에도 활용될 수 있다(Richey & Klein, 2014).

유형 1 산출물 및 도구 연구는 간략히 말해 산출물과 도구를 설계하고 개발하는 동안 수행하는 연구로 일반적으로 설계와 개발의 전체적인 과정을 포함한다. 그러나 몇몇 연구는 설계와 개발의 한 측면 혹은 특정 단계를 중심으로 수행된다. 유형 1은 산출물 개발 연구(Product development research)와 도구 개발 연구(Tool development research)로 세분화될 수 있다(Richey & Klein, 2014). 산출물 개발 연구는 실무자가 참고할 수 있는 산출물 개발의 과정을 상세히 제시한다. 도구 개발 연구는 종이에서 전자 시스템에 이르기까지의 다양한 교수적, 비교수적 도구를 개발한다. 도구 개발 연구는 이러한 도구의 개발과 효과를 검증하는 데 초점을 둔다.

유형 2 모형 연구는 포괄적인 모형을 개발하는 연구이다. 이러한 연구는 모형의 구성요소와 관련된 과정을 개발한다. 유형 2의 연구 중 '모형 개발 연구'는 타당화를 거치지 않고, 모형의 개발 과정과 결과 자체에만 초점을 맞추는 연구이다. '모형 타당화 연구'는 개발은 물론이고 내적 타당화와 외적 타당화를 거치는 연구이다. '모형 사용 연구'는 모형의 사용에 영향을 주는 조건에 대한 연구로 설계자의 의사결정에 관련된 연구 및 설계자의 전문성 및 특성에 대한 연구를 포함한다.

요컨대, 설계 · 개발연구의 모형 연구는 일반화된 설계원리 혹은 모형을 도출하고 그 타당성을 입증하는 것을 목적으로 한다. 또한, 모형 연구는 성공적인 설계와 개발을 촉진하는 조건을 확인하고 기술한다. 연구의 추상성은 설계 모형이나 설계원리를 개발하는 연구일수록 증가하며, 구체성은 설계지침을 개발하는 연구일수록 증가하는 경향을 보인다(Reigeluth, 1983; Reigeluth & Carr-Chellmann, 2009; Richey & Klein, 2014). 이를 통해 설계 · 개발연구의 유형 2인 모형 연구는 모형의 개발과 과정에 초점을 두며, 기존의 개발 모형, 과정, 기법의 타당성과 효과성을 탐색하고 성공적인 설계와 개발을 촉진하는 조건을 확인하는 데 기여한다.

〈표 4〉 설계 · 개발연구의 범주(Richey & Klein, 2014)

설계 · 개발연구	
유형 1. 산출물 및 도구 연구	유형 2. 모형 연구
• 포괄적인 설계와 개발 프로젝트(Comprehensive Design and Development Projects) - 교수적 산출물과 프로그램 - 비교수적 산출물과 프로그램	• 모형 개발(Model Development) - 포괄적 모형 개발 - 모형 구성요소 과정 개발
• 구체적인 프로젝트 단계(Specific Project Phases) - 분석 - 설계 - 개발 - 평가	• 모형 타당화(Model Validation) - 모형 구성요소의 내적 타당화 - 모형의 영향에 대한 외적 타당화

설계 · 개발연구	
유형 1. 산출물 및 도구 연구	유형 2. 모형 연구
• 도구의 설계와 개발(Tool Design and Development) - 도구 설계 - 도구 개발 - 도구 사용	• 모형 사용(Model Use) - 모형 사용에 영향을 주는 조건에 관한 연구 - 설계자 의사결정 연구 - 설계자 전문성, 설계자 특성 연구

2. 유형 1 산출물 및 도구 연구의 주요 절차

유형 1 산출물 및 도구 연구는 포괄적인 설계와 개발 프로젝트, 구체적인 프로젝트 단계, 도구의 설계와 개발 모두를 포함하는 연구 방법이다. 유형 1은 교수적, 비교수적 산출물 및 도구에 대한 분석, 설계, 개발, 평가의 과정을 종합적으로 제시한다. 주로 도구의 설계와 개발에 초점을 맞추며, 해당 도구를 사용하여 도구 개발과 도구 사용을 중심으로 이루어진다.

유형 1은 기존의 연구, 산출물 및 도구를 조사하고 분석하는 데서 시작한다. 분석 단계에서는 선행 연구에서 입증된 원리와 설계지침을 검토하고 연구에 적합한지를 판단한다. 이를 토대로 교육 프로그램, 산출물 및 도구에 대한 설계와 개발을 실시한다. 설계 결과를 바탕으로 실제 산출물 및 도구가 도출되면, 산출물 및 도구를 사용하고 기능과 효과를 검토하기 위한 평가를 실시한다. 또한 실제 설계와 개발에 적용 가능한 방법을 제시하고, 성공적인 설계와 개발을 촉진하는 조건을 확인하고 기술한다. 산출물 도구 연구의 대표적인 사례와 그에 따른 절차는 다음과 같다.

1) 플립러닝의 교수학습자료 개발을 위한 인지적 지원 도구 개발 연구

이진경(2017)은 플립러닝의 교수학습자료 개발을 위한 인지적 지원 도구를 개발하는 연구를 수행하였다. 그의 연구는 크게 세 단계로 구성된다. 우선 선행 문헌 분석을 통해 일반적인 인지적 지원의 원리와 전략을 도출하였다. 둘째, 인지적 지원 도구 개발 프레임워크를 적용하여 플립러닝 교실 전 교수학습자료의 개발 단계별 지원 전략 흐름표를 개발하였다. 마지막으로, 개발 단계별 지원 전략 흐름표를 실제로 구현하여 플립러닝 교실 전 교수학습자료 개발 지원 도구를 개발하였다. 인지적 지원 원리 및 전략, 플립러닝의 교수학습자료 개발을 위한 단계별 지원 전략 흐름표 및 지원 도구의 내적 타당도를 확보하기 위하여 전문가 검토를 실시하였다. 개발이 완료된 이후에는 개발된 지원 도구에 대한 외적 타당도를 확보하기 위해 교수자의 사용성과 산출물에 대한 학습자의 반응을 평가하였다. 이 연구는 도구를 개발하는 과정을 안내하는 원리와 전략을 도출하기는 하였지만, 핵심 문제는 도구 자체의 개발에 있기 때문에 유형 1에 해당하는 것으로 볼 수 있다.

〈표 5〉 플립러닝의 교수학습자료 개발을 위한 인지적 지원 도구 개발 연구 절차(이진경, 2017)

연구 절차	주요 활동
연구문제 정의	• 연구의 필요성 및 목적 • 연구문제 진술 • 연구의 의의 진술 • 용어의 정의 진술

연구 절차	주요 활동
선행 문헌 고찰	• 플립러닝 및 플립러닝 교수학습자료의 특성 도출 • 플립러닝의 교수학습자료 개발 방법 및 개발 단계 도출 • 플립러닝 교수학습자료 개발 현황 관련 문서 및 도서 검토 • 인지적 지원의 요소와 의미, 관련 원리와 사례 검토
인지적 지원 원리 및 전략 도출	• 인지적 지원의 원리와 전략 도출 • 1차 전문가 검토 5인(내적 타당화) • 인지적 지원의 원리와 전략 수정 • 2차 전문가 검토 4인(내적 타당화)
플립러닝의 교실 전 교수학습 자료개발 단계별 지원 전략 흐름표 개발	• 플립러닝의 교실 전 교수학습자료 개발 단계별 지원 전략 개발(예비 개발) • 1차 전문가 검토 5인(내적 타당화) • 플립러닝 관련자 면담 및 관찰 진행 〈면담〉 - 플립러닝 경험 교수자 4인 - 대학 교수학습 지원센터 담당자 1인 - 기업연수원 교육담당자 1인 - 플립러닝 개발 교육기업 연구소장 1인 - 업무 지원 시스템 개발 PM 1인 - 영상 기반 학습시스템 개발자 1인 〈관찰〉 - 플립러닝 수업 현장 및 자료 관찰 • 플립러닝의 교실 전 교수학습자료 개발 단계별 지원 전략 흐름표 수정 개발 • 2차 전문가 검토 - 4인(내적 타당화)
플립러닝 교실 전 교수학습자료 개발 지원 도구 개발	• 플립러닝의 교실 전 교수학습자료 개발 지원 도구 개발 • 지원 도구 구현의 적절성에 대한 전문가 검토 - 4인(내적 타당화) • 1차 지원 도구 사용성 평가 - 교수자 3인(외적 타당화) • 플립러닝의 교실 전 교수학습자료 개발 지원 도구 수정 • 2차 지원 도구 사용성 평가 - 교수자 2인(외적 타당화)

연구 절차	주요 활동
플립러닝 실행	• 2차 지원 도구 사용성 평가의 산출물인 디지털 교수학습 자료를 활용한 플립러닝(교실 전 학습 및 교실 학습) 실행 - 2개의 과목
학습자 반응 평가	• 플립러닝 실행 후 학습자 반응 평가 설문 및 면담 - 각 수업 참여 학습자(외적 타당화)

2) 창의적 문제해결(CPS)의 문제 이해 단계를 위한 온라인 지원 도구 개발

이다연과 임철일(2021)의 연구는 중등학교 학습자의 창의적 문제 이해를 지원하는 온라인 도구를 설계 및 개발하고, 이에 대한 중등학교 학습자 및 교수자의 반응을 분석하는 것을 목표로 한다. 이 연구는 크게 분석, 도구 설계, 도구 개발 및 사용성 평가, 도구 사용 및 현장평가의 네 단계로 구성되어 있다. 첫째, 분석 단계에서는 선행 문헌 고찰 및 CPS 모형 기반 온라인 지원 도구의 사례를 분석하였다. 이를 통해 창의적 문제 이해를 위한 온라인 지원 도구의 설계원리와 전략을 도출하였다. 기존의 온라인 지원 도구 개발에 활용된 설계원리 중 문제 이해 단계에 초점을 둔 원리를 중심으로 도출하였으며, 중등학교 맥락에 적합하도록 수정하였다.

둘째, 도구 설계 단계에서는 CPS 버전 6.1 모형의 '문제의 이해' 요소에 해당하는 기회의 구성, 자료의 탐색, 문제의 골격 구성 단계를 기반으로 온라인 지원 도구의 흐름도를 설계하였다. 그런 다음 단계별로 인터페이스를 설계하였다. 인터페이스 설계는 분석 단계에서 도출한 설계원리 및 전략을 기반으로 이루어졌다.

셋째, 도구 개발 및 사용성 평가 단계에서는 설계 결과를 기반으로 온라인 지원 도구의 프로토타입을 개발하였다. 이렇게 도출된 프로토타입에 대하여 전문가 사용성 평가와 학습자 사용성 평가를 각각 2차례 실시하였다. 1차 전문가 사용성 평가에는 교육공학 전문가(박사학위 이상, 초등 교사 경력 10년 이상) 1인, 중등학교 교사(석사학위 이상, 경력 10년 이상) 2인, 개발자(석사학위 이상, 개발경력 5년 이상) 1인이 참여하였으며, 1차 학습자 사용성 평가에는 중등학교 학생 4인(중등 2인, 고등 2인)이 참여하였다. 사용성 평가는 Harrison, Flood와 Duce(2013)가 제안한 PACMAD(People At Center of Mobile Application Development)모델 요소를 기반으로 설문과 면담 형식으로 구성되었다. 1차 사용성 평가 결과를 반영하여 2차 프로토타입을 개발하였으며, 이에 대해 2차 사용성 평가를 실시하였다. 2차 전문가 사용성 평가에는 교육공학 전문가(박사학위 이상) 2인, 중등학교 교사(석사학위 이상, 경력 10년 이상) 3인, 개발자(석사학위 이상, 개발경력 5년 이상) 1인이 참여하였으며, 2차 학습자 사용성 평가에는 중등학교 학생(중학생 2인, 고등학생 2인) 4인이 참여하였다. 2차 사용성 평가 결과를 반영하여 창의적 문제 이해를 위한 온라인 지원 도구를 개발하였다.

넷째, 도구 사용 및 현장평가 단계에서는 개발된 온라인 지원 도구를 중학교 3학년 영어 수업에서 실제로 사용한 다음 중등학교 학습자 및 교수자의 반응을 평가하였다. 현장평가는 중등학교 학생 52인과 교사(중학교 교사 3인, 고등학교 교사 2인) 5인을 대상으로 한 설문과 중등학교 학생 5인과 교사 2인을 대상으로 한 면담을 통해 이루어졌다. 중등학교 학습자 및 교수자 대상 평가 결과를 분석하여 창의적 문제 이해를 위한 온라인 지원 도구의 효과적인 활용을 위한 활용 지침을 개발하였다.

〈표 6〉 창의적 문제해결(CPS)의 문제 이해 단계를 위한 온라인 지원 도구 개발 연구 절차(이다연, 임철일, 2021)

절차	연구 활동 내용	산출물
분석	• 선행 문헌 고찰 • CPS 모형 기반 온라인 지원 도구 사례 분석	온라인 지원 도구 설계원리
도구 설계	• 온라인 지원 도구 흐름도 설계 • 온라인 지원 도구 인터페이스 설계	온라인 지원 도구 흐름도 및 단계별 인터페이스
도구 개발 및 사용성 평가	• 인터페이스 설계 내용 기반 온라인 지원 도구 1차 프로토타입 개발 • 1차 전문가 사용성 평가(전문가 4인) • 1차 학습자 사용성 평가(중등학교 학생 4인) • 1차 프로토타입 수정 및 보완 • 2차 프로토타입 개발 • 2차 전문가 사용성 평가(6인) • 2차 학습자 사용성 평가(중등학교 학생 4인) • 사용성 평가 내용을 반영한 최종 온라인 지원 도구 개발	온라인 지원 도구
도구 사용 및 현장 평가	• 현장에서의 지원 도구 활용 • 학습자 설문(52인) 및 면담(5인) • 교수자 설문(5인) 및 면담(2인) • 평가 결과 분석 • 온라인 지원 도구 활용 지침 개발	온라인 지원 도구 활용 지침

3. 유형 2 모형 연구의 주요 절차

모형 연구는 설계와 개발 과정 자체에 초점을 두고, 기존의 개발 모형, 과정, 기법의 타당성이나 효과성을 탐색하는 연구이다. 모형 연구는 유형 2로 분류되며, 성공적인 설계와 개발을 촉진하는 조건을 확인하고 기술하는 데 목적이 있다. 첫 번째로, 모형 개발은 구성요소, 설계원리 및 모형을 개발하는 단계이다. 이 과정에서는 모형의 구성과 구성요소 간의 관계를 분석하고 모형 개발이 이루어진다. 둘째, 모형 타당화는 모형의 구성요소의 내적 타당화와 모형의 영향에 대한 외적 타당화를 진행한다. 내적 타당화는 모형의 구성요소가 상호 일관성을 가지고 내부적으로 타당한지를 확인하는 과정이다. 외적 타당화는 모형이 실제적인 영향을 효과적으로 미치는지를 검증하는 과정이다. 이를 통해 모형의 구성과 영향력을 평가하고 모형의 타당성을 확보할 수 있다.

모형 사용 연구는 모형 사용에 영향을 주는 조건에 관한 연구를 포함한다. 설계자 의사결정 연구는 설계자들이 모형을 활용하여 의사결정을 내리는 과정을 탐구하고, 설계자의 전문성과 특성에 대한 연구를 수행한다. 이를 통해 모형의 사용과 설계자의 역할, 특성과의 관계를 파악하고 설계자들이 모형을 효과적으로 활용할 수 있는 방안을 제시한다. 요컨대 모형 연구는 모형의 개발과 타당화, 그리고 모형 사용에 관한 연구로 구분된다. 모형 개발은 포괄적인 모형과 모형 구성요소 과정의 개발을 포함하며, 모형 타당화는 내적 타당화와 외적 타당화를 진행한다. 모형 사용 연구는 모형 사용에 영향을 주는 조건과 설계자의 의사결정 및 특성에 관한 연구를 수행한다. 이러한 모형 연구는 일반화된 설계원리 및 모형의 도출을 통해 교수설계와 개발을 더욱 효과적으로 이끌어가는 데에 기여한다. 모형 연구의 대표적인 사례와 그에 따른 절차는 다음과 같다.

1) 가상현실 기반 교육용 시뮬레이션 설계 모형 개발

한형종과 임철일(2020)의 연구는 가상현실 기반 교육용 시뮬레이션 설계원리 및 모형을 개발하고 이의 타당화를 목적으로 하므로 모형 연구 중 모형 개발과 모형 타당화에 해당한다. 설계 · 개발연구 방법론은 임의로 통제되는 상황이나 모의 상황이 아닌 실제성을 반영하는 특성을 지니므로 다양한 자료 수집 방법의 활용이 가능하다. 상세화되고 확정된 연구 절차를 포함하지 않고 연구의 주제와 대상에 따라서 자료 수집 방법과 절차가 적용될 수 있다(임철일, 2012; Richey & Klein, 2014). 모형 연구 중 모형 개발의 경우 사례 연구, 델파이 기법, 생각한 것을 소리 내어 말하기(think aloud), 심층면담, 문헌 검토, 구성요소 변인 탐색 등의 연구 방법이 적용될 수 있다. 모형 타당화에서는 실험, 설문, 전문가 검토, 심층면담 등이 활용 가능하다. 특히 본 연구는 보다 실제를 반영한 접근이 이루어져야 함에 따라 전문가 타당화의 경우 현장에서 실제로 가상현실 기반 교육용 시뮬레이션을 설계 혹은 개발한 경험이 있거나 관련 연구를 수행한 대상자로 설정하여 진행하였다. 실제로 이를 수행하고 있는 대상자를 고려함으로써 보다 현실적인 측면에서 검토 의견을 반영하고 구체적인 안내를 제공하고자 하였다(한형종, 임철일, 2020).

〈표 7〉 가상현실 기반 교육용 시뮬레이션 설계 모형 개발 연구 절차(한형종, 임철일, 2020)

연구 유형		방법	세부 내용
모형 개발		선행 문헌 고찰 및 기저 이론 검토 • 교육용 시뮬레이션 • 가상현실 시뮬레이션 • 현실성 및 실제성 • (가상)실재감 • 디지털 매체 • 3차원 디지털 경험 • 교수설계 등 ↑↓ 전문가 면담 • 가상현실 기반 교육용 시뮬레이션 설계자 • 가상현실 기반 교육용 시뮬레이션 개발 경험 교수설계자 • 가상현실 관련 교수자 및 연구 수행 경험이 있는 연구자 ↑↓ 사례 분석	• 구성요소 도출 • 초기 설계원리 및 지침 개발 • 초기 절차 모형 개발
↓		↓	
모형 타당화	내적 타당화	1차 전문가 타당화 (가상현실 시뮬레이션 개발자 혹은 설계자, 관련 연구자)	• 초기 설계원리, 모형 검토 • 설문 및 심층 면담 • 수정
		↓	
		2차 전문가 타당화 (가상현실 시뮬레이션 개발자 혹은 설계자, 관련 연구자)	• 초기 설계원리, 모형 검토 • 설문 및 심층 면담 • 수정
		↓	

연구 유형		방법	세부 내용
		3차 전문가 타당화 (가상현실 시뮬레이션 개발자 혹은 설계자, 관련 연구자)	• 3차 설계원리, 모형 검토 • 설문 및 심층 면담 • 수정
		↓	
		사용성 평가(설계팀)	• 과제(task) 부여 후 도출된 설계 모형에 따라 프로토타입 개발 • 반응 확인
		↓	
	외적 타당화	현장평가 (교수자 및 학습자)	• 개발된 프로토타입에 대한 교수자 및 학습자 반응 확인 • 학습자 가상실재감 측정
		↓	
	내적 타당화 (형성적 차원)	4차 전문가 타당화 (사용성 평가 대상자)	• 형성적 차원에서 설계원리 및 절차 모형 최종 검토

2) 창의적 문제해결을 위한 교과-소프트웨어 융합 수업 설계 모형 개발 연구

지현경과 임철일(2022)의 연구는 초등학생의 창의적 문제해결력 향상을 위한 교과-소프트웨어 융합 수업의 설계 모형을 개발하고 그 효과를 검증하였다. 본 연구의 세부적인 진행 절차와 이에 따른 산출물은 다음과 같다. 우선 선행 문헌 고찰을 통해 1차 수업 설계의 원리,

개념 모형, 절차 모형을 개발하였다. 도출된 초기 모형에 대한 1차 전문가 타당화 검토를 거쳐 2차 수업 설계의 원리, 개념 모형, 절차 모형을 개발하였다. 2차 수업 설계 모형과 수업 설계원리는 2차 전문가 타당화 검토를 통해 내적 타당도를 평가받고, 도출된 개선사항을 반영하여 3차 수업 설계의 원리, 개념 모형, 절차 모형을 개발하였다. 3차 수업 설계원리와 수업 설계 모형은 현장 교사에게 사용성 평가를 받아 내적 타당도를 검증하였다. 이후 외적 타당화를 위한 현장 평가를 실시하고, 학습자 반응과 교수자 반응을 확인하여 이를 사용성 평가 결과와 함께 수업 설계원리, 개념 모형, 절차 모형에 최종적으로 반영하여 수정 및 보완하여 완성하였다(지현경, 2021).

본 장에서는 설계・개발연구 방법론의 두 가지 유형을 살펴보았다. 설계・개발연구 방법론은 두 가지 주요 유형으로 나뉜다. 첫 번째 유형인 산출물 및 도구 연구는 특정 산출물이나 도구의 설계 및 개발 프로젝트에 중점을 두며, 맥락에 따라 변화하는 특성을 갖춘다. 반면에 두 번째 유형인 모형 연구는 보편적인 설계와 개발 과정을 분석하는 것을 목표로 하며, 산출물 연구보다 더 일반화될 수 있는 특징을 가진다.

〈표 8〉 지현경(2021) 연구의 단계별 연구 방법, 진행 절차 및 산출물

연구단계		연구 방법	진행 절차	산출물
모형 개발		**선행 문헌 고찰** • 융합적 문제해결 • 컴퓨팅 사고력 • 소프트웨어 교육 • 융합인재교육	구성 6요소 개발 ▼ ▲ 초기 설계원리 개발 ▼ ▲ 초기 개념 모형 개발	• 초기 설계원리 • 초기 개념 모형
모형 타당화	내적 타당화	**1차 전문가 타당화** • 교육공학전공 박사 3인 • 소프트웨어교육 전공 박사 1인 • SW교육 교사 1인	초기 설계원리, 개념 모형 검토 ▼ ▲ 설문 및 심층면담 ▼ ▲ 설계원리, 개념 모형 수정	• 2차 설계원리 • 2차 개념 모형
모형 타당화	내적 타당화	**2차 전문가 타당화** • 교육공학전공 박사 2인 • 소프트웨어교육 전공 박사 1인 • SW교육 교사 2인	2차 설계원리, 개념 모형 검토 ▼ ▲ 설문 및 심층면담 ▼ ▲ 설계원리, 개념 모형 수정	• 3차 설계원리 • 3차 개념 모형
모형 타당화	외적 타당화	**사용성 평가** • SW교육 수업 경험이 있는 교사 1인	3차 모형을 토대로 교수 · 학습과정안 개발 ▼ ▲ 교수자 반응평가 및 심층면담 ▼ ▲ 설계원리, 개념 모형 수정	• 교수자 반응 • 4차(최종) 설계원리 • 4차(최종) 개념 모형
모형 타당화	외적 타당화	**수업 실행** • 연구대상 - 교사 1인, 학생 21명 • 단일집단, 전사후검사 - 창의적 문제해결력 - 학업적 자기효능감	사전설문 ▼ ▲ 4차 모형 기반 수업 실행 ▼ ▲ 사후 설문 및 학습자 반응평가	• 학습자 반응 • 교수자 반응 • 4차 설계원리 및 개념 모형 확정

제3장 초기 산출물의 개발

설계 · 개발연구의 연구자는 연구 과정에서 연구 주제를 정한 다음 초기 산출물(도구나 원리 등)을 어떻게 개발해야 하는지에 대하여 항상 막막함을 느끼게 됩니다. 설계 · 개발연구는 초기 산출물에 대한 실증적이고 경험적인 타당화 과정을 거쳐 최종 연구 결과를 도출하는 연구 방법론입니다. 초기 산출물의 개발을 통해 후속 연구가 진행된다는 점에서 초기 산출물 개발은 중요한 의미를 가집니다.

따라서 3장에서는 설계 · 개발연구에서 초기 산출물 개발을 위한 접근 방법, 그리고 일반적으로 활용되는 구체적인 연구 방법과 관련 사례를 알아보겠습니다.

1. 초기 산출물의 개발과 접근 방법

설계 · 개발연구 방법론은 교수설계에 관한 실증적이고 경험적인 기반을 확립하려는 목적으로 활용될 수 있다(임철일, 2012; Richey & Klein, 2007). 체계적인 절차에 따라서 교수설계전략, 원리, 모형, 도구의 초기 산출물을 개발하고 반복적으로 타당화함으로써 최종 연구 결과를 도출하게 된다. 따라서 초기 산출물의 개발은 연구 결과를 도출하기 위한 토대라고 할 수 있다.

설계 · 개발연구에서는 연구 문제를 선정하고 연구 유형에 따라서 초기 산출물의 개발 과정을 수행하게 된다. 본 장에서 언급된 초기 산출물은 설계 · 개발연구의 유형 1과 유형 2 연구에서 도출된 결과물

초안을 통틀어 일컫는 말이다. 유형 1 연구에서는 특정 맥락의 산출물 및 도구 개발을 위한 맥락 의존적 산출물이 도출된다(임철일, 2012). 따라서 초기 산출물로는 특정 교육 프로그램 또는 도구의 프로토타입이 개발될 수 있다. 예컨대, 이다연과 임철일(2021)의 창의적 문제 이해를 위한 온라인 지원 도구 개발 연구에서는 기존 선행연구를 기반으로 지원 도구의 설계원리를 정리하고 이를 기반으로 하는 도구 프로토타입을 초기 산출물로 제시하였다. 유형 2 연구는 일반적인 모형, 설계전략 또는 설계원리 개발을 목적으로 한다. 따라서 초기 산출물에는 연구 문제에 따라 초기 모형, 초기 설계전략, 초기 설계원리가 포함될 수 있다. 예컨대, 김선희와 임철일(2016)의 포럼연극 수업설계 개념 모형 개발 연구에서는 초기 산출물로 수업 설계의 원리와 모형의 초안을 도출하였다.

이러한 초기 산출물 개발을 위해서는 크게 두 가지 접근 방법이 가능하다. 하나는 기존 이론 또는 선행 연구를 검토하는 이론적 접근 방법이고 다른 하나는 실제 경험이나 환경을 기반으로 하는 경험적 접근 방법이다. 이론적 접근은 이론적인 배경과 근거를 체계적으로 고려하고 검토하는 과정을 의미하며, 일반적으로 문헌 고찰을 통한 분석 과정이 포함된다. 선행 연구에서 검토된 이론 또는 연구에 대한 문헌 고찰을 통하여 연구 문제와 관련된 최신 연구 동향을 파악할 수 있고, 새로운 접근 방법과 시사점을 파악할 수 있다(권순달, 2011; 성태제, 2020). 이론적 접근을 통하여 연구 문제 관련 내용을 깊이 이해하고 시사점을 도출하게 된다. 이는 대부분의 연구에서 흔히 사용되는 일반적인 접근 방법이다.

설계 · 개발연구의 초기 산출물에 대한 이론적 접근에서는 연구 문제와 관련된 키워드 설정 및 자료 분석을 실시하게 된다. 예컨대, 최서연(2022)의 '인공지능 교육시스템 기반 초등학교 수학 수업 설계 모형 개발' 연구에서는 초기 수업 설계원리 및 모형을 도출하기 위하여 '적응적 학습 설계원리', '초등학교 수학 교수·학습 설계', '인공지능 활용 수업 설계원리'와 같은 키워드를 설정하여 문헌 검토 및 분석을 실시하였다.

이론적 접근의 장점은 이미 입증된 이론 또는 연구를 근거로 자료를 수집하기 때문에 왜곡된 내용이 포함될 가능성이 비교적 적다는 것이다(이해영 외, 2019). 따라서 선행 문헌을 바탕으로 도출된 초기 산출물은 타당도가 비교적 높다. 또한 기존 연구 결과를 통해 연구 문제를 해결하기 위한 더욱 효과적인 방법을 채택하여 산출물의 설계와 개발의 질을 향상시킬 수 있다. 이론적 접근은 현실적인 측면에서 현장에 접근하기 어려운 분야에 많이 활용된다. 예컨대, 설문 조사와 같은 현장 조사 방법 적용이 어렵거나 문헌 조사 이외의 방법으로 자료 수집하기 어려운 분야에 가장 적합하다(이해영 외, 2019). 그러나 연구가 많이 이루어지지 않은 연구 영역의 경우에는 이론적 고찰을 거쳐 도출한 시사점을 통해 설계된 초기 산출물에 편향성이 존재할 수 있고 신뢰도 또한 낮을 수 있다. 따라서 선행 문헌을 바탕으로 하는 이론적 접근만으로는 초기 연구 산출물을 도출하고 이론 적용 가능성을 검토하기에 일정한 한계가 있다.

이론적 접근의 한계점을 보완하기 위해서 경험적 접근 방법을 활용할 수 있다. 경험적 접근은 교육 관계자가 실제 경험한 내용 또는 간접 경험의 확보를 통한 검토를 의미하며 현장의 데이터를 수집하고 분석하여 보다 실제적인 결과를 도출할 수 있다. 경험적 접근에서 가장 많이 사용되는 방법 중 하나가 바로 조사 연구이다(성태제, 2020). 또한, 현장 교사의 경험에 관한 면담, 또는 실제 교육상황의 관찰을 통해 시사점을 확보하고 초기 산출물을 개발할 수 있다. 예컨대, 수업 모형을 개발하는 경우, 채지윤(2023)의 연구에서는 클라우드 기반 학습도구를 활용한 데이터 기반 수업 경험을 가진 교수자 두 명을 대상으로 면담을 통해 수업 경험을 파악하고 경험적 탐색 과정이 이루어졌다. 이와 같은 경험적 접근은 교육 현장의 실제 문제를 파악하고 교육환경에 부합하는 맞춤형 산출물 설계와 개발에 도움이 된다. 그러나 교수자 섭외 및 현장 섭외에 있어서 이론적 고찰보다 많은 비용과 시간이 소요되고, 현장 관찰하는 경우 연구자의 주관 입장이 개입될 여지가 있다(이해영 외, 2019).

따라서 경험적 접근과 이론적 접근은 상호보완적인 관계를 가진다. 경험적 접근은 이론을 기반으로 한 초기 연구 결과에 대해 수정하고 보완하는 역할을 한다. 연구 맥락과 제안에 따라 이론적 접근과 경험적 접근은 선택적으로 활용하거나 함께 적용할 수도 있다. 예컨대, 최소영(2017)은 선행 연구에 대한 이론적 접근을 통해 교수전략을 확인함과 동시에 교사 및 학습자 인터뷰, 수업관찰 등 경험적 접근 방법을 통해 실제 STEAM 수업에서 체득한 창의적 설계 활동을 위한 효과적인 교수설계전략을 분석하였다. 임은선(2023)의 연구에서도 선행 연구에 대한 이론적 접근을 바탕으로 초기 모형을 도출하며, 동시에 모형의 실제적 측면을 보완하기 위해 현장 교사와 전문가를 대상으로 한 면담 등 경험적 접근 방법을 통해 초기 모형을 일부 수정하였다.

[그림 3] 초기 산출물 개발을 위한 이론적 접근과 경험적 접근의 보완 관계

접근 방법별로 설계·개발연구의 초기 산출물 개발 시에 활용되는 연구의 방법에 차이가 있다. 따라서 본 장에서는 설계·개발연구에서 흔히 사용되는 연구 방법들을 중심으로 연구 방법과 특징 및 적용된 사례에 대한 내용을 보다 구체적으로 다루고자 한다. 초기 산출물 개발에 대한 구체적인 연구 방법을 요약하면 〈표 9〉와 같다.

〈표 9〉 초기 산출물 개발을 위한 구체적인 연구 방법

접근 방법	연구 방법
이론적 접근	• 주제 범위 문헌 고찰 • 체계적 문헌 고찰 • 통합적 문헌 고찰
경험적 접근	• 사례 조사 • 설문 조사 • 면담 • 현장 관찰

2. 이론적 접근

이론적 접근의 연구 방법에는 주제 범위 문헌 고찰, 체계적 문헌 고찰, 통합적 문헌 고찰 등 연구 방법이 있으며, 해당 연구 방법들의 정의, 특징, 연구 절차, 그리고 설계·개발연구의 초기 산출물 개발을 위한 연구 사례는 다음과 같다.

1) 주제 범위 문헌 고찰

주제 범위 문헌 고찰(scoping review)은 연구 영역을 빠르게 도식화하고 주요 개념을 확인하며 사용 가능한 주요 출처와 증거 유형을 파악할 수 있는 연구 방법이다(Arksey & O'Malley, 2005). 주제 범위 문헌 고찰의 주요 목적은 해당 분야의 폭과 깊이를 확보하기 위함이다(Levac et al., 2010). 주제 범위 문헌 고찰을 통해 주어진 분야에서 사용 가능한 연구 결과를 식별하거나, 주요 개념 또는 정의를 명확히 하며, 특정 주제나 분야에서 어떻게 연구가 수행되는지 검토하고, 개념과 관련된 주요 특성이나 요인을 식별할 수 있다(Munn et al., 2018). 따라서 주제 범위 문헌 고찰은 흔히 체계적 문헌 고찰의 초기 절차로도 쓰이며 연구의 필요성과 범위를 확인하는 데 활용된다(Levac et al., 2010). 그러나 주제 범위 문헌 고찰은 체계적 문헌 고찰과 달리 자료에 대한 질 평가 과정이 부재하여 양질의 논문을 통해 결과를 도출하기보다는 연구하는 주제에 대한 기존 연구를 파악하는 것을 목적으로 한다(Grant & Booth, 2009). 따라서 주제 범위 문헌 고찰의 연구 결과를 최종 결과로 단정하기 어려우며 실제 맥락에 대한 의견이나 실천의 확정적 근거로 활용하는 것은 적합하지 않다.

Arksey와 O'Malley(2005)의 연구 방법 5단계에 따르면, 주제 범위 문헌 고찰 연구 절차는 크게 연구 문제 설정(identifying the research question), 관련 연구 확인(identifying relevant studies), 문헌 선정(study selection), 데이터 기록(charting the data), 데이터 정리, 요약 및 결과 보고(collating, summarizing and reporting the results)로 나눌 수 있다.

① 연구 문제 설정: 명확한 연구 질문을 설정하여 문헌 고찰의 목적과 범위를 정의한다.

② 관련 연구 확인: 문헌 검색의 연구 기간, 데이터베이스, 검색 키워드 등을 설정하여 연구 주제와 관련된 문헌을 탐색한다.

③ 문헌 선정: 미리 설정된 포함과 제외의 검색 전략을 사용하여 검색된 연구 문헌 중 관련 있는 연구를 선택한다.

④ 데이터 기록: 선택된 연구로부터 필요한 정보와 데이터를 추출하여 구조화된 형태로 정리한다. 이 과정에서는 연구 문제에 따라 연구 방법, 연구 참가자, 결과, 결론 등의 정보가 포함될 수 있다.

⑤ 데이터 정리, 요약 및 결과 보고: 추출된 데이터를 종합하여 주요 발견 및 시사점을 도출하고, 이를 요약하여 보고하는 것이다.

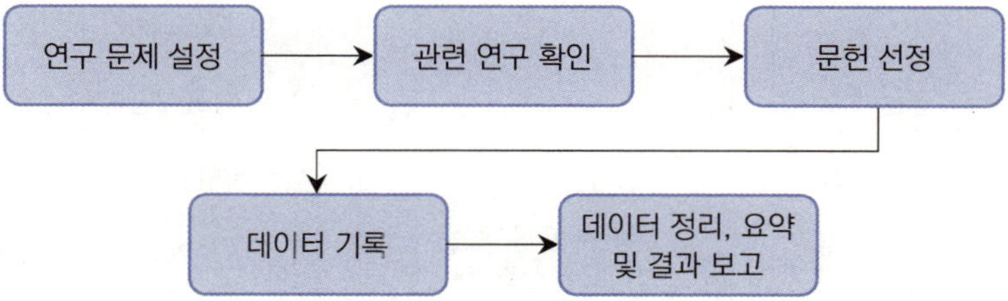

[그림 4] Arksey와 O'Malley(2005)의 주제 범위 문헌 고찰 5단계

주제 범위 문헌 고찰의 연구 사례로는 강지혜와 박태정(2022)의 '설계·개발연구와 설계기반연구의 연구동향 분석: 주제 범위 문헌 고찰' 연구를 들 수 있다. 해당 연구에서는 주제 범위 문헌 고찰을 통하여 최근 교수설계 측면에서 많이 활용되고 있는 설계·개발연구 방

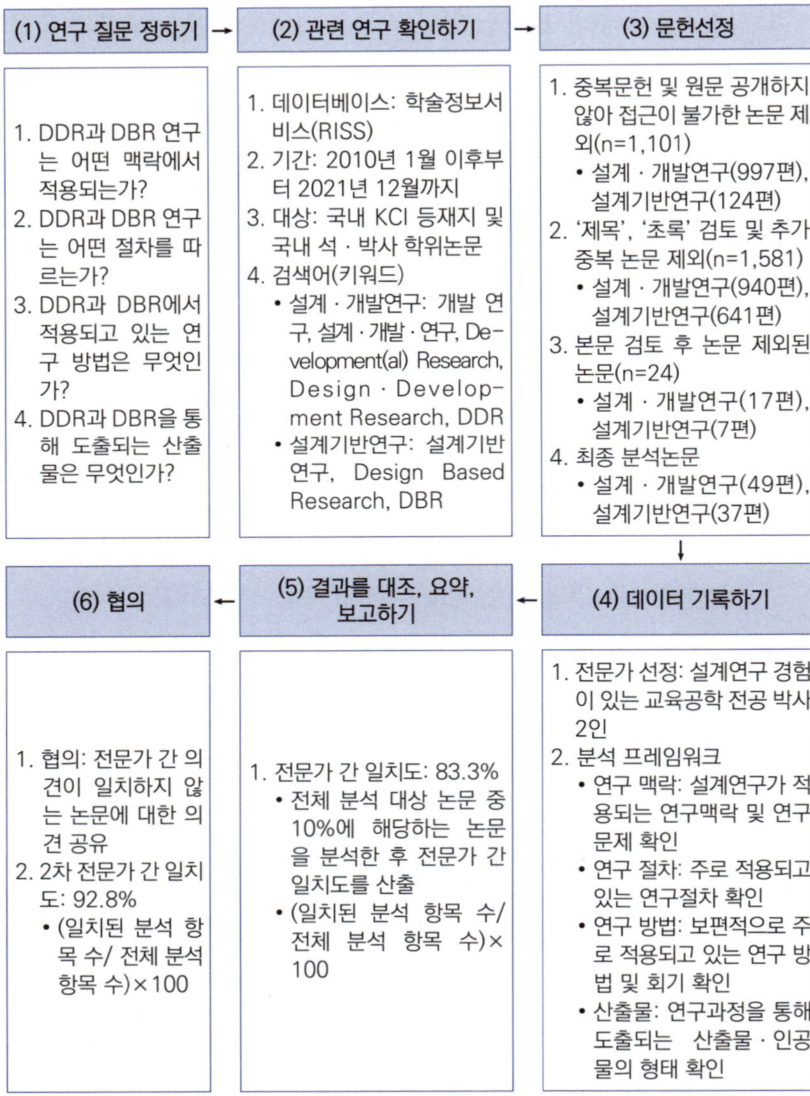

[그림 5] 강지혜와 박태정(2022)의 주제 범위 문헌 고찰의 연구 절차

법론과 설계기반연구 방법론을 비교 및 분석하였다. 해당 연구에서는 교육실천가들이 설계・개발연구 방법론과 설계기반연구 방법론을 적용할 때 기본적으로 고려해야 하는 부분을 중심으로 연구 질문을 설정하였다. 문헌 선정 기준에서는 중복문헌과 원문을 공개하지 않아 접근이 불가한 논문을 제외 기준으로 설정하였고 연구자가 독립적으로 제목과 초록을 검토하며 설계・개발연구, 설계기반연구와의 관련성이 떨어지는 문헌을 제외하였으며, 학위논문, 학술대회, 학술지 등 추가 중복 논문을 제외하였다. 그리고 연구 문제를 기반으로 연구 초점, 연구 절차, 연구 방법, 산출물로 구분된 분석틀을 활용하여 데이터를 기록하고 분석하여 연구 결론을 도출하였다. 또한 해당 연구에서는 연구 결과의 타당성을 높이기 위하여 마지막에 협의 과정을 통해 전문가 간 의견을 합의하였다. 이로써 최종 연구 결과로는 설계・개발연구나 설계기반연구를 진행함에 있어서 참고할 수 있는 적합한 방법론 선정 가이드와 제안사항을 제시하였다. 상세한 연구 절차는 [그림 5]와 같다.

2) 체계적 문헌 고찰

체계적 문헌 고찰(systematic review)은 기존 선행 연구에 대한 문헌 고찰 과정의 각 단계를 체계화되고, 명백하며 반복 가능한 절차를 사용하여 특정한 질문에 대한 연구문헌을 포괄하고 통합하는 것을 목적으로 하는 연구 방법이다(Littell et al., 2008; 2011). 체계적 문헌 고찰에는 고찰 과정에 분석의 기준을 엄격히 적용하여 기존 전통적인 문헌 고찰보다 더 큰 신뢰성을 가지는 특징이 있다. 따라서 체계적 문헌 고찰을 통해 더욱 다양한 연구 결과를 확보하고 기존 문헌에 존재하는 오차와 편향을 최소화하며 문헌 고찰의 결과의 타당도와 신뢰도를 향상시키는 장점을 가지고 있다(Efron & Ravid, 2019/2020). 그러나 문헌 고찰 과정에서 문헌 선정 기준을 잘못 설정하여 상대적으로 부적합한 연구(적절하지 않은 도구, 설계, 수행문제 등을 사용함으로 하여 제한적인 추론 근거를 제공한 연구)를 포함한 경우에는 부적절한 결과를 도출할 수 있다. 또한 체계적 문헌 고찰은 이미 출간된 연구물을 대상으로 자료를 수집하기 때문에 연구 결과의 시효성을 보장하기 어렵고 각 연구 결과마다 특정한 맥락을 기반으로 하고 있기 때문에 통합된 연구 결과를 일반화하기에는 한계를 지닌다(Littell et al., 2008/2011). 따라서 외적 타당도 수준이 높은 결과를 도출하기 어렵다.

Cooper(1998)가 제시한 체계적 문헌 고찰 연구의 단계는 문제 정의(formulating the problem), 자료 검색(searching for literature), 자료 수집(gathering information), 자료 평가(assessing the quality), 자료 분석 및 해석(analyzing and interpreting), 결과 제시(presenting the results)의 6단계로 구성된다.

① 문제 정의: 연구 질문이나 목적을 명확하게 정의하고 관련 연구 주제와 범위를 결정하며, 검토의 목표와 연구 질문을 명확히 규명한다.

② 자료 검색: 연구 주제와 관련된 문헌을 찾기 위해 데이터베이스, 학술지, 책 등 다양한 출처를 검색하고 키워드, 검색 전략 및 포함과 제외의 기준을 활용하여 관련 문헌을 선정한다.

③ 자료 수집: 선택된 문헌에서 중요한 정보를 추출하고 기록하며 연구 방법, 결과, 결론 등 연구 문제와 관련된 주요 세부 사항을 정리한다.

④ 자료 평가: 연구 방법, 분석 방법 등 내용을 기반으로 문헌의 질과 신뢰성을 평가한다.

⑤ 자료 분석 및 해석: 모든 정보를 종합하여 문헌의 주요 패턴, 유사성, 차이점을 분석한다. 연구 결과를 통합하고, 특정 주제나 질문에 대한 문헌의 전반적인 결론을 도출한다.

⑥ 결과 제시: 문헌 고찰의 주요 발견과 결론을 정리하여 보고서나 논문 형식으로 작성한다.

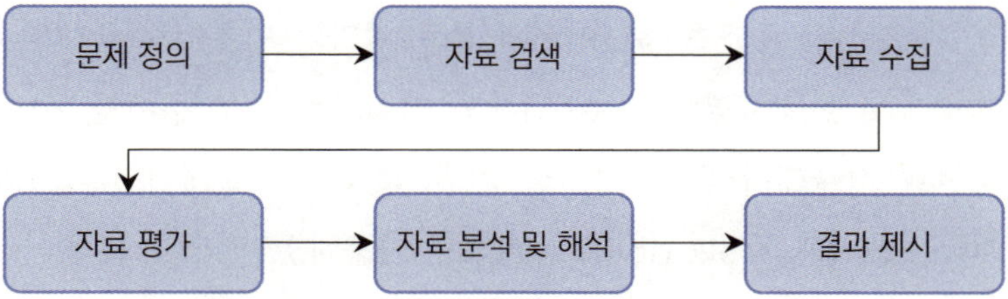

[그림 6] 체계적 문헌 고찰의 6단계 연구 절차(Cooper, 1998)

체계적 문헌 고찰을 활용하여 초기 산출물을 개발하는 경우, 먼저 문제 정의 단계에서 연구하고자 하는 주제에 대하여 명확히 해야 한다. 그리고 자료 검색 단계에서 검색하고자 하는 문헌의 데이터베이스를 정하고 문헌 선정 기준에 따라 검색한다. 문헌 검색 기준을 정할 때, 다양하고도 신뢰성이 있는 문헌들을 확보할 수 있도록 데이터베이스, 자료 유형, 검색 기간 등 다양한 요소를 고려해야 하며, 기준의 목적과 근거가 명확해야 한다. 그리고 추출한 문헌의 질을 확보하도록 자료 평가를 진행한다. 이 과정은 흔히 문헌 평가 루브릭(rubric)을 활용하여 연구자 간의 합의를 통해 평가 기준을 정하고 문헌에 대해 평가를 실시한다. 설계·개발연구의 초기 산출물 개발에서는 문헌을 통한 산출물 개발에 대한 시사점 도출에 초점을 맞추기 때문에 자료 평가하는 과정을 생략하기도 한다. 그리고 추출한 자료를 대상으로 분석 및 해석을 거쳐 시사점을 확보하고 초기 산출물 개발에 반영할 수 있다.

설계・개발연구에서 체계적 문헌 고찰을 통해 초기 산출물을 개발하는 사례로는 한형종(2019)의 '가상현실 기반 교육용 시뮬레이션 설계모형 개발' 연구를 들 수 있다. 한형종(2019)은 체계적 문헌 고찰을 통해 설계 모형에 대한 개념적 구성요소를 도출하고 이를 기반으로 초기 설계 모형을 개발하였다. 해당 연구에서 자료 검색 단계에는 교육공학, 교수설계, 콘텐츠 측면에서의 동료 평가가 이루어진 국내외 주요 학술지로 한정하였다. 논문 검색의 키워드는 논문 주제를 토대로 '가상현실 시뮬레이션', '가상현실 기반 교육용 시뮬레이션', 'virtual reality simulation', '3D virtual reality'를 활용하였다. 그리고 최근 연구를 확보하기 위하여 논문 검색 기간을 약 10년으로 한정하였다. 또한 키워드 검색을 통해 선정된 문헌의 제목과 초록 검토를 통하여 주제 및 내용의 적합성을 확인한 후, 적합하지 않은 자료를 제외하고, 내용 검토를 통해 경험과학적 연구 이외 자료를 배제하였으며, 최종 자료를 추출하였다. 예컨대, 선정된 자료의 내용 분석을 통해 단순히 기술적 변인, 시뮬레이터 자체에 대한 주요 내용 등을 중점적으로 다루는 논문은 제외하였다. 또한, 경험과학적 측면에서 결과에 영향을 줄 수 있다고 제시한 자료 외에 일반적인 수준에서 사용성 평가를 실시하거나 문헌 고찰 연구, 가상현실에 대한 개념 등을 중점적으로 다루고 있는 논문을 모두 제외하였다. 최종적으로 분석한 자료는 총 8개로 도출하였고 8편 문헌의 내용 기반으로 설계 모형의 구성요소를 도출하고 초안을 개발하였다. 구체적인 연구 절차는 다음과 같다.

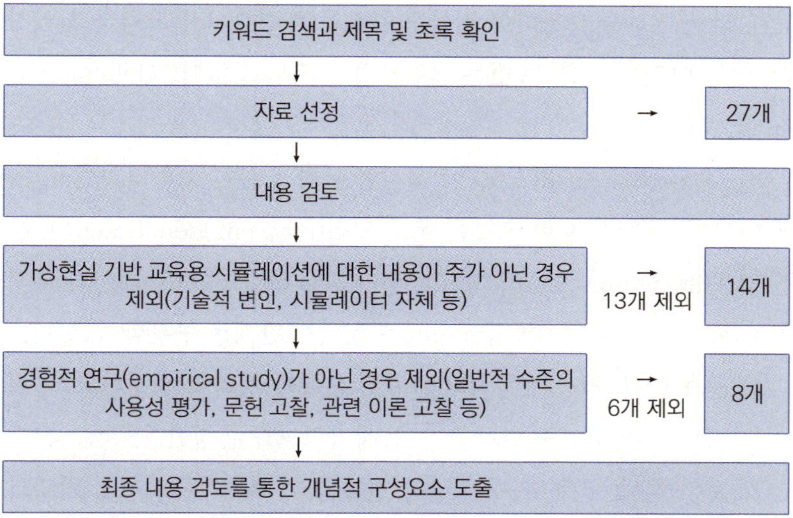

[그림 7] 한형종(2019)의 체계적 문헌 고찰의 연구 절차

3) 통합적 문헌 고찰

통합적 문헌 고찰(integrative review)은 관심 있는 주제의 주요 내용을 신중히 검토하고 이를 기본적인 요소로 나눠서 살펴보면서 기존 문헌에 대한 비판적 분석을 하여(Efron & Ravid, 2019; 2020), 연구 주제와 관련된 양적과 질적 연구 전반을 검토하는 연구 방법이다(Souza et al., 2010). 통합적 문헌 고찰은 엄격한 검색 전략을 사용하고 다양한 연구에서 자료를 모으며, 여러 방법론적 접근을 포함하는 것이 장점이다(Cooper, 1998). 통합적 문헌 고찰은 여러 연구 결과를 통합하여 더 광범위하고 포괄적인 이해를 목표로 한다. 그러나 다양한 연구를 통합하는 분석의 복잡성으로 인해 편견이 포함되거나 불확실한 연구 결과를 초래할 수도 있다(O'Mathuna, 2000). 비록 다양한 연구를

통해 연구 절차를 보완하여 편향성 문제를 해결하고자 노력하고 있지만, 이는 여전히 피할 수 없는 단점으로 지적되고 있다(Whittemore & Knafl, 2005).

Whittemore와 Knafl(2005)이 제시한 통합적 문헌 고찰의 연구 절차에 따르면, 통합적 문헌 고찰은 문제 인식(problem identification), 문헌 검색(literature search), 데이터 평가(data evaluation), 데이터 분석(data analysis), 결과 확인(presentation) 등 5단계로 구분할 수 있다.

① 문제 인식: 연구의 목적과 관련된 문제를 명확히 선정하고, 문헌 검토를 위한 연구 절차 또는 프레임워크를 결정한다.

② 문헌 검색: 연구 문제 관련 문헌을 찾기 위해 여러 검색 기준과 배제 기준을 제정하고 검색 과정을 실시한다.

③ 데이터 평가: 다양한 자료 통합의 복잡성을 고려하여 수집된 문헌, 즉 데이터의 타당성을 보장하기 위하여 데이터의 질을 평가한다.

④ 데이터 분석: 선정된 데이터를 기반으로 결론을 도출하기 위해 데이터를 정리, 분류, 요약하는 과정을 진행하며 분석한다.

⑤ 결과 확인: 문헌 분석의 결론을 표나 다이어그램 형태로 보고하며, 새로운 이해를 제공하고 연구 및 정책 개발에 대한 시사점을 강조하며, 리뷰의 방법론적 한계를 명시적으로 언급하도록 한다.

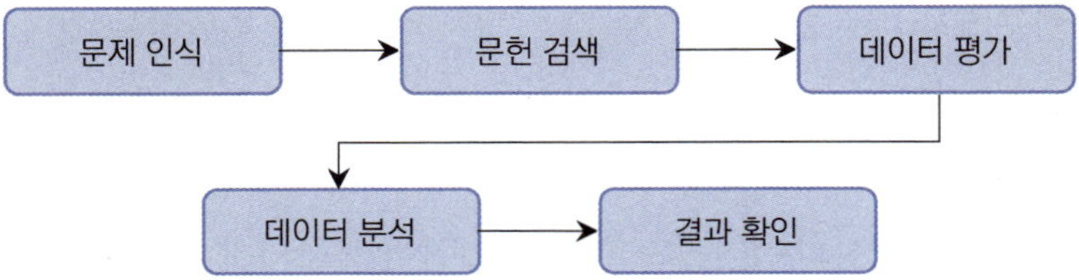

[그림 8] Whittemore와 Knafl(2005)의 통합적 문헌 고찰의 연구 절차

문제 인식 단계는 설계하고자 하는 산출물을 정하는 것을 의미하며, 문헌 검색 단계는 산출물과 관련된 문헌 선정 기준을 정의하고 문헌을 수집하는 것이다. 예컨대, 기존 유사한 산출물 개발에 관한 연구, 보고서 또는 발표 자료를 검색하는 것이다. 다음으로 데이터 평가 단계는 확보한 문헌이 신뢰할 수 있는지를 평가하고 선별하는 과정이다. 데이터 분석 단계에서는 산출물 개발에 필요한 핵심요소와 설계 가능한 방향에 대한 시사점을 도출한다. 분석의 정확성과 편의성을 위하여 분석 단계에서는 유사한 연구에서 활용된 분석틀을 참고하여 분석을 진행할 수 있다. 마지막 결과 확인 단계에서는 도출된 데이터 자료 기반으로 초기 산출물 개발에 대한 시사점을 도출하여 초기 산출물을 개발한다.

통합적 문헌 고찰을 활용하여 초기 산출물을 도출한 설계·개발연구 사례로는 최서연(2022)의 연구를 들 수 있다. 최서연(2022)은 '인공지능 교육시스템 활용을 위한 초등학교 수학 수업 설계 모형' 개발을 위하여 '인공지능 활용 교육', '초등학교 수학 교수·학습', '적응적 학습'의 세 가지 영역에 대한 통합적 문헌 고찰을 실시하였다. 해당 연구에서는 '적응적 학습 설계원리', '초등학교 수학 교수·학습 설계', '인공지능 활용 수업 설계원리', 'artificial intelligence in mathematics education', 'guidelines/guidance for teaching mathematics using artificial intelligence/technology', 'adaptive mathematics teaching and learning'을 검색 키워드로 설정하였고 교육학술정보원의 학술연구정보서비스, 서울대학교 중앙도서관 DB, 한국학술지인용색인서비스, 구글학술검색 서비스를 활용하여 문헌을 수집하였다. 그리고 수집한 문헌 중 수학교육과 맥락이 비슷한 사례를 보류하고 예술·체육과 맥락을 같이하는 사례는 배제하였다. 또한 연구 대상자가 중학생 이상일 경우에도 해당 연구 대상자의 성격이 반영되기 어렵다고 판단하여 시사점 및 데이터에서 배제하였다. 이와 같은 통합적 문헌 고찰 과정을 거쳐 인공지능 수학 교육시스템을 활용하는 초등학교 수학 수업 설계의 이론적 구성요소와 초기 설계원리, 설계 모형을 도출하였다.

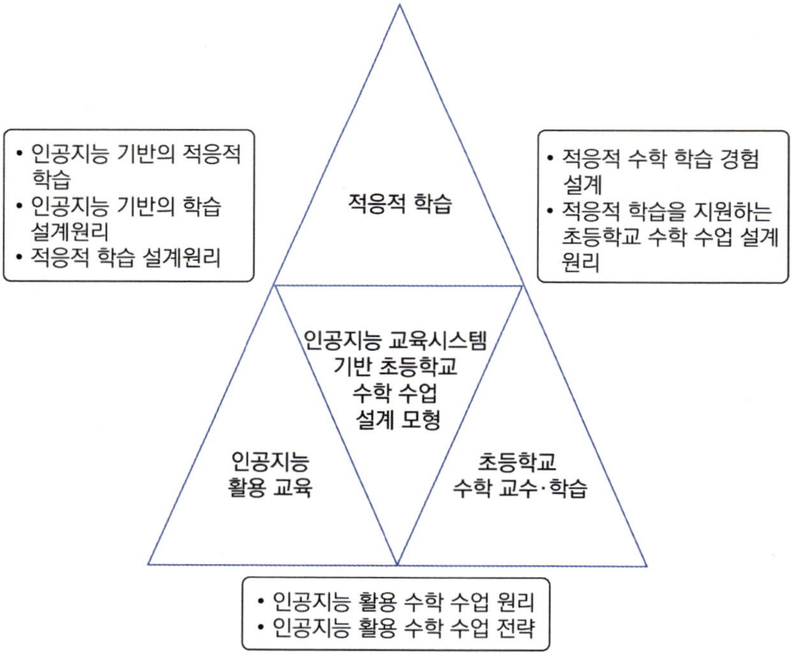

[그림 9] 최서연(2022)의 통합적 선행 문헌 고찰 영역

3. 경험적 접근

설계·개발연구의 초기 산출물 도출을 위하여 흔히 사용되는 경험적 연구 방법으로는 사례 조사, 설문 조사, 면담과 현장 관찰 등이 있다. 해당 연구 방법들의 정의, 특징, 활용 방법과 설계·개발연구에서 초기 산출물 개발을 위한 연구 사례는 다음과 같다.

1) 사례 조사

사례 조사는 단일한 사례가 특정한 상황 속에서 갖는 복잡성과 특수성을 포함하는 행위를 이해하기 위한 연구 방법이다(Stake, 1995). 사례 조사를 통하여 하나 또는 복수의 사례가 가지고 있는 복잡성을 충분히 이해할 수 있고, 제한된 맥락 안에서 일어나는 현상을 파악할 수 있으며, 이미 발간된 연구에 포함되지 않은 현재의 시점에서 발생하고 있는 상황을 보다 자세히 관찰할 수 있는 특징을 띠고 있다(유기웅 외, 2018).

사례 조사는 연구 대상에 따라 연구자의 독창성이 발휘될 수 있고 분석과 해석의 형식이 달라질 수 있기 때문에 수행절차에서도 고정된 형태가 있을 수 없다(권순달, 2011). 따라서 사례 조사를 할 때 사례 관련 자료 리뷰, 관찰, 면담 또는 설문 조사 등 자료 수집의 방법에 대하여 제한이 없다(Merriam, 1998). 그리고 사례에 대한 현실적인 상황에 따라 단일 자료 수집 방법 활용이 가능하고 다양한 수집 방법을 같이 활용하여 자료 수집을 할 수도 있다. 여러 자료 수집 방법을 동시에 활용한 경우에는 자료의 타당도를 높일 수 있는데, 삼각법을 사용하여 통합적인 관점에서 자료를 수집하기도 한다.

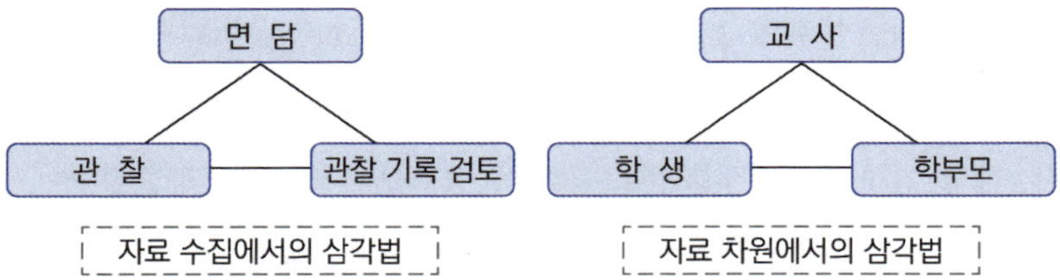

[그림 10] 교육 연구에서의 삼각법(권순달, 2011)

일반적인 사례 조사의 절차는 다음과 같다(권순달, 2011; 유기웅 외, 2018).

① 사례의 선정: 연구 주제를 명확히 함으로써 사례 선정을 위한 기준을 명료화하며 연구에 적합한 사례를 선정한다.

② 연구 문제의 진술: 사례가 갖고 있는 특성을 반영하고 연구의 설계와 수행을 안내해 줄 수 있는 정도의 구체적인 연구 문제를 설정한다.

③ 연구 설계: 구체화한 연구 문제에 근거하여 사례를 정하고 사례에서 탐구하고자 하는 연구 문제를 발전시키며, 연구 시간, 대상, 비용 등 포괄적인 계획을 수립한다.

④ 자료 수집: 사례에 대한 자료 수집 방법을 결정하고 자료를 수집한다.

⑤ 자료의 분석 및 해석: 수집된 자료에 대하여 코딩, 범주화, 주제화를 통하여 자료를 분석하고 분석한 자료를 기반으로 사례의 의미를 해석한다.

설계·개발연구의 초기 산출물 개발에서는 사례 조사를 통해 개발 시사점을 얻기도 한다. 예컨대, 이다연과 임철일(2021)의 '창의적 문제해결의 문제 이해 단계를 위한 온라인 지원 도구 개발' 연구에서는 초기 산출물 도출을 위한 분석 단계에서 관련 선행 문헌 고찰뿐만 아니라 CPS(Creative Problem Solving) 모형 기반 온라인 지원 도구의 사례를 조사하고 분석하였다. 해당 연구에서 선행 문헌 검토를 자료 분석 방법으로 선정하고 기존의 CPS 관련 온라인 지원도구 및 시스템의 사례를 탐색하며 분석하였다. 이와 같은 사례 조사 과정을 거쳐 창의적 문제 이해를 위한 온라인 지원도구의 초기 설계원리를 도출하였다.

절차	연구 활동 내용	산출물
분석	• 선행 문헌 고찰 • CPS 모형 기반 온라인 지원 도구 사례 분석	온라인 지원 도구 설계원리

[그림 11] 이다연과 임철일(2021)의 초기 산출물 개발을 위한 연구 절차

2) 설문 조사

설문 조사는 설문지를 활용하여 자료를 조사하는 방법이므로 연구 대상에게 설문지를 전달한 후 응답지를 회수하는 방식으로 이루어진다(성태제, 2020). 설문 조사는 사실적인 정보, 생각이나 판단 등 개인의 인지적, 정의적, 심체적 특성 조사가 가능하다. 그리고 설문 조사를 통해 한꺼번에 대량의 자료를 수집할 수 있고 심층적인 정보를 확보할 수 있다. 하지만 익명으로 진행될 경우 불성실한 응답이 포함될 수 있다는 한계가 있다(권순달, 2011). 특히 교육 연구에서 다양한

교육 현장의 원인과 결과를 밝히고자 하는 연구일 경우에 원인 규명이 용이하지 않다는 점도 고려해야 한다. 설문 조사의 일반적인 연구 절차는 다음과 같다(성태제, 2020).

① 연구 목적 구체화: 연구 목적을 명확화하고 구체화한다.

② 연구 대상 선정 및 표집 방법 규명: 연구 목적에 부합하는 집단을 연구 대상으로 선정하고 연구 대상의 모집단 규모에 따라 적합한 표집 방법을 선택한다.

③ 연구 설명문 작성: 연구 목적을 밝히고 연구에 협조를 당부하는 안내문을 작성한다. 안내문에는 연구에 대한 간결한 설명, 연구 또는 설문지의 주요성 강조, 응답 소요시간, 개인정보에 대한 비밀 보장, 회수기일과 감사 표현을 포함해야 한다.

④ 설문지 제작: 연구에 관련된 내용을 기반으로 설문지를 제작한다.

⑤ 사전 조사 실시: 설문지의 타당성과 연구 대상의 적합성을 판단하기 위하여 일부 연구 대상을 중심으로 사전연구를 실시한다.

⑥ 설문지 분석과 수정: 사전연구의 실시 결과에 근거하여 설문지의 문제점을 발견하고 문제가 있는 문항을 수정, 보완, 또는 제거 작업을 진행한다.

⑦ 표본 추출: 연구 대상이 방대한 경우에는 모집단을 대표할 수 있는 표본을 추출해야 한다.

⑧ 설문지 발송: 안내문과 작성된 설문지를 연구 대상자 대상으로 발송한다.

⑨ 미응답자 대상 설문 확보 노력: 미회신자를 대상으로 설문지 작성 재안내 및 새로운 회수기일을 명기함으로써 설문 확보를 위

한 노력을 한다.

⑩ 응답자료 분석: 회수된 질문지에 기존 제정된 표집 방법을 적용하여 자료 분석을 실시한다.

설문 조사를 활용하여 시사점을 확보하고 초기 산출물을 개발하는 사례로는 이정연(2023)의 연구를 들 수 있다. 해당 연구는 온라인과 오프라인 수업을 병행하는 블렌디드 러닝의 형태로 프로젝트 수업 모형을 개발하기 위하여 문헌 고찰 외에 학습자 18인과 교수자 3인을 대상으로 설문 조사를 실시하였다. 학습자를 대상으로 한 설문은 학습자들이 프로젝트 수업에 대한 관심과 요구를 확인하기 위하여 프로젝트 수업과 수업 방식에 대한 만족도, 프로젝트 수업에 관한 요구사항을 중심으로 5점 척도를 활용한 객관식 문제와 주관식 문제로 구성하였다. 교수자에 대한 설문은 학습자 설문과 달리 프로젝트 수업에 중점을 두고 교수법, 수업 진행 중 어려운 점, 수업 방식과 구성 등 수업 효과를 증진하기 위한 여러 개선방안을 중심으로 객관식과 주관식 문제로 설계하였다. 그리고 설문 조사 결과를 기반으로 블렌디드 러닝을 활용한 한국어 프로젝트 수업 모형을 개발하였다. 아래는 이정연(2023) 연구에서 사용한 일부 설문 조사 내용을 발취한 문항 예시이다.

〈표 10〉 이정연(2023) 연구의 설문 조사 문항 예시

학습자 설문 조사 문항 예시	교수자 설문 조사 문항 예시
〈개인 정보〉 국적: 성별: 나이: 한국어 학습 목적: 취미/진학/취업/기타 한국 거주 기간: 년 개월	〈개인 정보〉 한국어 강의 경력: ___년 개월___ 과제 활동 수업 경력: ___년 개월___

<table>
<tr><th>학습자 설문 조사 문항 예시</th><th>교수자 설문 조사 문항 예시</th></tr>
<tr><td>
1) 과제 활동 수업에 대한 만족도
(1) 수업에서 과제 활동 수업이 필요하다고 생각합니까?
<table>
<tr><td>전혀 필요 없다
1</td><td>필요 없는 편이다
2</td><td>있어도 없어도 된다
3</td><td>필요한 편이다
4</td><td>매우 필요하다
5</td></tr>
</table>
(2) 그 이유는 무엇입니까? ________

2) 과제 활동 수업에 대한 요구 사항
(1) 이 밖에도 과제 활동 수업의 개선을 위해 어떤 점들이 더 추가되었으면 좋겠는지 3개 선택해 주세요.
- 강의 내용과 관련된 자세한 설명
- 과제 활동에 대한 자세한 안내
- 활발한 온라인상의 의사소통을 위한 플랫폼
- 팀 활동에 대한 선생님의 피드백
- 과제 활동 관련 자료 정보 제공
- 과제 활동 기간 조정
- 팀원 수 조정
- 기타 ________
(2) 그 이유는 무엇인지 써 주세요. __
</td><td>
1) 과제 활동 수업
(1) 6급 수업 중 과제 활동 수업을 진행하실 때 어려운 점은 무엇인지 예를 참고해서 구체적으로 써 주세요(예: 주제, 수업 방식, 학생 지도 등).
(2) 그 이유는 무엇입니까? ________

2) 수업 방식
(1) 장기적으로 진행되는 과제 활동에서 학생들의 학습 효과를 증대시키기 위해서는 어떤 수업 방식이 필요하다고 생각하시는지 선생님의 의견을 자유롭게 써 주세요. _____

3) 기타
(1) 이 밖에도 과제 활동 수업의 개선을 위해서 조언하고 싶은 게 있다면 자유롭게 써 주세요.
____
</td></tr>
</table>

3) 면담

면담은 연구 주제에 관한 자료를 얻기 위해서 언어를 매개로 하여 면담자(연구자)와 피면담자 사이에 이루어지는 상호작용을 의미한다. 교육 연구에서 학생 또는 교사 등 개인 연구 대상의 특성에 대하여 자세하고도 심층적으로 탐색하는 기법이다. 면담에서 연구자는 직접 피면담자의 행동과 기술을 묘사할 수 있을 뿐만 아니라, 그러한 행동의 이유에 대하여 밝힐 수 있고, 피면담자의 성격을 파악할 수 있으므로 한정적인 조사 영역에서 심층적으로 조사할 수 있는 연구 방법이다(권순달, 2011). 또한 연구자는 직접 피면담자와의 대화를 통해 자료를 수집하기 때문에 내용의 신뢰성에 대하여 직접 판단 가능하고 회수율 측면에서도 설문 조사보다 높다는 장점을 가지고 있다(이해영 외, 2019). 그러나 면담을 통해 수집된 자료에 편견이나 부정확한 요인이 있을 수 있고, 면담 대상의 수와 범위가 제한적일 수밖에 없다.

면담 유형은 다양한 맥락에 따라 구분할 수 있다. 주로 구조화된 면담(structured interview), 반구조화된 면담(semi-structured interview), 비구조화된 면담(unstructured interview)으로 나뉜다(유기웅 외, 2018). 먼저, 구조화된 면담은 연구자가 사전 면담 진행을 위하여 구체적인 가이드를 준비하고 면담을 하는 형태를 말한다. 그리고 반구조화된 면담은 말 그대로 구조화와 비구조화의 중간 형태로서 인터뷰 가이드 또는 질문지를 사전 준비하나, 구조화된 면담처럼 엄격하게 질문을 설정하지 않고 참여자의 반응에 따라 추가적인 질문을 하는 어느 정도의 가변성이 허용되는 면담 방법이다. 이는 또한 자주 사용되는 면담 방법이기도 하다. 마지막으로, 비구조화된 면담은 연구자와 참여자 간의 면담 진행이 주로 일상적 대화 형식으로 이루어지게 된다. 비구조화된 면담이 진행되는 경우에는 사전 면담 가이드가 준비되지 않기 때문에 연구자의 머릿속에 구상되는 그림으로 면담이 진행된다.

〈표 11〉 면담의 유형과 장단점(유기웅 외(2018) 참고하여 재구성)

면담 유형	장점	단점
구조화된 면담	• 질적 자료를 양화하여 분석할 경우에 유익함	• 사전 준비된 질문 이외의 답변 확보하기 어려움 • 사전에 예상하지 못한 다른 해석이나 독창적인 생각을 개진하기 어려움
반구조화된 면담	• 피면담자의 답변 내용과 형식의 제한을 비교적 덜 받을 수 있음 • 연구자가 가지고 있는 지식과 정보를 보다 심층적이고 폭넓게 제공 가능	• 연구자의 연구 주제에 대한 의도나 편향이 면담 내용에 내재될 수 있음
비구조화된 면담	• 피면담자의 자연스러운 지식과 경험을 확보할 수 있음	• 연구자가 연구 주제에 대하여 이해력이 부족하고 면담 기교가 약한 경우 유익한 정보를 확보하기 어려움

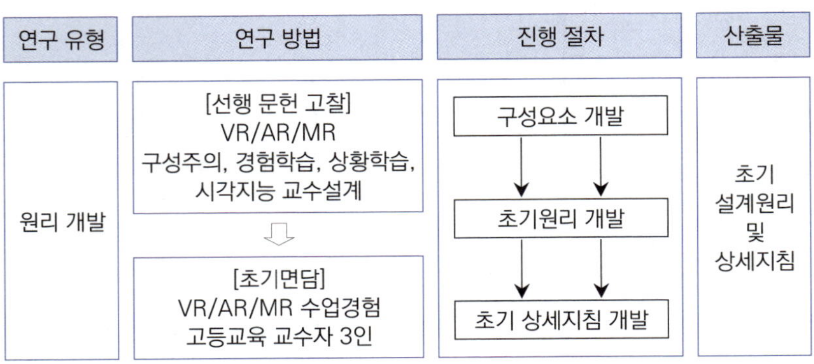

[그림 12] 한송이(2018)의 초기 산출물 개발 연구 절차

설계 · 개발연구의 초기 산출물 개발에서 실제 현장의 환경 및 관계자의 요구를 분석할 때 면담 방법을 사용하여 개발의 시사점을 확보

하기도 한다. 한송이(2019)는 증강현실 기반 수업의 초기 설계원리의 도출을 위하여 선행 문헌 고찰과 전문가 면담을 동시에 실시하였다. 해당 연구에서는 이론적 접근을 통해 문헌 고찰을 한 후 증강현실과 가상현실 수업을 진행한 경험이 있는 고등교육 교수자 2명과 석사수료 1명 대상으로 두 차례의 면담을 실시하였다. 이와 같은 과정을 거쳐 초기 설계원리를 개발하였다.

4) 현장 관찰

현장 관찰 방법은 연구 대상자의 형태나 태도와 같은 언어, 문자 등으로 나타낼 수 없는 현상에 관한 자료를 수집하기 위하여 관찰에 의해 연구 대상의 특성을 파악하고 분석하는 방법이다(성태제, 2020). 현장 관찰은 설문 조사나 면담을 통해 조사하기 어려운 연구 대상자의 비밀스러운 행동이나 판단 등을 조사할 수 있고 자연적 연구 환경에서 자료를 수집하기 때문에 신뢰성이 높은 자료를 확보할 수 있다(이해영 외, 2019). 더구나 연구자는 현장 관찰을 통해 연구 대상이 되는 장소, 상황, 인물들에 대한 개인적인 이해와 지식을 축적할 수 있고 현상의 이해 및 심층적인 자료 수집이 가능하다(유기웅 외, 2018). 그러나 현장 관찰은 환경의 변수가 많이 개입되어 제한적인 경우가 많다. 또한 연구자 개인의 관찰을 일반화하는 것에 대한 한계가 있다(성태제, 2020).

관찰을 통한 자료의 수집 절차는 크게 관찰 장소 선정, 연구자의 관찰 활동에 대한 동의 확보, 연구자와 관찰대상과의 관계 설정, 관찰일지 작성 등 4단계로 구성된다(유기웅 외, 2018).

① 관찰 장소 선정: 연구 목적에 적합하고 연구 허락을 구할 수 있는 관찰 가능한 장소를 선정한다.

② 관찰에 대한 동의 확보: 관찰 장소 또는 대상 인물의 상황에 따라서 연구를 위한 관찰 활동에 대한 동의를 사전에 구해야 한다.

③ 관찰대상과의 관계 설정: 연구 목적과 관찰 현장의 상황에 따라 연구자는 현장의 참여자로 관찰을 수행하는지 또는 비참여자로 관찰하는지에 대하여 판단하고 관찰대상과의 관계 설정이 필요하다.

④ 관찰일지 작성: 연구 목적에 따라 행위 지속시간, 행위 빈도, 행동 유형, 계속적 관찰 등 내용이 포함된 관찰일지를 작성하고 관찰 내용을 기록한다.

설계・개발연구의 초기 산출물 개발에서 현장 관찰을 통하여 현장에 대한 경험적 탐색이 이루어진다. 채지윤(2023)의 '클라우드 기반 학습도구를 활용한 데이터 기반 맞춤형 수업 모형 개발' 연구에서는 국내 중등 교육 맥락에서 클라우드 기반 학습 도구를 활용한 데이터 기반 수업 관련 교육 경험이 있는 2명의 현장 중등 교사를 대상으로 수업 현장을 관찰하고 초기 수업 모형 도출을 위한 시사점을 확보하였다. 또한 수업의 특징을 효율적으로 분석하기 위하여 수업 참관일지를 작성하고 초기 수업 모형 설계에 분석 결과를 반영하였다.

〈표 12〉 채지윤(2023)의 수업 관찰일지 일부 예시

<table>
<tr><th>관찰 영역</th><th colspan="2">관찰 내용</th><th>의견</th></tr>
<tr><td rowspan="2">테크놀로지
활용 정도
(디지털
리터러시)</td><td>교사</td><td>• 활용 도구: 데스모스, 패들릿, 클래스룸</td><td rowspan="2">• 학생들의 테크놀로지 활용은 주로 교사의 주도 하에 계획되기 때문에 결국 교사의 활용 정도가 교실 전체의 테크놀로지 활용 수준을 결정하고 있었음.</td></tr>
<tr><td>학생</td><td>• 활용 도구: 데스모스</td></tr>
<tr><td rowspan="2">테크놀로지
활용 수업활동
(예: 협력학습)</td><td>교사</td><td>• 교수자 주도의 문제풀이 활동과 학생들에 대한 전체적인 피드백
• 빗살무늬를 함수 기울기 활용하여 만들기 활동
• 나만의 패턴 만들기(협력학습) → 발표활동</td><td rowspan="2">• 클라우드 기반 학습 도구의 경우, 사용자(교수자, 학습자)들 간 활동 자료 공유가 가능함. 이를 바탕으로 학생들은 협동 및 토의 활동을 진행함.</td></tr>
<tr><td>학생</td><td>• 다양한 실생활 물체를 함수의 기울기로 적용하는 활동의 경우 학생들이 직접 수식 입력하여 활동함</td></tr>
<tr><td>테크놀로지
활용 상호작용
(교사-학생-
도구-내용 간)</td><td>학생</td><td>• 크롬북을 통한 기분 공유 활동(도입) 참여
• 데스모스를 통해 실시간 게임 기반 문제풀이 활동 참여 및 답 확인
• 답 확인은 전체적으로 진행함
• 학생들은 수식입력을 손과 펜으로 함
• 학습자들의 학습 현황은 주로 기기와 앱을 통해서 확인함</td><td>• 학생들 입장에서 다양한 입력 방식(터치 스크린과 펜)이 유용함.
• 수학 교과목의 특성상 다양한 기호와 수식이 있음.</td></tr>
</table>

본 장에서는 설계 · 개발연구의 초기 산출물 개발에 관하여 기술하였고 연구자의 초기 산출물 도출을 돕기 위한 이론적 접근과 경험적 접근을 포함한 총 7 가지의 구체적인 연구 방법도 함께 소개하였다. 연구 문제와 연구 맥락에 따라 초기 산출물 도출을 위한 연구 방법은 다양하게 활용될 수 있다. 물론 본 장에 소개되는 연구 방법 외에 다른 연구 방법을 활용하여 초기 산출물을 도출할 수도 있다. 중요한 것은 연구자가 자신의 연구 맥락에 따라 최적화된 연구 방법을 선택하여 초기 산출물을 도출하는 것이다. 예컨대, 연구자의 연구경비 등 현실적인 문제도 같이 고려해야 한다. 설계 · 개발연구 수행과정에서 연구자는 다양한 탐색과 시도를 통해 자신의 연구 맥락에 최적화된 연구 방법을 선정하여 해결책을 모색하기 위해 노력해야 한다.

제4장 내적 타당화 절차와 방법

연구자가 개발한 초기 산출물과 모형을 현장에 바로 적용할 수 있을까요? 선행 문헌 고찰과 경험을 통해 도출한 초기 산출물과 모형은 전문가 검토 및 사용성 평가를 통해 내적 타당도를 충분히 검증해야 합니다. 이는 설계·개발연구와 일반 실험 설계 연구의 차이를 보여주는 중요한 부분입니다. 4장에서는 내적 타당화의 개념과 구체적인 절차 및 방법에 대해서 다루게 됩니다. 내적 타당화를 의뢰할 전문가는 어떤 기준으로 선정해야 하는지, 내적 타당도는 어떤 방법으로 확보해야 하는지에 대해 본 장에서 구체적으로 알아보겠습니다.

1. 내적 타당화의 개념

내적 타당화(internal validation)란 연구설계 단계에서 변수들의 인과관계가 논리적으로 타당한지를 확인하는 것으로 정의 내릴 수 있다. 설계·개발연구 방법론에서 내적 타당화는 주로 전문가 검토와 사용성 평가 방법으로 진행된다. 유형 1 연구에서의 전문가 검토는 포괄적인 설계와 개발 프로젝트, 구체적인 프로젝트 단계, 도구의 설계와 개발 단계에서 진행할 수 있다. 유형 2 연구에서의 전문가 검토는 모형의 개발과 타당화 단계에서 이루어질 수 있다. 사용성 평가 방법은 유형 1의 구체적인 프로젝트 단계와 도구의 설계와 개발, 유형 2의 모형 타당화와 모형 사용 단계에서 사용할 수 있다.

〈표 13〉 설계 · 개발연구 유형별 내적 타당화 방법

연구유형	설계 · 개발 주안점	내적 타당화 방법
유형 1 산출물 및 도구 연구	포괄적인 설계와 개발 프로젝트	전문가 검토
	구체적인 프로젝트 단계	전문가 검토, 사용성 평가
	도구의 설계와 개발	전문가 검토, 사용성 평가
유형 2 모형 연구	모형 개발	전문가 검토
	모형 타당화	전문가 검토, 사용성 평가
	모형 사용	사용성 평가

2. 전문가 검토의 절차와 방법

전문가 검토에서 중요한 것은 전문가 의견을 고려하여 내용의 객관성을 높이는 것이다(Rubio et al., 2003). 전문가 검토는 우수한 전문가의 축적된 지식, 경험, 통찰을 통하여 연구 결과의 질을 높일 수 있는 반면, 전문가 선정이 적절하지 못할 경우 편향되고 단편적인 지식과 관점으로 전문적인 의견을 수합하지 못할 수 있다는 단점이 있다(Streiner & Norman, 2008). 전문가 검토는 전문가 선정, 검토 절차 및 평가항목 설계, 검토 도구 및 검토지 개발, 검토 실시 및 결과 분석 절차로 진행된다.

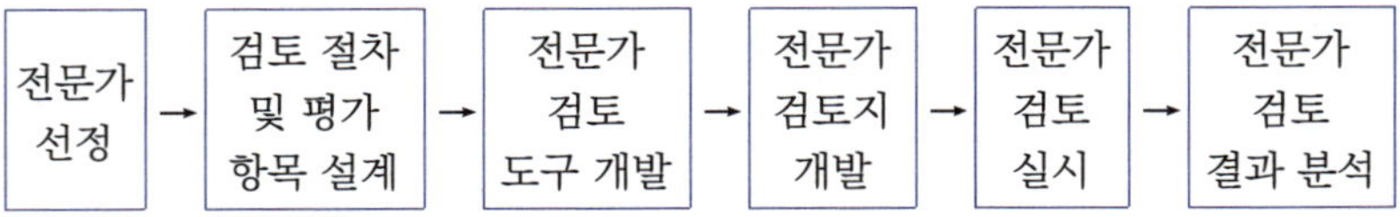

[그림 13] 전문가 검토 절차

1) 전문가 선정

전문가 검토를 위해서는 적절한 전문성을 지닌 전문가를 선정하는 작업이 매우 중요하다. 이때 전문성은 연구 실적 혹은 현장에서의 경험을 통해 확인 가능하다(Davis, 1992; Ericsson & Charness, 1994). 전문가는 아래와 같은 특성을 종합적으로 고려하여 선정한다.

- 관련 분야 석·박학위 소지자로서 관련된 논문 게재 및 발표 실적이 있어야 한다(Davis, 1992).
- 관련 분야에 최소 10년 이상의 경험이 있어야 한다(Simon & Chase, 1973).
- 전문가는 단순히 일정량의 업무경험을 지닌 사람이 아니라 한 분야에서 '탁월한, 재현할 수 있는 행동'을 나타내는 과제를 수행해야 한다(Ericsson, 2004).
- 현업 전문가 선정기준에 따르면 연구 주제에 관련된 수업을 운영한 경험이 있는 현직 교수자도 전문가가 될 수 있다(Ericsson & Charness, 1994).
- 설계 전문가는 다음과 같은 특성을 지닌다. 1) 문제를 '잘 정의되지 않은 것'으로 보고, 주어진 문제에 도전하면서 문제분석에 상당한 시간을 소요한다. 2) 다양한 설계 해결안을 고려하고 문제해결과정을 거쳐 해결안을 선택할 수 있다. 3) 수행문제를 해결하기 위해 여러 해결책을 혼합적으로 사용할 수 있다(Perez & Emery, 1995; Rowland, 1992).

내적 타당도를 확보하기 위해서는 최소 3명에서 최대 10명 정도의 전문가를 확보하는 것이 적절하다(Rubio et al., 2003). 미리 규정한 전문가 선정 기준은 타당화를 몇 차례 받는 동안 지속적으로 적용해야 한다(Richey & Klein, 2007). 또한 확보된 전문가 검토 대상자의 주요 특징과 타당화 참여 시기를 정리하여 표로 정리하여 제시해야 한다. 주요 특징으로는 전문가의 소속 및 직위, 최종 학위 및 전공, 경력 기간, 관련 분야 연구 및 현장 경험 실적을 포함해야 한다. 전문가 검토는 최소 2회에서 최대 4회까지 시행할 수 있으나, 전문가 특성에 따라 전문가별 참여 시기가 상이할 수 있다. 한형종과 임철일(2020)의 연구에서 제시한 전문가 주요 특성 및 참여 시기는 다음 〈표 14〉와 같다.

〈표 14〉 전문가 주요 특성 및 참여 시기(한형종, 임철일, 2020)

구분	소속 및 직위	최종 학위	경력(년)	주요 특성	전문가 타당화 참여		
					1차	2차	3차
전문가 A	F 기업 본부장	석사 (게임공학)	19	• 가상현실 기반 시뮬레이션 콘텐츠 개발 실적 10회 이상	●		
전문가 B	A 기업 본부장	학사 (교육학)	12	• 시뮬레이션 콘텐츠 개발 참여 약 5회 이상	●	●	●
전문가 C	L 기업 대리	학사 (콘텐츠)	8	• 시뮬레이션 관련 이러닝 콘텐츠 개발 참여 경험 有	●	●	●
전문가 D	H 기업 사원	학사 (디자인)	8	• 콘텐츠 디자인 설계 참여 경험 有	●		●
전문가 E	S 기업 교육 전문가	박사 (교육공학)	15	• 시뮬레이션 관련 연구 실적 2편 및 과제 수행 실적 2편 • 콘텐츠 관련 연구 실적 3편 및 과제 수행 실적 20회	●		

구분	소속 및 직위	최종 학위	경력(년)	주요 특성	전문가 타당화 참여		
					1차	2차	3차
전문가 F	K 재단 연구원	박사(교육공학)	9	• 가상현실 관련 연구과제 실적 1회 • 시뮬레이션 관련 연구과제 실적 1회 • 콘텐츠 관련 연구 실적 5편 및 과제수행 실적 3회	●	●	●
전문가 G	H 기업 사원	학사(소프트웨어학)	3	• 최신 가상현실 콘텐츠 개발 참여 경험 有	●		●
전문가 H	I 대학교 연구교수	박사(교육공학)	9	• 콘텐츠 관련 연구 실적 1회 이상 • 주요 연구 분야: 교수설계, 학습분석		●	
전문가 I	K 평가원 연구위원	박사(교육공학)	19	• 가상현실 관련 연구 실적 3회 • 시뮬레이션 관련 연구 실적 6회 • 콘텐츠 관련 연구 실적 7회 • 주요 연구 분야: 교수설계, 3D 시뮬레이션, 교육용 게임		●	

2) 전문가 검토 절차 및 방법

전문가 검토는 최소 2차례 이상 진행해야 한다. 절차별 타당화 평가 목적 및 방법, 평가 항목을 표로 정리하여 제시하면 다음과 같다. 1차 타당화에서는 설계 및 개발 과정에 대한 타당화와 설계원리, 절차 모형에 대한 타당화를 진행할 수 있다. 우선 설계 및 개발 과정에 대한 타당화의 평가 항목으로는 선행 문헌 탐색 및 분석의 적절성, 전문가 면담 및 결과 반영의 적절성, 사례 분석 및 결과 반영의 적절성 등이 포함될 수 있다. 다음으로 개념적 핵심 구성요소, 설계원리, 교수전략, 상세지침 등을 도출함에 있어 탐색된 선행 문헌의 적절성 및 선행 문헌 고찰 결과가 적절하게 반영되었는지, 그 반영의 타당성을 확인해야 한다. 이때 선택형 문항과 개방형 문항으로 전문가 검토를 받게 된다. 2차, 3차에서는 1차 타당화 결과를 반영하여 수정된 설계원리, 절차 모형에 대한 타당화를 받게 된다. 이때 타당화 문항은 1차 타당화와 동일하게 사용하여야 한다. 다만, 탐색된 문헌의 적절성은 구성요소 도출에 관한 문항으로 1차에서만 실시한다.

〈표 15〉 전문가 검토 절차 및 평가 항목 예시(한형종, 2019)

<table>
<tr><th>영역</th><th>목적</th><th colspan="2">방법</th><th>평가 항목</th></tr>
<tr><td rowspan="3">1차</td><td>개발과정에 대한 타당화</td><td rowspan="3">타당화 문항 면담</td><td rowspan="2">선택형 (4점 척도)</td><td>• 선행 문헌 탐색 및 분석의 적절성
• 전문가 면담 및 결과 반영의 적절성
• 사례 분석 및 결과 반영의 적절성</td></tr>
<tr><td rowspan="2">설계원리, 절차 모형에 대한 타당화</td><td>• 구성요소에 대한 타당성
• 설계원리 전반에 대한 타당성, 설명력, 유용성, 보편성, 이해도
• 설계원리 및 지침에 대한 타당성
• 절차 모형의 타당성, 설명력, 유용성, 보편성, 이해도</td></tr>
<tr><td>개방형</td><td>• 수정 및 보완 의견
• 추가 개선 사항</td></tr>
</table>

<table>
<tr><th>영역</th><th>목적</th><th colspan="2">방법</th><th>평가 항목</th></tr>
<tr><td rowspan="2">2차,
3차</td><td rowspan="2">설계원리,
절차 모형에
대한 타당화</td><td rowspan="2">타당화
문항
면담</td><td>선택형
(4점 척도)</td><td>• 구성요소에 대한 타당성
• 설계원리 전반에 대한 타당성, 설명력, 유용성, 보편성, 이해도
• 설계원리 및 지침에 대한 타당성
• 절차 모형의 타당성, 설명력, 유용성, 보편성, 이해도</td></tr>
<tr><td>개방형</td><td>• 수정 및 보완 의견
• 추가 개선 사항</td></tr>
</table>

3) 전문가 검토 도구 개발

전문가 검토 도구는 선행 연구에서 검증된 도구를 사용해야 한다. 평가 문항은 Lee(2012)와 김선희(2014)가 사용한 문항을 연구 목적에 맞게 수정하여 활용할 수 있다. 한형종(2019)에서 구성요소에 대한 타당화 문항은 문헌 탐색의 적절성, 문헌 분석의 적절성, 핵심요소의 타당성, 구성요소의 수준 및 용어 구성의 타당성, 구성요소와 원리 연결성 등에 대해 타당화를 진행하였다.

〈표 16〉 구성요소에 대한 타당화 문항 예시(한형종, 2019)

영역	평가 문항
구성요소	• 탐색된 문헌이 적절하였는가? • 선정된 문헌의 분석 내용이 적절하게 반영되었는가? • 설계 시 고려해야 할 핵심요소들로 타당하게 구성되었는가? • 도출된 구성요소는 적절한 수준 및 용어로 구성되었는가? • 구성요소와 원리가 적절하게 연결되었는가?

마지막으로 산출물 및 모형에 대한 전문가 검토 평가 문항은 선택형 문항과 개방형 문항으로 구성한다. 선택형 문항은 나일주와 정현미(2001)가 제시한 타당성, 설명력, 유용성, 보편성, 이해도 5개 영역의 문항을 연구 맥락에 맞게 수정하여 활용할 수 있다. 전문가 검토 문항은 4점 척도(4점: 매우 그렇다, 3점: 그렇다, 2점: 그렇지 않다, 1점: 전혀 그렇지 않다)로 구성하여 타당성 정도를 응답하게 한다. 4점 척도의 경우 4점과 3점은 타당한 것으로 해석하며, 2점과 1점은 그렇지 않은 것으로 고려하여 분석한다(Davis, 1992). 개방형 문항은 연구 목적에 맞게 수정 및 보완하여 사용할 수 있다. 한형종(2019)의 연구에서 개발한 타당화 문항은 다음과 같다. 가상현실 기반 교육용 시뮬레이션 설계 모형 및 원리를 잘 설명하고 있는지에 대한 설명력, 설계 모형 및 원리에 대한 타당성, 설계원리 및 지침이 서로 관련이 있으며 적절하게 분류되었는지에 대한 적절성, 맥락에 적용될 수 있는지에 대한 보편성, 쉽게 이해될 수 있게 표현되었는지에 대한 이해도로 구성된다. 이와 함께 개방형 질문을 추가하여 구체적으로 보완 및 수정이 필요한 점을 확인하였다.

〈표 17〉 설계원리 및 모형 전반에 대한 타당화 문항 예시(한형종, 2019)

영역		평가 문항
선택형	타당성	가상현실 기반 교육용 시뮬레이션을 설계하기 위한 원리 및 모형으로 타당하다.
	설명력	가상현실 기반 교육용 시뮬레이션을 설계하기 위한 원리 및 모형을 잘 설명하고 있다.
	유용성	가상현실 기반 교육용 시뮬레이션을 설계하기 위한 각각의 일반원리와 상세지침은 서로 유기적으로 관련성을 지니며 설계 모형은 해당 절차에 따라 적절하게 제시되었다.

영역		평가 문항
	보편성	가상현실 기반 교육용 시뮬레이션을 설계하기 위한 원리 및 모형은 설계 시 보편적으로 적용될 수 있다.
	이해도	가상현실 기반 교육용 시뮬레이션을 설계하기 위한 원리 및 모형은 쉽게 이해될 수 있도록 표현되었다.
개방형	수정 및 보완	도출된 설계 모형 및 원리에 대해 수정 혹은 보완해야 할 점은 무엇입니까?

4) 전문가 검토지 개발

전문가 대상 타당성 검토지는 연구의 개요와 타당성 검토 문항으로 구성한다. 연구 개요에는 연구 제목, 연구의 배경 및 목적, 용어의 정리, 연구 문제, 연구의 의의 등 연구의 기본사항에 대한 안내를 서술한다. 검토내용에는 구성요소, 설계원리, 교수전략 및 상세지침 등을 모두 포함한다.

〈표 18〉 전문가 타당화 검토 설문지 예시(한형종, 2019)

가상현실 기반 교육용 시뮬레이션 설계 모형 개발
1차 전문가 타당화 검토

안녕하세요? 저는 서울대학교 교육학과 교육공학 전공 박사과정 한형종입니다. 본 질문지는 가상현실 기반 교육용 시뮬레이션 설계 모형 개발을 위해 도출된 구성요소와 설계원리 및 이에 포함되는 설계지침, 그리고 절차 모형에 대한 타당화를 검토하기 위한 목적을 지닙니다. 질문지는 크게 '1. 연구의 소개' 부분과 '2. 타당도 검토' 부분으로 구성되어 있으며, 연구의 소개 부분은 1) 연구의 필요성과 목적, 2) 구성요소, 설계원리 및 지침, 모형의 개발 및 도출 과정과 주요 내용으로 구성되어 있습니다. 타당도 검토는 1) 도출된 구성요소에 대한 타당화 질문지, 2) 설계원리 전반에 대한 타당화 질문지, 3) 개별 설계원리 및 설계지침에 대한 타당화 질문지, 4) 절차 모형에 대한 타당화 질문지로 구성되어 있습니다.

질문에 응답하는 과정에서 정확히 이해가 가지 않는 부분은 연구자에게 질문하실 수 있으며, 개방형 질문은 면담의 형식으로 진행할 수 있습니다. 전문가 타당화 검토는 개방형 질문을 포함하여 약 30분에서 45분 정도 소요될 것으로 예상됩니다. '전문가 프로필' 부분에 작성해 주시는 '이름'은 자료 식별용으로만 사용되어 연구의 익명성을 보장하기 위해 논문에는 언급되지 않음을 보장합니다. 바쁘신 중에도 연구에 협조해 주셔서 대단히 감사합니다.

한형종 드림
서울대학교 대학원 교육학과 교육공학전공

※ 전문가 프로필

- 이름:
- 전공분야 및 최종학력:
- 소속 및 직위:
- 실무 및 연구 경력: (년)
- 가상현실 관련 연구 혹은 과제 실적: 편/회
- 시뮬레이션 관련 연구 혹은 과제 실적: 편/회
- 콘텐츠 관련 연구 실적 혹은 과제 실적: 편/회

1) 도출된 구성요소에 대한 타당화 질문지

가상현실 기반 교육용 시뮬레이션 설계의 구성요소는 교육공학 및 콘텐츠 설계영역에서의 선행 연구 고찰을 통해 도출하였습니다. 이에 도출된 구성요소가 타당한지를 알아보려고 합니다. 다음 설문지의 질문을 읽으시고 아래 평정척도에 따라 해당하는 곳에 ✔표 해주시기 바랍니다.

(1: 전혀 그렇지 않다, 2: 그렇지 않다, 3: 그렇다, 4: 매우 그렇다)

평가 문항	응답			
	1	2	3	4
가상현실 기반 교육용 시뮬레이션 설계의 구성요소를 위해 관련 문헌의 탐색이 적절하게 이루어졌는가?	□	□	□	□
가상현실 기반 교육용 시뮬레이션 설계의 구성요소 도출을 위한 문헌 분석의 결과가 적절하게 반영되었는가?	□	□	□	□
가상현실 기반 교육용 시뮬레이션 설계 시 고려해야 할 핵심 요소들로 타당하게 구성되었는가?	□	□	□	□

평가 문항	응답			
	1	2	3	4
도출된 구성요소는 동일한 수준의 요소(또는 용어)로 적절하게 구성되었는가?	□	□	□	□
• 맥락 활동 시나리오	□	□	□	□
• 실제적 조작 및 활동을 통한 상호작용	□	□	□	□
• 현실적 인터페이스	□	□	□	□
• 시뮬레이션 활동 피드백	□	□	□	□
구성요소와 원리 연결이 타당하게 이루어졌는가?	□	□	□	□

※ 수정 혹은 보완, 추가 개선 사항이 있으신 경우 자유롭게 작성해 주시기 바랍니다(특히, 3점 미만을 선택하신 경우 이에 대한 구체적 이유와 의견을 작성해 주시기 바랍니다).

2) 설계원리 전반에 대한 타당화 질문지

다음 설문 문항들은 가상현실 기반 교육용 시뮬레이션 설계원리 전반에 대한 타당성과 이의 도출 과정의 적절성을 확인하는 목적을 지닙니다. 다음 설문지의 질문을 읽으시고 아래 평정척도에 따라 해당하는 곳에 ✔표 해주시기 바랍니다.

(1: 전혀 그렇지 않다, 2: 그렇지 않다, 3: 그렇다, 4: 매우 그렇다)

가. 설계원리 도출에 대한 타당화

영역	평가 문항	응답			
		1	2	3	4
사례 분석	가상현실 기반 교육용 시뮬레이션 설계원리를 위해 사례 분석이 적절하게 이루어졌는가?	□	□	□	□
	사례 분석의 결과가 설계원리에 적절하게 반영되었는가?	□	□	□	□
전문가 면담	가상현실 기반 교육용 시뮬레이션 설계원리를 위해 전문가 면담이 적절하게 이루어졌는가?	□	□	□	□
	전문가 면담 결과가 설계원리에 적절하게 반영되었는가?	□	□	□	□

영역	평가 문항	응답			
		1	2	3	4
주요 이론(선행 문헌)	가상현실 기반 교육용 시뮬레이션 설계원리를 위해 주요 이론(선행 문헌) 탐색이 적절하게 이루어졌는가?	□	□	□	□
	주요 이론(선행 문헌) 내용에 대한 분석 결과가 설계원리에 적절하게 반영되었는가?	□	□	□	□

나. 설계원리에 대한 타당화

영역	평가 문항	응답			
		1	2	3	4
타당성	본 설계원리는 가상현실 기반 교육용 시뮬레이션 설계 시 고려해야 할 원리로 타당하다.	□	□	□	□
설명력	본 설계원리는 가상현실 기반 교육용 시뮬레이션 설계 시 고려해야 할 원리를 잘 설명하고 나타내고 있다.	□	□	□	□
유용성	본 설계원리는 가상현실 기반 교육용 시뮬레이션을 설계하는 데 유용하게 활용될 수 있다.	□	□	□	□
보편성	가상현실 기반 교육용 시뮬레이션을 설계하기 위한 원리 및 모형은 설계 시 보편적으로 적용될 수 있다.	□	□	□	□
이해도	가상현실 기반 교육용 시뮬레이션을 설계하기 위한 원리 및 모형은 쉽게 이해될 수 있도록 표현되었다.	□	□	□	□

※ 수정 혹은 보완, 추가 개선 사항이 있으신 경우 자유롭게 작성해 주시기 바랍니다(특히, 3점 미만을 선택하신 경우 이에 대한 구체적 이유와 의견을 작성해 주시기 바랍니다).

3) 개별 설계원리 및 지침에 대한 타당화(부분 발췌)

다음 설문 문항들은 가상현실 기반 교육용 시뮬레이션의 개별 설계원리 및 상세지침에 대한 타당성을 묻는 것입니다. 설계원리 및 상세지침을 검토하신 후, 타당한 정도를 아래 평정척도에 따라 해당하는 곳에 ✔표 해주시기 바랍니다.

(1: 전혀 그렇지 않다, 2: 그렇지 않다, 3: 그렇다, 4: 매우 그렇다)

구성요소	설계원리 및 지침	응답			
		1	2	3	4
맥락활동 시나리오	1. 맥락 분석 원리: 실제 현장에서 발생하는 사건의 맥락과 특징을 분석하여 가상현실 기반의 교육용 시뮬레이션에 적용될 속성을 파악한다.	□	□	□	□
	1.1. 실제 상황 혹은 현장에서 경험할 수 있는 맥락이 무엇인지를 탐색하게 하라(박경선, 나일주, 2011; McGrath et al., 2018)	□	□	□	□
	1.2. 실제 상황 혹은 현장 맥락에서 대상자가 어떠한 어려움을 겪는지에 대한 구체적 사건을 탐색하라(이애영, 2014; 임철일, 2012; Scavone et al., 2010; 면담자 A; 면담자 C)	□	□	□	□
	1.3. 여러 문제 중 가장 중요하다고 고려되는 사항이 무엇인지를 해당 맥락의 전문가와 논의 후 선정하라(면담자 C).	□	□	□	□
	1.4. 현상에 대한 분석을 통해 지식의 속성(목표, 유형, 복잡성 수준 등)이 무엇인지를 도출하라(면담자 A; 면담자 E)	□	□	□	□
	1.5. 가상현실 기반 교육용 시뮬레이션 사용 대상에 대한 특성을 분석하라(Lauson et al., 2012; 면담자 B)	□	□	□	□
	1.6. 가상현실 기반의 교육용 시뮬레이션이 실험적(experiment)인지 경험적(experience) 유형인지 결정하라(Becker & Parker, 2012) * 실험적 유형: 실험적 형태의 가상현실 기반 교육용 시뮬레이션은 문제에 대한 구체적인 답이 있는 형태로 사용자의 조작을 통해 지식을 습득함 ** 경험적 유형: 경험적 형태의 가상현실 기반 교육용 시뮬레이션은 사용자가 다른 객체(아바타)와의 의사소통 기반의 상호작용을 통해 지식을 습득함	□	□	□	□

※ 수정 혹은 보완, 추가 개선 사항이 있으신 경우 자유롭게 작성해 주시기 바랍니다(특히, 3점 미만을 선택하신 경우 이에 대한 구체적 이유와 의견을

작성해 주시기 바랍니다).

4) 설계 모형(절차 모형)에 대한 타당화 질문지

다음 설문 문항들은 가상현실 기반 교육용 시뮬레이션 설계 모형 전반에 대한 타당성을 확인하는 목적을 지닙니다. 다음 설문지의 질문을 읽으시고 아래 평정척도에 따라 해당하는 곳에 ✔표 해주시기 바랍니다.

(1: 전혀 그렇지 않다, 2: 그렇지 않다, 3: 그렇다, 4: 매우 그렇다)

영역	평가 문항	응답			
		1	2	3	4
타당성	본 절차 모형은 가상현실 기반 교육용 시뮬레이션을 설계할 시 참고할 수 있는 설계 모형으로 타당하다.	□	□	□	□
설명력	본 절차 모형은 가상현실 기반 교육용 시뮬레이션 설계 시 따라야 할 절차들을 잘 설명하고 있다.	□	□	□	□
유용성	본 절차 모형은 가상현실 기반 교육용 시뮬레이션, 설계하는 데 유용하게 활용될 수 있다.	□	□	□	□
보편성	본 절차 모형은 가상현실 기반 교육용 시뮬레이션 설계 시 보편적으로 이용할 수 있다.	□	□	□	□
이해도	본 절차 모형은 가상현실 기반 교육용 시뮬레이션, 설계하는 데 이해하기 쉽게 표현되었다.	□	□	□	□

※ 수정 혹은 보완, 추가 개선 사항이 있으신 경우 자유롭게 작성해 주시기 바랍니다(특히, 3점 미만을 선택하신 경우 이에 대한 구체적 이유와 의견을 작성해 주시기 바랍니다).

5) 전문가 검토 실시

전문가 검토는 전문가와 유선 혹은 메일로 소통한 후 대면으로 충분히 설명하는 것이 원칙이다. 대면 검토는 연구자와 전문가가 일대일 방식으로 진행하며, 검토받을 내용의 범위에 따라 최소 30분에서 최대 120분 정도 소요된다. 검토는 문항 응답과 심층 면담으로 진행한다. 먼저 연구자가 각 검토 항목을 설명한 후 전문가는 타당성 정도를 4점 척도로 응답하게 한다. 설문 결과에 대한 부가적인 설명이나 전문가의 의견이 추가적으로 필요하다고 판단되는 경우에는 개방형 문항 및 면담을 통해 수정 의견과 개선 사항을 확인한다. 필요에 따라 전문가의 동의를 받고 녹취를 진행할 수 있다. 따라서 대면 장소는 소음이 적고 면담에 집중할 수 있는 공간으로 설정해야 한다. 물리적 혹은 시간적 한계로 대면으로 진행하기 어려운 경우 화상회의나 유선으로 진행할 수 있으나, 전문가 검토의 신뢰성을 확보하기 위해서는 서면으로만 받는 방식은 지양해야 한다.

6) 전문가 검토 결과 분석

전문가 검토를 통해 수집된 자료에 대한 결과 분석은 선택형 문항 분석과 개방형 문항 분석으로 나누어 진행한다. 선택형 문항 분석 방법으로는 내용 타당도 지수(Content Validity Index, CVI)와 평가자 간 일치도 지수(Inter-Rater Agreement, IRA)가 있다. 개방형 문항 분석은 Creswell(2014)이 제안한 질적 분석 방법에 따라 개방 코딩을 진행하고 분석 결과를 면담 항목에 따라 범주화하여 진행한다.

(1) 선택형 문항 분석

① 내용 타당도 지수(Content Validity Index, CVI)

내용 타당도 지수는 각 문항 내용에 대해 전문가들의 평가 결과를 바탕으로 항목별 내용 타당도를 확보하기 위한 목적을 지닌다(Rubio et al., 2003). 평가 항목이 4점 척도인 경우 4점과 3점은 타당한 것으로 해석하며, 2점과 1점은 그렇지 않은 것으로 고려하여 분석한다. CVI 계산 방법은 대체로 두 가지가 있다. 첫 번째 방법은 항목에 대해 3점 또는 4점으로 평가한 전문가의 수를 전체 전문가 수로 나누어 각 항목의 CVI를 계산하는 것이다. 다음 〈표 19〉의 예시와 같이 1번 문항에 대해 총 7명의 전문가 중 4점 5명, 3점 1명, 2점 1명으로 응답을 한 경우 1번 문항의 내용 타당도 지수는 총 7명 중 4점과 3점을 부여한 대상자 수로 6/7 =.86으로 계산한다. 내용 타당도 지수는 .80 이상이 될 경우 타당하다고 해석이 가능하다(Davis, 1992). 두 번째 방법은 모든 전문가가 3 또는 4로 평가한 항목의 수를 전체 항목 수로 나누어 CVI를 계산하는 방법이다(Davis, 1992; Grant & Davis, 1997). 이 방법의 한계는 전문가 수가 많아질수록 CVI가 감소할 가능성이 있다는 것이다. 예로 2명의 전문가 보다 10명의 전문가로 구성된 경우, 값의 대표성(representativeness)에 대한 합의를 얻기가 더 어렵다. 이를 보완하기 위해, Lynn(1986)은 '비례의 표준 오차(standard error of the proporation)'를 설정하여 모든 전문가의 합의가 필요한 엄격한 기준 대신에, 일부 전문가가 동의하지 않더라도 6명 이상의 전문가가 동의할 경우, 항목이 여전히 내용 타당할 수 있다고 볼 수 있다고 제안하였다. 따라서 CVI 계산 방법은 전문가 수에 따라 적절한 방법을 선택하여 계산하는 것이 중요하다.

② 평가자 간 일치도 지수(Inter-Rater Agreement, IRA)

평가자 간 일치도 지수는 전문가들의 평가 결과가 얼마나 일관성을 유지하여 신뢰성을 지니는지 확인하는 목적을 지닌다(Rubio et al., 2003). IRA의 전통적인 계산 방법은 전체 항목 수 중에 평가자들이 동일하게 평가한 항목 수로 계산한다. 다음 〈표 19〉와 같이, 항목이 총 5개인 경우, 그중 각 항목의 내용 타당도 지수가 1.0으로 나와 타당성을 지닌 항목이 2개, 그렇지 않은 경우가 3개인 경우 2/5로 계산하여 0.4가 된다. 전문가의 수가 늘어날수록 모두 동의할 확률이 줄어들기 때문에 Lynn(1986)은 전문가 수가 5명 이상인 경우, 0.8 이상인 항목수로 전체 항목수를 나누어 일치도를 확인하는 방법을 제안하기도 하였다. IRA를 계산하는 두 번째 방법은 항목별 평균 IRA를 계산하는 것이다. 즉 각 항목에 대한 전문가들의 평가 일치도를 개별적으로 측정한 후, 이러한 개별 일치도들의 평균을 취하는 방식이다. 이때 일치도 판단 기준을 설정하여, 4점만 일치한다고 볼 것인지, 3점과 4점을 모두 타당하다고 볼 것인지 기준을 설정하여 항목별 IRA를 계산할 수 있다. 다음 〈표 19〉의 사례를 예시로 들어본다면, 4점(매우 타당하다)만 일치한 항목으로 볼 경우 IRA는 각 항목에서 4점을 응답한 전문가의 수를 전체수로 나눈 후 모든 항목의 IRA의 평균을 내면 0.46이다. 3점(타당하다)과 4점(매우 타당하다)을 모두 타당하다고 응답한 항목으로 볼 경우 IRA는 0.89이다. 평균 IRA 계산 방법은 전문가들 간의 부분적인 합의도 고려하기 때문에, 전체적인 동의 정도를 더 정확하고 유연하게 평가할 수 있다. IRA가 .80 이상이 될 경우 전문가들의 평가를 어느 정도 일치하여 신뢰할 수 있다고 판단한다(Rubio et al., 2003).

따라서 연구목적에 맞는 계산 방법을 선택하는 것이 중요하다.

전문가의 검토 결과 평균, 표준 편차, 내용 타당도, 평가자 간 일치도 분석 결과를 표로 제시하면 아래와 같다.

〈표 19〉 전문가 검토 결과 예시(한형종, 2019)

영역	응답							평균	표준 편차	내용 타당도 (CVI)	평가자 간 일치도 (IRA)
	A	B	C	D	E	F	G				
타당성	4	4	4	4	3	4	2	3.57	0.79	0.86	0.40
설명력	4	2	3	3	4	3	2	3.00	0.82	0.71	
유용성	4	2	3	3	3	4	3	3.14	0.69	0.86	
보편성	4	4	4	3	4	3	3	3.57	0.53	1.00	
이해도	4	3	4	3	3	3	4	3.43	0.53	1.00	

내용 타당도 지수(CVI)와 평가자 간 일치도 지수(IRA)가 .80 미만일 경우 이를 기반으로 수정이 필요한 부분을 확인하고 보완하여 2차, 3차 검토를 실시하여 신뢰성과 타당성을 확보해야 한다.

(2) 개방형 문항 분석

수정 및 보완 사항을 확인하는 개방형 문항에 대한 자료는 연구자가 면담을 실시하여 현장에서 기록하거나 전문가가 타당화 질문지에 직접 작성하여 수집한다. 이후 수집된 자료에 대한 분석 및 검토 과정을 거친 후 수정이 이루어질 수 있다. 면담 결과를 항목에 따라 범주화하고 항목별 전문가들의 의견을 수렴하고 의견을 반영해 개선한 사항도 함께 제시해야 한다.

〈표 20〉 전문가 검토 의견 및 개선 사항 분석 예시(한형종, 2019)

구분	전문가 의견	해당 사항	검토의견 반영 사항
설계지침 유사성 고려	서로 유사한 특성을 지닌 설계지침 통합 (전문가 F)	• 설계지침 1.1과 1.2 • 설계지침 2.2와 2.3	• 통합하여 제시

3. 사용성 평가의 절차와 방법

사용성 평가(usability test)는 대규모 설계 및 개발 연구 프로젝트의 일부로 추진되는 내적 타당화 방법 중 하나이다. 사용성 평가는 교수 설계자가 도구나 모형을 쉽게 사용할 수 있는지를 연구한다는 측면에서 모형 사용 연구(model use research)와 많은 부분이 유사하다. 다만 구별되는 특징은 사용성 평가는 사용성을 문서화하는 과정이 모형의 내적 타당성을 확인하는 중요한 부분이라는 것이다(Richey & Klein, 2007). 즉 사용 과정을 문서화로 기록하고 분석하는 것이다. 사용성 평가의 중요한 특징은 실제 수행된 활동보다 설계자의 결정에 대한 논리(rationale)와 이유에 대해 초점을 맞춰야 한다는 것이다(Tracey, 2009). 이때 개발된 설계원리와 모형이 의미하는 바가 다소 추상적으로 이해될 수 있기에 설계자에게 특수한 상황 혹은 맥락이 포함된 프로토타입을 개발하게 함으로써 사용성 평가를 진행할 수 있다.

1) 모형 타당화

한형종(2019)에서는 선행 문헌 고찰, 전문가 면담, 사례 분석과 세 차례의 전문가 타당화를 통해 도출된 설계 모형에 대해 설계자를 대상으로 모형의 적용을 통한 프로토타입 개발과 사용성 평가를 실시하였다. 이는 도출된 설계원리 및 모형이 실제에 적용이 가능한지를 확인하는 방법 중 하나로 일반화의 가능성을 파악해 볼 수 있다. 또한, 개발한 설계원리와 모형이 실제적으로 어떠한 도움을 줄 수 있는지를 검증해 보는 목적을 지닌다. 요컨대, 개발된 설계원리와 모형을 실제적으로 사용해 봄으로써 이들의 개선점 등을 확인하고자 하는 것이다. 이에 따라 설계 모형에 따른 절차와 설계원리를 고려하여 일종의 프로토타입을 개발해 봄으로써 설계자의 반응을 확인할 수 있다. 사용성 평가 절차는 다음과 같다.

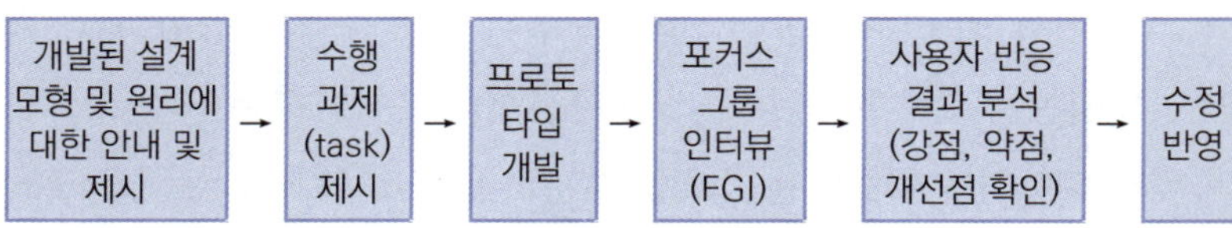

[그림 14] 사용성 평가 절차 및 내용(한형종, 2019)

우선 개발된 모형과 원리, 전략에 대해 안내한 후 설계자에게 제시할 일종의 과제(task)로서 프로토타입을 통해 구현하고자 하는 맥락을 제공한다. 한형종과 임철일(2020)은 초등학교 수업 현장에서 발생하는 상황 혹은 사건을 수행과제로 제시하였다. 다음으로 설계원리와 모형을 적용하여 이상의 맥락을 반영한 프로토타입을 개발하게 된다. 프로토타입 개발에는 UI 디자이너, 설계자, 개발자 등 다양한 참여자들이 포함된다. 프로토타입은 실제 개발이 이루어질 콘텐츠의 특징을 반영한 시제품을 개발하는 것으로 이는 충실도(fidelity)에 따라 크게 세 가지로 구분 가능하다. 낮은 충실도(low-fidelity)를 지닌 프로토타입은 2차원적 접근으로 종이 혹은 인쇄 형태이다. 이는 접근성이 용이한 특성을 지니지만 다소 추상된 형태로 비현실적인 모습을 나타내는 한계가 있다. 높은 충실도(high-fidelity)를 지닌 프로토타입의 경우 실제 콘텐츠 개발 프로그래밍 기법을 활용하여 실제와 동일한 형태로 대다수의 모든 사항을 3차원적으로 구현한 것으로 다소 많은 비용이 발생하며 실제 프로그램을 능숙하게 활용 가능한 기술자가 필요하다. 중간 수준의 충실도(medium-fidelity)는 낮은 충실도와 높은 충실도 사이에 있으며, 프로그램을 통해 3차원 시제품(Mock-up)이 구현되어 있다. 기술적 한계로 완벽하게 구현할 수는 없지만, 실제 주요 특성을 3차원으로 재현한다(Sauer & Sonderegger, 2009). 중간 수준의 충실도 수준을 지닌 프로토타입을 개발하여 이에 대한 사용성 평가를 실시하는 경우, 개선점이나 문제점 발견 등이 실제적으로 이루어질 수 있다(Sauer et al., 2010). 개발된 프로토타입에 대해서는 포커스 그룹 면담 등을 통해 사용성 평가를 실시하게 된다. 특히, 설계모형 및 원리에 따라 프로토타입이 제대로 개발되었는지에 대한 확인은 프로토타입 개발에 총괄 및 기획자로 참여한 연구자와 설계 대상자들과의 논의를 거치는 과정을 통하여 진행하게 된다. 면담을 통하여 설계원리와 모형의 실질적인 강점과 약점, 그리고 개선점을 확인할 수 있다.

<table>
<tr><td>화면 명</td><td colspan="2">초기 메인 화면 -> 단계별 연습 및 훈련 선택</td></tr>
<tr><td>상황 및 내용 설명</td><td colspan="2">단계별 연습 및 훈련을 선택하였을 때의 세부 사건이 제시되어 사용자가 선택하도록 함</td></tr>
<tr><td colspan="2" rowspan="4">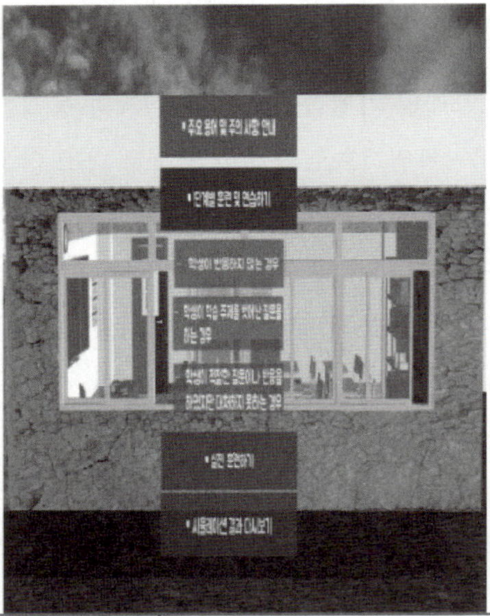
</td><td>화면 설명</td></tr>
<tr><td>단계별 훈련 및 연습하기를 클릭하였을 경우 단계별 훈련 및 연습하기 아래 세 가지 사건을 클릭할 수 있는 형태가 추가 제시됨
(단계별 훈련이 효과적으로 진행되기 위해 세부 사건 혹은 활동별로 별도 구분함)</td></tr>
<tr><td>지원 요소 및 전략</td></tr>
<tr><td>✓ 용어 및 주의 사항 안내
✓ 단계별 접근 구성
✓ 시뮬레이션 결과 보기</td></tr>
<tr><td>비고</td><td colspan="2">설계 지침 5.1
설계 지침 7.2</td></tr>
</table>

[그림 15] 프로토타입 주요 화면 및 설명(한형종, 2019)

2) 도구 타당화

이다연(2021)은 창의적 문제해결의 '문제 이해' 단계를 위한 온라인 지원도구를 개발하며 프로토타입에 대한 사용성 평가를 실시하였다. 이 연구에서 사용성 평가는 설문 및 면담을 통해 이루어졌으며, 설문 및 면담 문항은 Harrison과 동료들(2013)이 제안한 PACMAD(People At Center of Mobile Application Development) 사용성 평가 모델의 요소를 기반으로 개발하였다. PACMAD 사용성 평가 모델은 사용자(user), 과제(task), 맥락(context)의 세 가지 요소로 구성되며, 유효성(effectiveness), 효율성(efficiency), 사용 만족도(satisfaction), 학습 용이성(learnability), 기억 용이성(memorability), 오류(errors), 인지 부하(cognitive load)의 7가지 속성을 포함한다(조정길, 허원회, 2017).

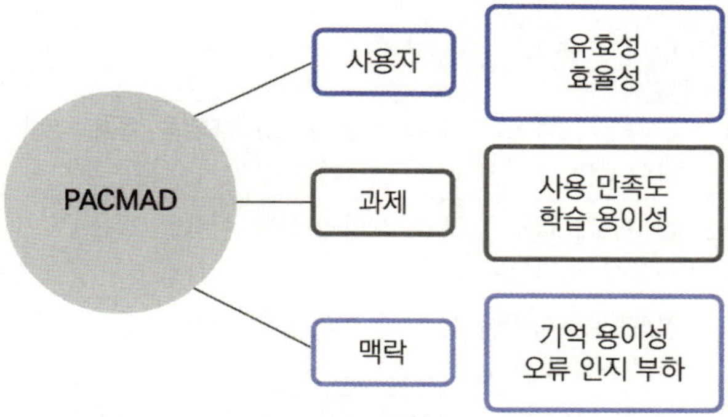

[그림 16] PACMAD 사용성 평가 모델

이다연(2021)의 연구에서 제시한 도구 타당화 절차는 다음과 같다. 선행 문헌 검토를 통해 창의적 문제 이해를 위한 온라인 지원 도구 설계원리 및 지침을 도출하고, 이를 기반으로 온라인 지원 도구 흐름도 및 인터페이스 설계를 실시한다. 설계 내용을 바탕으로 프로토타입을 개발하고 설문 및 면담을 통해 2차례의 전문가 사용성 평가를 실시한다. 전문가 사용성 평가에 앞서 프로토타입 사용법을 안내하고 사용성 평가 설문은 4점 척도 기반 선택형 문항과 개방형 문항으로 제시되었으며, PACMAD 사용성 평가 모델의 사용자, 과제, 맥락요소와 도구의 인터페이스(화면 구성), 기능 및 디자인에 대한 심층적인 전 의견은 면담을 통해 수렴한다. 1차 전문가 사용성 평가 결과를 반영하여 프로토타입을 수정 및 보완하고 2차 프로토타입을 개발하였으며, 2차 전문가 사용성 평가 결과를 반영하여 최종 온라인 지원 도구를 개발한다.

〈표 21〉 사용성 평가 문항 예시(이다연, 2021)

구분	문항	척도			
		1	2	3	4
사용자	1. 온라인(모바일) 상황에서 본 프로토타입을 활용하여 CPS의 문제 이해 단계를 완료할 수 있다.				
	2. 본 프로토타입을 통해 창의적 문제 이해를 효율적으로 지원한다.				
과제	3. 본 프로토타입을 통한 창의적 문제 이해 수행은 만족스럽다.				
	4. 본 프로토타입을 원활히 사용하는 데 걸린 시간은 적절하다.				
맥락	5. 본 프로토타입을 한동안 사용하지 않고 다시 사용했을 때도 이용 방법을 쉽게 기억할 수 있다.				
	6. 본 프로토타입을 통한 창의적 문제 이해는 오류 없이 원활히 이루어진다.				
	7. 본 프로토타입에 활용되는 인지 처리량은 적절하다.				

본 장에서는 설계·개발연구 방법론에서 주로 사용하는 내적 타당화 방법과 절차에 대해서 알아보았다. 전문가 검토는 전문가 의견을 고려하여 내용의 객관성을 높이기 위하여 주로 사용되는 방법으로 전문가 선정, 검토 절차 및 평가항목 설계, 검토 도구 및 검토지 개발,

검토 실시 및 결과 분석 절차로 진행된다. 사용성 평가는 대규모 설계 및 개발 연구 프로젝트의 일부로 추진되는 내적 타당화 방법이다. 사용성 평가는 특수한 상황 혹은 맥락이 포함된 프로토타입을 개발하여 설계자와 사용자의 반응을 확인하는 방법으로 진행할 수 있다. 따라서 초기에 도출한 산출물과 모형은 전문가 검토 및 사용성 평가를 통해 내적 타당도를 충분히 검증하고 현장에 적용해야 한다.

제5장 외적 타당화 절차와 방법

개발된 산출물 및 모형이 현장에서 활용될 수 있는지 확인하기 위해서는 어떻게 해야 할까요? 5장에서는 외적 타당화의 과정을 다루게 됩니다. 내적 타당화 과정을 통해서 설계원리와 모형을 검토했다면, 외적 타당화에서는 개발된 산출물 및 모형을 활용하여 실제 프로그램을 개발하고 효과성을 확인합니다. 예를 들어 개발된 수업 원리를 적용하여 A 기업의 신입사원을 대상으로 교육 프로그램을 개발했다면, 대상이 되는 원리가 실제로 현장에서 효과가 있는가 검토하는 과정을 외적 타당화라고 합니다. 이러한 외적 타당화는 원리와 모형의 타당성을 확보하여 일반화의 가능성을 확인하는 목적을 가집니다(Richey & Klein, 2007). 이 장에서는 외적 타당화의 개념과 주요 연구 문제, 외적 타당화의 절차, 외적 타당화의 방법과 도구에 대해서 그 예시와 함께 알아보겠습니다.

1. 외적 타당화의 개념

외적 타당화(external validation)란 개발된 산출물 또는 모형을 일반화할 수 있는지 검증하는 절차이다. 외적 타당화는 개발된 프로토타입에 대한 현장의 반응을 확인하여, 특정한 연구 결과가 다른 환경이나 조건에서도 유효한지 검증한다. 외적 타당화의 목적은 산출물 및 모형 사용의 영향력을 확인함으로써, 최종적인 연구 결과를 확정하기 위한 것이라고 할 수 있다(김성욱, 2016; 이다연, 임철일, 2021).

외적 타당화에서는 다음과 같은 연구 문제를 다루게 된다. 1) 산출물 및 모형은 학습자의 요구, 의뢰인의 요구를 얼마나 충족하는가? 2) 그 산출물 및 모형을 적용한 수업은 얼마나 효과적이며 효율적인 학습을 가져오는가? 3) 수업의 결과로 나타난 행동 변화는 조직의 수행에 얼마나 영향을 미치는가? 이를 종합해 볼 때 외적 타당화는 산출물 및 모형이 학습자, 의뢰인, 조직에 어떠한 영향을 주는지 탐색하는 확인 평가(confirmative evaluation)의 과정이라고 볼 수 있다(Richey & Klein, 2007).

2. 외적 타당화의 절차

외적 타당화의 절차는 1) 연구 대상 선정, 2) 평가 도구 개발, 3) 산출물 및 모형의 현장 적용, 4) 평가 결과 수집, 5) 분석의 5단계로 구성된다([그림 17] 참조).

[그림 17] 외적 타당화의 절차 및 내용

1) 연구 대상 선정

첫째, 연구 대상 선정 단계에서는 연구의 맥락과 목적에 맞는 평가 대상을 선정한다. 연구 대상을 선정할 때는 자신의 연구 맥락과 유사한지, 연구에서 평가하고자 하는 목적을 산출물 및 모형을 통해 달성할 수 있는지를 기준으로 삼는다. 이때 산출물 및 모형의 개발 의도와 맥락 그리고 조건에 맞는 적용 대상을 선정하는 것이 중요하다. 연구 대상자 선정은 평가 결과의 타당성에 영향을 미치기 때문에 신중히 선정해야 한다. 연구 대상자는 교사, 학생, 교수설계자, 의뢰인 등 다양하다. 연구 참여자 선정을 위해서는 연구 참여자 모집안을 개발하여 무작위적으로 참여자를 확보하거나, 특정한 목적과 사유가 있는 경우 특정 대상을 모집할 수 있다. 연구 참여자 모집이 완료된 이후에는 연구 참여자의 의사를 반드시 확인하여 동의를 구하고, 연구 진행에 대한 상세한 안내를 제공해야 한다. 연구 대상자 모집 기준 설명의 예시는 다음과 같다.

〈표 22〉 연구 참여자 모집 기준과 과정에 관한 사례(고보경, 2022)

본 연구는 2020년 익산의 W 대학교 의과대학에서 연구 참여 의사를 밝힌 본과 3학년 학생 29인과 교수 1인을 대상으로 실시하였다. 2020년 상반기 실시된 W 의과대학 본과 3학년을 대상으로 개설되는 특별강좌를 통해 수업이 이루어졌다. 본과 3학년 학생을 대상으로 한 이유는 본과 3학년은 기초의학과 임상의학 단계가 끝나 전공 지식이 어느 정도 갖추어져 있는 상태이며, 해당 학년부터 병원에서 임상 실습을 시작하기 때문에 환자 안전교육이 누구보다 긴급하고 절실하며, 임상 실습을 통해 학습 효과를 단기간에 확인해 볼 수 있는 기회가 주어지기 때문이다.

교수자는 교육공학 박사 출신으로 12년간의 교수설계 경력과 6년의 의학교육 현장 강의 경력을 가지고 있어 본 연구에 적합하다고 판단하여 연구 참여자로 선정하였다. 수업 실시 전 본 연구에 대해 구두와 서면으로 설명하고, 연구 참여에 동의한 학생을 대상으로 수업을 실시하고, 설문 조사와 면담을 진행하였다. 이때, 학생들에게 실험에 참여하지 않아도 불이익이 전혀 없다는 설명을 충분히 하였으며, 서면으로 연구에 관한 내용을 읽고 자발적인 결정을 할 수 있는 시간을 충분히 제공하였다. 연구 참여에 동의하는 교수자를 대상으로 개발된 모형을 바탕으로 사례 기반 환자 안전교육의 설계와 수업 실행을 하도록 하였고, 학생들을 대상으로 개발된 환자 안전교육 모형에 기반하여 설계된 수업을 수강하도록 한 후 반응을 종합적으로 분석하였다.

2) 평가 도구 개발

둘째, 평가 도구 개발의 단계는 외적 타당성을 검증할 평가 도구의 종류와 형태를 결정하고, 연구 참여자의 특성을 반영한 평가 도구를 개발하는 단계이다. 평가 방법으로는 엄격한 환경의 통제를 기반으로 하는 실험, 무작위 표집을 전제하지 않는 준실험, 단일 집단 대상의 사전-사후 인식 검사를 포함하는 설문이 있다. 각각의 평가 목적에 따라 설문, 면담, 관찰 등의 방법 중 어떠한 도구를 활용할 것인지 선택해야 한다. 이때 외적 타당성을 평가하고자 하는 산출물 및 모형의 특성과 연구의 상황에 따라 현장의 적용을 통한 연구 결과의 일반화 가능성을 가장 잘 드러낼 수 있는 도구를 활용해야 한다. 또한 평가 방법과 도구에 따라 결과의 해석과 도출되는 시사점이 달라지므로 이를 적절히 고려하여 평가 도구를 선정하고 개발해야 한다. 평가 도구를 개발할 때는 선행 문헌 고찰과 전문가 델파이 조사 방법 등을 활용하여 문항을 개발할 수 있으며, 평가의 목표와 대상의 특성을 종합적으로 고려하여야 한다. 개발된 평가 도구의 예시는 다음 〈표 23〉과 같다.

〈표 23〉 만족도 평가 설문 도구 개발 예시(한송이, 2019)

구분	문항	전혀 그렇지 않다	대체로 그렇지 않다	보통 이다	대체로 그렇다	매우 그렇다
1	나는 증강현실 기반 수업이 흥미롭고 재미있었다.	①	②	③	④	⑤
2	나는 증강현실 기반 수업에 참여한 것에 대해 만족한다.	①	②	③	④	⑤
3	나는 앞으로도 증강현실 기반 수업에 참여했으면 좋겠다.	①	②	③	④	⑤
4	나는 증강현실 기반 수업을 다른 친구에게 추천하고 싶다.	①	②	③	④	⑤
5	나는 다른 수업에서도 증강현실기기를 이용한다면 보다 적극적으로 참여할 것 같다.	①	②	③	④	⑤
6	나는 증강현실 기반 수업이 학습에 도움이 된다고 생각한다.	①	②	③	④	⑤
7	나는 이번 수업을 통해 증강현실 기기를 활용한 수업에 대해 긍정적인 태도를 가지게 되었다.	①	②	③	④	⑤
8	나는 증강현실 기반 수업을 통해서 배워야 하는 내용을 즐겁게 학습할 수 있었다.	①	②	③	④	⑤
9	나는 증강현실 기반 수업을 통해서 학습내용을 더 잘 이해할 수 있었다.	①	②	③	④	⑤
10	나는 이번 수업을 통해 얻은 증강현실 기반 수업의 경험이 가치 있다고 생각한다.	①	②	③	④	⑤

3) 현장 적용

셋째, 개발된 평가 도구를 활용하여 도출된 산출물 및 모형을 현장에 적용하는 과정이 이루어진다. 산출물 및 모형을 적용하여 교육 프로그램을 설계하고, 교육 프로그램을 실행하는 단계이다. 이때 연구자는 연구 대상으로 선정한 교수설계자와 면담을 통해 개발된 산출물 및 모형을 충분히 이해하도록 안내하고 이를 바탕으로 수업설계안을 도출하도록 해야 한다. 다음으로 이렇게 개발된 수업설계안을 교사가 연구 대상인 학생을 대상으로 실행해 본다. 이러한 현장 적용을 통해, 산출물과 모형이 현장에서 적절히 작동하는지 점검하는 것이다. 외적 타당화를 위한 수업설계안 개발의 예시는 [그림 18]과 같다.

역사과 수업설계안

Ⅰ. 수업의 개요

1. 단원: Ⅲ. 민족운동의 전개 - 1. 일제의 억압과 수탈
2. 수업 모형: 디지털 매체를 활용한 포럼연극 모형
3. 수업 대상: 중학교 2학년 9개 학급 학생 전체
4. 총 수업 차시: 총 5차시
5. 수업 목표
   1) 일본 제국주의 침략이 절정에 달했던 193-40년대 우리 민족이 처한 상황과 그들의 선택을 상상하여 추체험한다. 과거의 사회적 · 개인적인 문제를 이해하고 그에 대한 해결책을 찾아 현재와 미래에 적용하는 성찰의 기회를 제공한다.
   2) 조별로 실시하는 참여적 연극 제작 과정을 통해 의사소통 능력과 사회성, 문제해결력, 도덕성, 표현력과 상상력을 함양한다.
   3) 디지털 기기 활용을 통해 더 폭넓고 활발한 토론을 실시하여 갈등상황을 합리적으로 해결할 수 있는 능력을 함양하며 민주 시민으로서의 자질을 기른다.

Ⅱ. 수업 설계를 위한 분석

1. 학습자의 특성
   1) 본교 학생 대부분은 우리 역사에 깊은 관심을 가지고 있으며 다양한 역사 서적 독서를 통한 선행지식이 풍부한 편이다. 높은 교육열과 고등교육에 대한 관심으로 인해 영어 · 수학이 타 교과에 비해 중시되는 측면이 있으나 역사의 필요성에 학생 대부분이 공감하고 있다.
   2) 다른 지역에 비해 양질의 학습 환경을 갖춘 지역으로 디지털 매체의 사용이 익숙하며 디지털 매체 사용에 대해 높은 호감도를 보이고 있다.

3) 대부분의 학생이 스마트폰을 소유하고 있으며 타 교과수업을 통해 동영상 촬영 및 편집 등의 디지털 매체 사용에 대해 학습하였기에 스마트폰 카메라를 이용한 촬영과 기본 편집 프로그램을 이용한 동영상 편집에 익숙하다.
4) 학급당 인원 40명의 과밀학급으로 적극적인 학생들이 수업을 주도해 나가고 있으나 조용하고 수업 참여에 소극적인 학생도 적지 않아 이들의 참여를 이끌어 내는 것이 관건이라 할 수 있다.

2. 환경(상황)의 특성

1) 각 교실에는 인터넷이 연결된 전자교탁과 빔 프로젝터, 스크린이 설치되어 있어 멀티미디어를 이용한 수업이 가능하다.
2) 학급당 인원수가 많아 교실이 학생들이 활동하기에는 비좁은 편이나 사회과 교실이나 도서관 협동학습 교실 등의 특별교실을 이용하는 것이 가능하다.
3) 각 교실당 한 대의 컴퓨터(전자교탁)가 구비되어 있기에 학생들이 조별 동영상제작 활동을 하기에는 어려움이 있다. 개인적으로 노트북을 준비 가능한 학생들에게 준비하게 하거나 스마트폰을 이용한 동영상 편집을 추천할 수 있다.

[그림 18] 외적 타당화를 위한 교사의 수업 설계안 예시(김선희, 2014)

4) 결과 수집

넷째, 평가 결과 수집을 실시한다. 설문의 경우 사전 조사와 사후 조사로 나뉘는데, 사전 조사는 수업이 실행되기 이전에 실시해야 한다. 설문지는 인쇄물 형태로 배포하여 응답을 수집하거나 온라인 설문의 형태로 배포하여 응답 기록을 수집할 수 있다. 관찰의 경우에는 현장에 방문하여 실시간으로 학습자 및 교수자의 반응을 개발된 관찰 기록지를 바탕으로 정리한다. 또한 수업 장면을 동영상으로 녹화하거나 사진을 확보하여 주요한 수업의 실행 상황을 기록한다. 마지막으로 면담은 학습자와 교수자, 의뢰인 등 대상에 따라 개별 면담을 실시하거나 초점집단면담(Focus Group Interview; FGI) 방법을 활용하는데, 면담 내용을 녹화 또는 녹음하여 데이터를 수집한다.

5) 결과 분석

다섯째, 외적 타당화 결과 및 시사점 도출을 위해 수집된 데이터에 대한 분석을 실시한다. 이때, 수집된 데이터는 양적 데이터와 질적 데이터로 나누어진다. 수학적 연산이 가능한 양적 데이터는 데이터 전처리 이후, 통계 기법을 활용하여 집단 간 차이 또는 사전-사후의 차이 검증을 실시한다. 차이 분석 이외에도 상관 분석, 회귀 분석 등의 통계 기법을 활용하여 목적에 따라 데이터를 분석할 수 있다. 반면, 질적 데이터인 경우 면담 결과를 전사하거나 관찰을 기록한 데이터로써 의미 단위에 맞게 코딩하고, 키워드를 도출하여 유의미한 키워드나 문장을 추출하는 방식으로 분석이 이루어진다. 데이터에 따른 양적, 질적 분석의 방법과 결과는 다음에서 다룰 것이다.

3. 외적 타당화의 방법 및 도구

외적 타당화는 다양한 방법으로 수행될 수 있다. 실험연구에 기반하여 엄격한 통제를 통해 이루어지기도 하고, 엄격하게 통제된 상황에서 연구를 진행하기 어려운 경우에는 대안적 방법으로 현장 평가를 통해 설문과 면담을 활용하기도 한다(홍수민, 임철일, 2021). 현장 평가의 경우 설문, 면담, 관찰 등을 통해 학습자와 교수자의 개발된 산출물 및 모형이 적용된 프로그램에 대한 의견과 반응을 분석하여 개발된 산출물 및 모형의 타당성을 확인하고 개선점을 도출한다. 본 절에서는 외적타당화의 방법과 그에 따른 평가 도구를 예시와 함께 살펴볼 것이다.

1) 외적 타당화의 평가 방법

외적 타당화의 평가 방법 중 하나로 통제된 검증 방법인 실험을 고려할 수 있다. 실험(experiment)은 실험 환경을 엄격히 통제하여 이루어지는 방법이다. 실험 집단과 통제 집단을 구분하여 실험 조건을 세팅하고 처치의 종류를 다르게 하여 그 차이를 통계적 검증을 통해 확인한다.

하지만 무선 표집 등을 활용한 집단의 동질화가 어려운 경우, 준실험설계(quasi-experimental design)가 주로 활용된다(Maciejewski, 2020). 학교 현장은 현실적으로 집단별 참여자를 무선 할당하기 어렵다는 점에서, 준실험설계를 통한 외적 타당화를 대안적 방법으로 활용한다(최서연, 2022). 이때 학습자의 인지적, 정의적 영역의 긍정적인 변화를 확인하기 위한 평가 도구를 개발하여 활용한다. 준실험설계 조건에서 통계적 검증을 통해 외적 타당성을 확보한 예시는 〈표 24〉와 같다.

〈표 24〉 준실험 설계 맥락에서 통계적 검증의 사례(최서연, 2022)

구분	항목	F	df1	df2	p
A	수학 교과에 대한 자아개념(우월-열등)	.92	2	76	.402
B	수학 교과에 대한 자아개념(자신감-상실)	1.26	2	76	.290
C	수학 교과에 대한 태도(흥미-흥미상실)	1.29	2	76	.282
D	수학 교과에 대한 태도(목적의식-상실)	.58	2	76	.282

(p<.05)

실험환경을 엄격히 통제하지 않고 현장평가를 진행하는 준실험설계 방법에서는 개발된 평가 도구를 활용하여 단일 집단을 대상으로 사전-사후 검사를 시행하여 통계적으로 유의한 차이가 있는지 검증함으로써 외적 타당성을 확보할 수 있다(홍현미, 2017).

〈표 25〉 단일 집단의 사전-사후 비교를 통한 통계적 검증의 사례(홍현미, 2017)

영역	사전(n=27)		사후(n=27)		사전-사후(n=27)			
	평균	표준편차	평균	표준편차	평균차이	표준편차	t	p
수학 흥미도	12.15	3.07	13.59	2.58	1.44	1.97	3.814	0.001**
과학 흥미도	15.26	3.68	17.81	2.34	2.56	1.91	4.558	0.001***
배려	18.00	3.45	18.48	3.97	0.48	2.34	1.068	0.295
소통	14.22	3.38	15.81	2.72	1.59	2.37	3.486	0.002**

* $p<.05$, ** $p<.01$, *** $p<.001$

2) 외적 타당화의 평가 도구

외적 타당화의 평가 도구는 연구의 목적과 맥락에 맞는 평가의 종류를 선정하고 개발해야 한다. 외적 타당화에서 활용할 수 있는 방법은 다음 〈표 26〉과 같다. 먼저 평가지의 문항 구성은 선행문헌을 기반으로 측정 요인을 도출하며, 학습자 수준이 문항 개발에 고려되도록 한다. 관찰은 관찰하고자 하는 영역을 사전에 설정하고, 관찰의 주안점을 관찰 일지 템플릿으로 개발한다. 면담의 경우, 해당 수업의 좋았던 점, 개선할 점, 전반적인 경험 등에 대하여 사전에 준비된 면담 문항을 바탕으로 문항을 구성한다. 외적 타당화는 학습자와 교수자의 자기 보고식 설문을 통한 반응 평가로 측정되는 경우가 많으나, 최근에는 데이터 수집 기술과 분석 기술이 발달하면서 생체심리 데이터 또는 학습 데이터를 바탕으로 한 데이터 기반 타당화도 가능해졌다.

〈표 26〉 연구유형별 외적 타당화 평가 도구

연구유형	설계 · 개발 주안점	평가 도구
유형 1 산출물 및 도구 연구	포괄적인 설계와 개발 프로젝트	효과성 설문, 만족도 설문, 관찰, 면담, 학습자 데이터 분석
	구체적인 프로젝트 단계	
	도구의 설계와 개발	
유형 2 모형 연구	모형 개발	
	모형 타당화	
	모형 사용	

앞서 제시한 평가의 종류에 따른 평가 도구 개발의 예시는 다음과 같다. 먼저 평가 도구는 선행 문헌을 바탕으로 연구의 목적에 맞게 주관식, 객관식 등 다양한 형태로 개발할 수 있다. 먼저 인지적 영역의 측정을 위해서는 학업 성취도가 주로 활용되는데, 개발된 문항의 예시는 [그림 19]와 같다. 정의적 영역 또한 선행 문헌을 바탕으로 정의적 영역에 대한 평가 문항을 개발하여 학습자의 정서, 흥미, 태도, 성격, 동기 등을 측정할 수 있다.

'측정' 영역의 성취도 검사 문항(A)

〈 안 내 〉

다음 문제들은 여러분이 '4. 시각과 시간' 단원의 내용을 얼마나 알고 문제를 해결할 수 있는지를 알아보기 위한 것입니다. 다음 문제들을 주의 깊게 읽고, 문제를 해결해주세요.

연구책임자: 홍길동 (서울대학교, 석사과정)

__________학교 ____학년 ____반 ____번

01. 시계의 긴바늘이 가리키는 숫자가 5이면 몇 분을 나타낼까요? (　　)

① 15분
② 20분
③ 25분
④ 45분
⑤ 50분

02. □ 안에 알맞은 수나 말을 써넣어 4시 35분을 설명하세요.

시계의 □ 바늘이 □와 □ 사이를 가리키고 □ 바늘이 □을(를) 가리키면 4시 35분입니다.

03. □ 안에 알맞은 수를 써넣으세요.

2시간 15분 = □ 분

04. 시각에 맞게 긴바늘을 그려 넣으세요.

5시 15분 전

05. 시계를 보고 □ 안에 알맞은 수를 써넣으세요.

□ 시 □ 분
□ 시 □ 분 전

[그림 19] 학업 성취도 평가 도구 예시(최서연, 2022)

관찰은 산출물 및 모형이 적용된 교육 프로그램을 현장에서 직접 관찰하며 연구자의 의도대로 수업이 운영되고 그 효과가 나타나는지 확인하는 것이다. 〈표 27〉과 같이 사전에 제작된 관찰 도구를 사용하며, 학습자와 교수자의 직접적인 수업과정을 확인하고 기록한다. 관찰은 현장에서 학생과 교사의 상호작용과 미묘한 수업의 흐름을 관찰하여 현실적인 시사점을 도출할 수 있다는 점에서 의미가 있다. 또한 사진이나 동영상 녹화를 통해 주요 장면을 수집하여 연구의 자료로 활용할 수 있다([그림 20] 참조).

〈표 27〉 외적 타당성 확보를 위한 관찰 도구 예시(홍현미, 2017)

평가 영역	평가 항목	우수(A)	보통(B)	미흡(C)
감성적 체험	과제 집중	과제에 대한 집중력이 좋으며 끈기 있게 해결하고 모둠활동에도 집중해서 참여함	과제에 대한 집중력이 좋으며 끈기 있게 해결하나 모둠활동에는 소극적으로 참여함	과제에 대한 집중력이 부족하고 모둠활동에도 소극적으로 참여함
	호기심과 자신감	지진과 우리 생활의 관련성에 대해 알아보는 활동에 적극적으로 참여하고 구조물의 특징을 생각하며 튼튼한 구조물을 만드는 활동에 주도적임	지진과 우리 생활의 관련성에 대해 알아보는 활동에 관심은 있으나 주도성이 다소 약함	지진과 우리 생활의 관련성에 대해 알아보는 활동에 호기심이 거의 없고 친구들의 활동을 거의 모방함

평가 영역	평가 항목	우수(A)	보통(B)	미흡(C)
	창의성	튼튼한 구조물 제작 과정에서 유창성, 융통성, 독창성, 정교성이 두드러지게 나타남	튼튼한 구조물 제작과정에서 유창성, 융통성, 독창성, 정교성이 가끔씩 나타남	튼튼한 구조물 제작과정에서 소극적으로 참여함

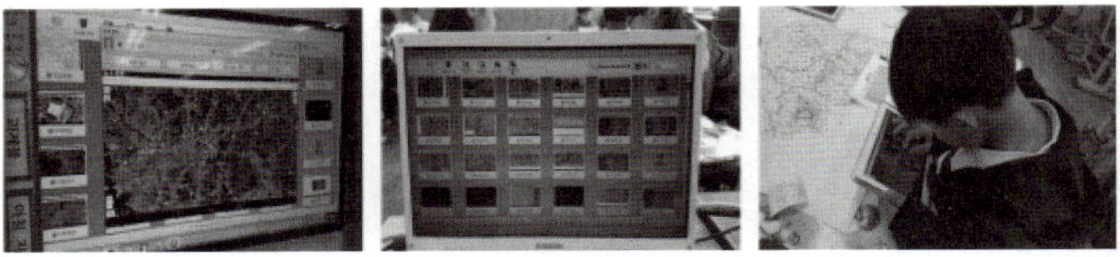

[그림 20] 현장 관찰 결과 예시(김성욱, 2016)

면담은 특정 대상 또는 현상의 심층적 해석, 이해, 의미의 규명에 도움을 줄 수 있다(백순근, 2004). 외적 타당화에서 면담은 산출물 및 모형이 적용된 프로그램에 대해 학습자, 교수자, 교수설계자를 대상으로 별도의 면담 문항을 개발하여 실시하게 된다. 먼저 학생과 교사를 대상으로 어떠한 점이 도움이 되었고, 어떠한 점이 개선이 필요한지에 대해 개방형 또는 폐쇄형 질문으로 질문하고 그 답변을 수집한다. 교수설계자를 대상으로는 개발된 산출물 및 모형의 적절성과 이해도, 강점과 개선점에 대한 의견을 종합적으로 확인한다. 외적 타당화를 위하여 사용하는 면담 문항의 예시는 다음과 같다(〈표 28〉 참조). 또한 면담 자료의 분석은 중요한 의미 단위 위주로 분류하고, 이에 따라 피면담자의 답변을 기술하는 형태로 이루어진다.

〈표 28〉 외적 타당화를 위한 교사 대상 수업 반응 면담 질문지(최서연, 2022)

수업 반응 확인을 위한 면담질문지(교사용)

〈안내〉
본 면담은 인공지능 수학 교육시스템을 효과적으로 활용하기 위하여 본 연구에서 도출한 수업 모형과 이를 적용한 수업에 대한 선생님의 생각을 알아보기 위한 것입니다. 다음 질문에 대한 선생님의 생각을 솔직하게 표현해주시기를 바랍니다.

연구책임자: 홍길동

1. 이번 차시 수업을 진행하면서 만족했던 점은 무엇인가요?
2. 이번 차시 수업을 진행하면서 아쉬웠던 점은 무엇인가요?
3. 이번 차시 수업에서의 '똑똑! 수학탐험대' 활용에 대해 어떻게 생각하시나요?
4. 이번 차시 수업에 적용된 모형에 대해 어떻게 생각하시나요?

1) 개념 모형
- 개념 모형은 인공지능 교육시스템 활용을 위한 수학 수업 설계 전반을 이해하는 데 도움이 되었습니까?
- 개념 모형이 포함하는 각 요소의 관계를 이해하는 것이 용이했습니까?
- 이 연구에서 제시한 개념 모형의 강점과 단점은 무엇입니까?

2) 절차 모형
- 절차 모형은 인공지능 교육시스템 활용을 위한 수학 수업을 설계할 때 따라야 하는 단계를 잘 설명하고 있습니까?
- 절차 모형은 인공지능 교육시스템 활용을 위한 수학 수업을 설계하는 데 도움이 되었습니까?
- 이 연구에서 제시한 절차 모형의 강점과 단점은 무엇입니까?

〈표 29〉 면담 결과 분석 및 기술의 예시(홍현미, 2017)

플립러닝 사전 영상을 통해 융합 인재교육(STEAM) 수업을 한 학습자들의 반응을 심층 면담을 통해 확인하였다. 영상을 태블릿 PC로 수업 전에 개별적으로 본 것에 대하여 학생들은 긍정적인 반응을 보였다. 우선 태블릿 PC로 공부하면 여러 권의 교과서를 볼 필요가 없어서 여러 권의 교과서를 쌓아둘 필요가 없다고 한 의견이 있었으며, 더 적극적으로 활동에 임하게 되었다고 대답하였다.

공부할 때는 교과서에다 물건이 쌓이는데, 태블릿 PC로 하면 물건들이 간단해서 좋아요. (학생 A)
태블릿 PC에 담긴 자료가 공부할 때 앞에 수업할 때 도움이 되는 담긴 자료가 많고 더 활발하게 공부를 할 수가 있고 질문도 더 적어졌어요. (학생 B)

새로운 매체를 활용한 학습에 이미 익숙한 현세대는 본인들에게 익숙한 매체를 사용하여 학습을 진행했을 때, 더욱 큰 효과를 본 것으로 해석된다. 학생들이 S펜을 사용하여 학습을 진행했을 때 더욱 흥미를 느낀다는 사실을 확인할 수 있었다.

S펜으로 쓰는 것이 더 편하고 좋아요. 연필로 글씨 쓰는 것은 손에 힘 들어가고 힘든데, 그냥 터치만 하는 것이 더 편하고 좋아요. 재밌어요. (학생 C)

S펜으로 쓰는 것이 글씨 쓰는 것보다 더 편하고 좋아요. 그래서 쓰는 게 좋아요. 종이에 쓰는 것보다 더 좋아요. 뭔가 재밌어요. (학생 A)

쓰다 보면 느낌이 좋아져요. 어떻게 느낌을 표현해야 할지 모르겠지만. (학생 B)

막 미끄러지는 느낌이에요. 연필로 쓰는 것보다 쉽게 쓸 수 있어요. (학생 D)

s펜으로 쓰면 가면서 달팽이처럼 미끄러지면서 부드러우면서 비누같이 미끄러지는 그런 느낌이니까 계속 쓰고 싶어요. (학생 A)

자기 보고식 설문을 활용하여 프로그램에 대한 전반적인 만족도에 대한 설문을 시행함으로써 외적 타당성을 확보하는 방법도 있다(김근재, 2019). 자기보고식 설문 방식의 만족도 평가지와 만족도 결과 분석의 예시는 다음과 같다.

〈표 30〉 학생 대상 만족도 평가 도구 예시(이웅기, 2021)

번호	문항	전혀 그렇지 않다	그렇지 않다	보통이다	그렇다	매우 그렇다
1	프로그램에 대해 전반적으로 만족하시나요?	①	②	③	④	⑤
2	프로그램이 사용하기 편리하다고 생각하나요?	①	②	③	④	⑤
3	전체 프로그램의 구조가 편리하게 구성되어 있나요?	①	②	③	④	⑤
4	프로그램을 통해 다양한 진로에 대해 배울 수 있나요?	①	②	③	④	⑤
5	이 프로그램의 기능이 진로 교육에서 활용하기 충분한가요?	①	②	③	④	⑤
6	본 프로그램에서 인공지능을 활용해서 자신에게 적합한 진로를 추천해주는 것에 대해 바람직하다고 생각하시나요?	①	②	③	④	⑤

〈표 31〉 학생 대상 만족도 결과 기술 예시(고보경, 2022)

	반응 평가 문항	평균	표준편차
1	나는 사례를 활용한 본 환자안전교육이 흥미롭고 재미있었다.	4.48	0.63
2	나는 사례를 활용한 본 환자안전교육에 참여한 것에 대해 전반적으로 만족한다.	4.45	0.57

	반응 평가 문항	평균	표준편차
3	나는 앞으로도 사례를 활용한 환자안전교육에 참여하였으면 좋겠다.	4.24	0.74
4	나는 사례를 활용한 본 환자안전교육을 다른 친구에게 추천하고 싶다.	4.41	0.73
5	나는 사례를 활용하는 것이 환자안전교육의 내용(contents)을 학습하는 데 도움이 된다고 생각한다.	4.55	0.69
6	나는 이번 수업과정에서 모둠 친구들과 협력하여 문제를 해결한 것이 좋았다.	4.52	0.69
7	나는 이번 수업에서 사례를 활용하여 환자안전교육을 받은 경험이 가치 있다고 생각한다.	4.59	0.63
8	나는 다른 수업에서도 사례를 활용하여 환자안전교육을 실시한다면 보다 적극적으로 참여할 것 같다.	4.24	0.87

이상의 평가 도구를 활용하여 학습자나 교수자의 반응 및 인식, 학습 성과 등을 측정한 이후 평가 도구에 맞는 통계 분석 및 질적 분석 기법을 활용하여 결과를 정리하고 시사점을 도출한다. 이러한 시사점은 연구 결과에 대한 중요한 맥락적 지식을 제공하며 외적 타당화의 주요 결과로 활용된다. 이후 외적 타당화 결과를 참고하여 모형의 효과성과 일반화 가능성을 분석하고 기술하게 된다.

요컨대, 실험, 준실험, 설문, 관찰 등의 방법을 활용하여 산출물 및 모형기반의 교육프로그램을 현장에 적용하고, 학생과 교사 등 주요 대상의 의견을 확인하는 과정을 통해 산출물 및 모형은 외적 타당성을 확보하게 된다. 이는 연구결과의 타당성에 대한 중요한 근거로서 의미를 갖게 된다(Richey & Klein, 2007).

본 장에서는 설계 · 개발연구 방법론의 외적 타당화 절차와 방법을 소개하였다. 외적 타당화는 개발된 산출물 및 모형이 현장에서 적용되는지를 다양한 도구와 방법을 활용해 검증하는 단계이다. 이를 위해 연구대상 선정, 평가도구 개발, 현장 적용, 결과 수집, 결과 분석의 절차를 통해 개발된 산출물 및 모형의 일반화 가능성을 확인한다. 연구 목적과 맥락에 맞게 설문, 관찰, 면담 등의 방법을 채택하여 활용할 수 있으며 데이터 수집 및 분석 기술이 발달한 최근에는 학습자 데이터를 기반으로 한 평가도 주목받고 있다.

제6장 결과 분석 및 기술

설계 · 개발연구는 교수학습 연구의 전통적인 패러다임과 다르게 교수설계의 이론적 토대를 실증적이고 경험적인 방식으로 확장 발전시키는 목적을 가지고 있습니다. 이 연구 방법론은 하나의 연구 절차를 포함하기보다는 연구 주제와 대상에 따라 다양한 하위 연구 방법과 절차가 적용될 수 있습니다. 그럼에도 불구하고, 모형 개발과 타당화에 있어서 결과 분석 및 기술 방법은 공통으로 존재합니다. 본 장에서는 설계 · 개발연구의 내적 타당화와 외적 타당화를 위한 결과를 분석하고 기술하는 방법을 상세하게 제시합니다.

1. 내적 타당화의 분석과 기술

내적 타당화는 제4장에서 언급한 바와 같이 전문가 타당화와 사용성 평가를 포함한다. 내적 타당화는 전문가들의 의견 수렴을 통하여 모형 개발 과정 및 구성요소의 타당성을 입증하기 위하여 실시하는 것이다(Richey & Klein, 2007). 따라서 개발된 산출물이 타당화를 통해 변화하는 과정이 기술되어야 한다.

이론적 배경에 토대를 둔 '초기 산출물'이 완료되면, 전문가 검토를 통해 타당화를 실시한다. 전문가 타당화는 이론적 한계를 보완하기 위해 실시되기 때문에 전문가의 전문성, 전문가 면담을 통해 확인된 주요 내용의 양적, 질적 분석 내용, 그리고 수정 반영 사항을 제시해야 한다. 전문가의 전문성을 확보하기 위해서는 〈표 32〉와 같이 어떠한 전문가를 섭외하였는지, 그리고 전문가들이 타당화에 어떻게 참여하였는지를 제시해야 한다.

〈표 32〉 전문가 패널 프로필 및 타당화 기술 사례(김성욱, 2016)

참여 전문가 프로필					타당화 참여 단계			
구분	직업	경력(년)	최종학력	전문 분야	1차	2차	3차	4차
A	조교수	14	박사	모바일 학습, 문제 중심학습, 교수설계 모형 개발		✓	✓	
B	연구교수	9	박사	이러닝, 적응적 학습, 교수설계원리 개발	✓		✓	
C	연구교수	9	박사	이러닝, 문화예술교육, 교수설계 모형 개발	✓	✓		
D	연구교수	8	박사	융합 교육, 집단지성, 교수설계 모형 개발		✓	✓	✓
E	연구원	17	박사	태도형성, 교수설계원리 및 교육 프로그램 개발	✓	✓	✓	
F	연구원	10	박사	이러닝, 디지털 교과서, 모바일 학습, 교수설계원리 개발	✓	✓	✓	✓
G	연구원	11	박사	원격교육, 사례 기반 학습, 교수설계원리 개발	✓	✓		
H	연구원	15	박사	게임기반교육, 3D 모델링, 교육프로그램 개발	✓		✓	✓
I	초등교사	20	박사	교육과정, 발명 교육, STEAM 교육		✓	✓	✓

다음으로, 전문가들에게 어떠한 부분을 중심으로 타당화를 실시하였는지를 제시해야 한다. 이와 관련하여 유형 1의 경우, 이다연과 임

철일(2021)의 연구에서는 '창의적 문제해결(CPS)의 문제 이해 단계를 위한 온라인 지원 도구 개발'의 초안에 대해 사용성 평가를 진행하였다. 여기서 사용성 평가는 ① 사용자, 과제, 맥락에 대한 평가, ② 인터페이스, 기능 및 디자인에 대한 평가로 구성되어 있으며, 세부 내용은 다음과 같다.

〈표 33〉 유형 1 타당화 사례(이다연, 임철일, 2021)

구분	문항	척도			
		1	2	3	4
사용자	온라인(모바일) 상황에서 본 프로토타입을 활용하여 CPS의 문제 이해 단계를 완료할 수 있다.				
	본 프로토타입을 통해 창의적 문제 이해를 효율적으로 지원한다.				
과제	본 프로토타입을 통한 창의적 문제 이해 수행은 만족스럽다.				
	본 프로토타입을 원활히 사용하는 데 걸린 시간은 적절하다.				
맥락	본 프로토타입을 한동안 사용하지 않고 다시 사용했을 때도 이용 방법을 쉽게 기억할 수 있다.				
	본 프로토타입을 통한 창의적 문제 이해는 오류 없이 원활히 이루어진다.				
	본 프로토타입에 활용되는 인지 처리량은 적절하다.				

유형 2에 해당하는 김근재(2019)의 연구에서는 나일주와 정현미(2001)의 평가 문항을 바탕으로 전문가 타당화에 사용한 검사지를 구성하여 선행 문헌 검토를 통해 도출된 산출물 및 모형을 평가하였다. 평가영역은 타당성, 설명력, 유용성, 이해도, 보편성의 5가지 영역에

따라 구성하였고 영역별로 4점 척도(4: 매우 그렇다, 3: 그렇다, 2: 그렇지 않다, 1: 매우 그렇지 않다)에 따라 응답하도록 하였다. 또한 수정 및 개선사항의 경우 전문가의 의견을 자유롭게 기술할 수 있도록 개방형 문항을 제시하였다.

전문가 면담의 준비 및 실시 과정에 대해 기술이 완료되면, 다음으로 전문가 면담을 통해 확인된 내용을 양적, 질적으로 분석하여 제시해야 한다. 먼저 내용을 양적 분석할 경우, 전문가 타당화를 통해 수집된 선택형 문항 응답 내용에 대해 타당도와 신뢰도를 확보하기 위해 내용 타당도 지수(content validity index, CVI)와 평가자 간 일치도 지수(inter-rater agreement, IRA)를 사용하여 분석한다. 해석 기준과 범위는 다음과 같다.

- CVI(Content Validity Index)
  - 해석 기준: CVI 평균이 .80 이상이면 타당도가 높은 것으로 간주하며 특히, 5~9인의 전문가가 참여할 때는 CVI 값이 .80 이상이면 타당하다고 해석함(Grant & Davis, 1997).
  - 기술 방법: 세부적인 내용은 부록에서 상세히 기술하되, 본문에서 CVI 값의 변화와 타당화에서 제안된 수정 사항을 중점적으로 기술함.
- IRA(Inter-Rater Agreement)
  - 해석 기준: IRA 신뢰도 지수는 일반적으로 그 값이 .80 이상이면 전문가들의 평가를 어느 정도 신뢰할 수 있다고 해석됨(Rubio et al., 2003).
  - 기술 방법: 세부적인 내용은 부록에서 상세히 기술하되, 본

문에서 IRA 값의 변화와 타당화에서 제안된 수정 사항을 중점적으로 기술함.

위에서 제시한 바와 같이 세부적인 내용은 부록에서 상세히 기술하되, 본문에서는 주로 변화한 내용을 요약해 제시하는 것이 좋다. 참고할 수 있는 기술 사례로는 김근재(2019)의 2차 타당화 결과 기술 내용을 아래와 같이 살펴볼 수 있다.

> "수정된 2차 수업 모형 전반에 대한 2차 전문가 타당화 검사 결과 타당성(평균 3.71점), 설명력(평균 4.00점), 적절성(평균 4.00점), 보편성(평균 3.86점), 이해도(평균 3.57점)로 나타나 모형이 대체로 타당한 것으로 나타났다. 전문가들의 각 평가항목에 대한 내용 타당도 지수를 의미하는 CVI의 경우 모든 항목에서 1.00이었고 평정자 간 일치도 지수인 IRA 역시 1.00이어서 수업 모형의 내용 타당도와 평가자 간 일치도가 높은 것으로 나타났다. 또한 본 수업 모형을 피지컬 컴퓨팅 도구를 활용하는 초등학교 메이커 수업에서 적절하게 활용할 수 있다는 결과를 확인할 수가 있었다. 다만 순환성을 강조하기 위하여 원 형태로 모형을 제시하여 시작과 정리단계가 명확히 드러나지 않기 때문에 시작 단계와 정리단계가 명확히 드러나도록 모형을 수정할 필요가 있다는 의견이 있었다."

그리고 전문가 타당화 기술 시 개방형 의견에 대한 전문가의 의견은 연구자가 현장에서 기록하거나 전문가가 직접 타당화 설문지에 서술식으로 기록하게 하였다. 필요에 따라 이후 기록된 내용들을 연구자가 제대로 이해하였는지 전문가에게 재확인하는 과정이 동반될 수 있다. 이상의 결과를 종합하여 공통점을 추출하고 이를 유목화하여 다음의 예시와 같이 표로 제시할 수 있다.

〈표 34〉 전문가 타당화 분석 기술 사례(채지윤, 2023)

항목	전문가 검토 의견	수정 사항
모형의 단계 및 전략 구체화	• 학습자 데이터 분석이 계획, 실행, 평가에 어떻게 영향을 미치는지에 대해 피상적으로 표현함. • 어떠한 데이터를 수집하는지, 그리고 학습자들에게 공유하는 등 데이터 활용 측면이 구체화할 필요가 있음.	• 학습자 데이터 분석이 단계별로 어떻게 활용될 수 있는지를 명시함. • 교수자가 활용할 수 있는 현장의 학습 데이터 사례를 구체적으로 제시함.
모형의 단계 및 전략 추가	• 학습자의 성찰과 교수자의 성찰과 같이 성찰 단계에서 교수자와 학습자의 행동이 혼재되어 나타남. 학습자 중심의 맞춤형 수업을 위하여 학습자의 활동을 명시하는 것이 필요함. • 개별 스마트기기, 무선 인터넷, 클라우드 학습 도구를 수업에 있어 중요한 조건으로 표시했으나 전략에서는 이에 대한 별도의 단계나 전략이 없음.	• 교수자의 역할과 이에 대응하는 학습자의 역할을 명시함. • 물리적 환경을 구성하는 것에 대한 별도의 단계와 그에 따른 단계를 추가함.
기존 모형과의 차별성 명시	• 일반 디바이스 활용 수업 모형과 큰 차별점이 나타나 있지 않음. • 모형에서 강조하고 있는 순환, 반복적인 과정이 전략에서 잘 드러나지 않음. • 클라우드 기반 학습 도구를 모형 전체에 걸쳐 사용하는 것 같지 않음.	• 데이터 기반 수업 모형의 특성을 살려 데이터 활용과 관련한 전략과 단계를 명시함. • 클라우드 기반 학습 도구를 교수자가 활용할 수 있도록 전략에 구체적인 사례를 제시함.
용어 표현의 적절성	• 교수적 처치, OER 등의 용어 대신 현장 교사에게 친숙한 용어로 수정이 필요함.	• 해당 용어를 수정하여 현장 교사에게 친숙한 용어로 수정함.

항목	전문가 검토 의견	수정 사항
현실성 반영	• 교사가 클라우드 기반 도구를 사용해서 수업한다고 해도 즉각적으로 모든 걸 피드백해줄 수는 없음을 고려해야 함. • 학습 목표의 이원화는 다인수 학급에서 현실적으로 어려움. • 중학교 학습자는 스스로 개별 목표를 수립하는 데 어려움이 있으므로 교수자의 지원을 명시할 필요가 있음. • 몇 가지 단편적인 클라우드 기반 학습 도구를 언급하기보다는 현장에서 활용되는 클라우드 기반 학습 도구를 반영하는 것이 필요함.	• 교수자가 즉각적으로 피드백을 제공할 수 있는 학습 데이터를 명시함. • 학습 목표의 이원화 대신 교사가 성취 기준을 제공하고 이에 맞춰 학습자가 자신의 개별적인 학습 목표를 미시적으로 세우는 전략을 추가함. • 현장에서 활용되는 다양한 클라우드 기반 학습 도구를 사례로 제시함.

2. 외적 타당화의 분석과 기술

내적 타당화를 통해 수정과 보완이 이루어지면, 그 이후에는 수정된 산출물을 일반화할 수 있는지 검증하는 절차인 외적 타당화를 실시한다. 이를 통해 외적 타당성을 확보한 산출물 또는 모형은 연구 결과로서 의미가 있다(김성욱, 2016). 외적 타당화 결과에 대한 분석은 1) 연구 대상 선정, 2) 평가 도구 개발, 3) 산출물의 현장 적용, 4) 평가 결과 수집 및 분석, 5) 최종 산출물 서술의 5가지 내용을 포함해야 한다. 각 내용에 따른 기술 방법과 사례를 살펴보면 다음과 같다.

1) 연구 대상 선정

연구 맥락에 맞는 학생 및 교사 특성을 고려해서 적용 대상이 선정된다. 적용 대상 선정의 단계에서는 현장 적용 선정의 이유가 명확히 서술되어야 한다. 현장 적용 선택의 이유는 교수자, 학습자 측면에서 서술하되 선행 문헌의 기준을 참고하는 것이 바람직하다. 이와 관련하여, 최서연과 임철일(2023)의 연구 대상 서술을 예시로 참고할 수 있다.

> "연구 참여자로 선정한 대상은 Y초등학교 2학년 1개 반의 담임교사 1인과 학생이다(남학생 14명, 여학생 12명). 학생 참여자의 선정기준은 초등학교 1~2학년군 학습자이면서 수학 학습에 심각한 영향을 미치는 외부적인 요인(한글 부진 또는 기타 신체적·정서적 문제 등)이 없고, 연구 참여에 대해 학생과 법정대리인 모두 동의의사를 표한 경우로 설정하였다. 학년군을 특정한 이유는 해당 시점에 공교육 대상의 '똑똑! 수학탐험대'의 서비스가 초등학교 1~2학년군을 대상으로 하고 있었기 때문이다. 수학 학습에 심각한 영향을 미칠 만한 외부적인 요인에 대한 판단기준은 담임교사의 소견 또는 교육청 보고 현황으로 하였으며, 심층 면담은 추가적인 동의를 표한 학생 7인에 한하여 실시하였다."

2) 평가 도구 개발

평가 도구 개발에서는 어떠한 문항으로 학습자와 교사의 반응을 살필지를 명확하게 제시하는 것이 필요하다. 학습자와 교사의 반응을 살피기 위한 다양한 방법이 있으며 면담과 자기보고식 설문, 수업 관찰 등이 주로 활용되고 있다. 면담의 경우, 김근재(2019) 연구는 아래와 같은 문항을 통해 개발된 산출물의 강점, 약점, 개선점을 파악하였다.

〈표 35〉 교수자 및 학습자 반응 수집을 위한 문항(김근재, 2019)

영역	면담 질문
강점	피지컬 컴퓨팅도구를 활용하는 메이커 수업을 하는 데 있어서 본 모형 및 전략의 강점은 무엇입니까?
약점	피지컬 컴퓨팅도구를 활용하는 메이커 수업을 하는 데 있어서 본 모형 및 전략의 약점은 무엇입니까?
개선점	피지컬 컴퓨팅도구를 활용하는 메이커 수업을 하는 데 있어서 본 모형 및 전략의 개선점은 무엇입니까?

또한, 자기보고식 설문의 경우에는 연구를 통해 확인하고자 하는 특정 영역에 관해 기존에 개발된 검사도구를 맥락에 맞게 활용 혹은 개발하여 사용하는 경우가 있다. 송유경 외(2021)는 수업 모형의 적용이 학습자의 데이터 리터러시를 향상시켰는지를 확인하기 위해 자기보고식 데이터 리터러시 검사 도구를 활용하여 단일 집단 사전, 사후 검사를 시행하였다.

3) 산출물 현장 적용

현장 적용의 경우 연구를 통해 도출된 모형 혹은 특정 산출물을 통해 수업이 어떻게 이루어졌는지를 명확하게 분석하는 것이 필요하다. 특히 교수설계 모형은 상황 특수적(context-specific)(Reigeluth & Honebein, 2020)인 점을 반영하여 현장 적용 맥락을 상세하게 기술하는 것이 바람직하다. 이와 관련하여 채지윤(2023)의 연구를 참고할 수 있다. 해당 연구의 경우 모형을 통해 어떻게 수업이 설계되었는지를 설계 개요와 차시별 수업 실행 과정을 서술하였다. 설계 개요에 대한 예시는 다음과 같다.

〈표 36〉 수업 설계 개요 사례(채지윤, 2023)

차시	학습 내용과 학습 활동	활용 도구
단원	• 중학교 3학년 2학기 수학 • 원의 성질	
1차시	• 학습 내용: 원주각과 중심각 사이에는 어떤 관계가 있을까?(1) • 학습 활동: 단원 도입 활동 및 원주각과 중심각 관계에 대한 기본 지식 이해 (1) 학습 성찰 일지 안내 (2) 원주각과 중심각에 관한 설문 시행 및 학습자들의 사전 지식 검토 (3) 핵심 개념에 대한 퀴즈 활동 (4) 수업 종료 후 개인별 성취에 대한 피드백 (5) 성찰일지 작성	• Google Classroom • Chromebook • Desmos • Kahoot • Google Docs
2차시	• 학습 내용: 원주각과 중심각 사이에는 어떤 관계가 있을까?(2) • 학습 활동: 학습자 데이터를 바탕으로 개인별 학습 목표 설정하기 (1) 개인 학습 목표 설정 ✔ 1차시 수업의 데이터와 이전 학습 활동 데이터(형성 평가 결과, Desmos를 통한 수업 참여도, 사전 지식 정도 등)를 종합하여 학습자에게 시각화된 형태로 제시 ✔ 교사 및 연구팀의 안내에 따라 간단한 수준의 학습 목표 설정(예: 앞으로 수업 시간에서 참여도를 늘리겠다/ 다음 번 형성 평가에서는 지난 수업보다 더 높은 점수를 받겠다/ 특정 수학 개념에 대한 이해를 높이겠다 등) (2) 핵심 개념에 대한 퀴즈 활동(형성 평가) 시행 (3) 퀴즈 활동 결과 공유	• Google Classroom • Chromebook • Desmos • Kahoot • Google Docs

4) 평가 결과 수집 및 분석

현장 적용이 완료된 이후에는 적용 결과는 어떠한가에 대해서 서술해야 한다. 외적 타당화의 목적은 개발한 산출물을 실제로 사용해 봄으로써 영향력을 확인하고 개선사항을 반영하여 최종 산출물을 확정하는 것이다. 따라서 교수자와 학습자에게 어떤 영향을 주는지를 탐색하고(Richey & Klein, 2007), 이를 명확히 기술하는 것이 바람직하다.

다양한 자료를 수집하여 제시할 경우, 어떠한 데이터를 수집하고 그 결과가 어떤지를 구조화해야 한다. 구조화 예시로는 채지윤(2023)의 연구 사례를 들 수 있다.

〈표 37〉 수집 자료의 특징 및 분석 목적(채지윤, 2023)

자료	목적 및 분석 방법	
사전 검사 결과	특징	• 양적 데이터 (1) 인지적 영역: 3학년 1학기 기말고사 성적(개인정보 보호를 위해 교사가 연구팀에게 제공하기 전 학생 이름 제거함) (2) 정의적 영역: 수학 학습에 대한 태도 설문 결과
	분석 목적	• 실험집단과 통제집단의 동질성 여부 검증 • 실험집단의 사전-사후 변화 비교를 위한 시작점(entry point) 확인
	분석 방법	• 기술 분석: 등분산성 검정, t-검증, 평균 및 표준편차 확인
학습 데이터	특징	• 클라우드 기반 학습 도구를 통해 수집된 양적 데이터 (1) 학습자 참여도 (2) 학습자 과제 완수 여부 (3) 학습자 성취도 • 클라우드 기반 학습 도구를 통해 수집된 질적 데이터 (1) 동료 피드백 (2) 학습자 개별 성찰 일지

자료	목적 및 분석 방법	
	분석 목적	• 수업 모형 적용에 대한 실험집단의 변화 분석
	분석 방법	• 기술 분석: t-검증, 평균 및 표준편차
사후 검사 결과	특징	• 양적 데이터 (1) 인지적 영역: '원주각 성질'에 대한 성취도 측정 결과 (2) 정의적 영역: 수학 학습에 대한 태도 설문 결과
	분석 목적	• 각기 다른 교육적 처치가 적용된 실험집단과 통제집단이 인지적, 정의적 영역에서 유의한 차이를 갖는지 확인
	분석 방법	• 기술 분석: 집단별 평균 및 표준편차 확인, t-검증
면담 결과	특징	• 질적 데이터
	분석 목적	• 본 연구에서 개발한 수업 모형의 적용에 대한 교수자와 학습자의 반응 확인
	분석 방법	• 면담질문지를 바탕으로 한 면담 수행 및 녹음 • 녹음 파일 전사 • 응답 내용의 유목화 및 정리

또한, 최서연(2022)과 채지윤(2023) 연구의 경우, 개발한 수업 모형과 전략에 대한 외적 타당도 검증을 위하여 실험과 면담을 시행하였다. 두 연구 모두 유사실험설계를 통해 실험집단과 통제집단을 설정하고 학습자들의 인지적, 정의적 측면의 증진 정도를 양적 데이터로 살펴보았다. 양적 데이터로 증진 정도를 살펴볼 경우, 양적 데이터를 시각화해서 보여주고 이에 대한 분석을 기술해야 하는데, 이와 관련하여 최서연(2022)의 연구 사례를 참고할 수 있다.

이외에도 면담 및 수업 관찰을 통해 양적 데이터 해석 시 보완할 수 있는 단서로서 질적 데이터를 수집 및 활용하였다. 질적 데이터 수집 및 분석 사례로는 김근재(2019)의 연구를 참고할 수 있다. 해당 연구에서는 어떠한 점을 위주로 면담을 시행하였는지를 서술하고, 학생들의 면담 내용에 대한 분석 내용을 제시하고 이에 대해 뒷받침하기 위해 면담 전사 기록을 직접적으로 인용하여 제시하는 방향으로 질적 데이터를 활용하였다.

> "면담은 총 4명의 학생을 대상으로 이루어졌는데 초등학생의 특성을 고려하여 연구자가 질문을 하고 학생들이 자유롭게 답변하는 형식으로 진행되었다. 면담 질문으로는 과거 피지컬 컴퓨팅 도구를 활용한 메이커 수업 경험 유무와 본 수업만이 지니는 기존 수업과의 차이점, 본 수업의 장점과 어려운 점, 개선이 필요한 점, 가장 인상적이었던 활동, 그리고 향후 피지컬 컴퓨팅 도구를 활용한 메이커 수업을 계속하고 싶은지 여부를 물어보았다.
> (중략) 이를 통해 학생들이 피지컬 컴퓨팅 도구를 활용한 메이커 수업의 본질을 파악할 수 있도록 수업이 비교적 잘 이루어졌다는 것을 확인할 수 있었다."

> "예전에 5학년 때 코딩 수업에서 엔트리랑 컴퓨터를 사용한 적은 있어요. 그때는 선생님이 무엇을 만들지 정해주시면 차근차근 따라가는 형태로 수업을 했어요. 근데 이 수업은 내가 문제를 찾고 무엇을 만들지 친구들이랑 같이 정하는 점이 달라서 좋았어요(학생 A)."

5) 최종 결과 서술

내적 타당화와 외적 타당화 과정을 통해 수정 작업이 완료된 이후에는 최종 산출물을 서술해야 한다. 최종 산출물을 서술할 경우, 산출물의 특징과 최종 산출물을 상세하게 설명하는 내용이 있어야 한다. 이때, 설계 모형이나 설계원리로 갈수록 교수처방의 추상성이 증가하고 설계지침에 가까울수록 구체성이 증가한다는 점(이지현, 박정은, 2014; Reigeluth, 1983; Reigeluth & Carr-Chellman, 2009)을 고려하여 결과 제시할 때, 모형이나 원리의 경우는 추상성이 높게 서술하고 지침의 경우, 구체성이 높게 서술하는 것이 필요하다. 또한, 모형이나 원리를 제시할 때 위계가 높은 순서(모형－전략－지침)로 제시하는 것이 바람직하다.

본 장에서는 설계 · 개발연구 방법론의 내적 타당화와 외적 타당화 과정과 결과를 기술하는 방법을 알아보았다. 내적 타당화는 연구 설계의 정확성과 결과의 신뢰성을 보장하는 데 중점을 두며 전문가 의견, 사용성 평가 과정과 결과를 기술하는 것이 필요하다. 내적 타당화 이후에 진행되는 외적 타당화는 연구 결과의 일반화 가능성과 실제 적용 가능성을 평가하는 데 중점을 두며 외적 타당화 과정인 연구 대상 선정부터 평가 결과 수집 및 분석 결과를 상세하게 서술해야 한다. 이후 최종적으로 개발된 산출물을 서술하되, 구체성이 증가되는 방향으로 서술해야 한다.

제2부

설계・개발연구 방법론 사례

제7장 도구의 설계와 개발 연구 사례

교수설계를 지원하기 위한 목적으로 많은 도구가 개발되었습니다. 이때 도구란 종이 자료에서부터 온라인 시스템, 인공지능에 이르기까지 무척 다양합니다. 뿐만 아니라 도구는 교수적 목적과 비교수적 목적 모두를 충족시키기 위해 개발되었습니다. 그렇다면 도구 개발 연구의 사례로는 어떤 것이 있을까요? 본 장에서는 유형 1 산출물 및 도구 연구의 하위 유형 중 하나인 도구의 설계와 개발 연구(tool design and development research)의 사례를 보다 상세히 살펴보겠습니다.

도구의 설계와 개발 연구는 교수적, 비교수적 도구를 개발하기 위해 사용된다. 도구의 설계와 개발 연구는 문헌 분석, 사례 분석, 전문가 검토, 심층 면담, 관찰 등의 다양한 질적 연구 기법이 활용된다. 뿐만 아니라 평가 연구 기법도 연구 목적에 맞게 적절히 활용되어, 질적, 양적 연구 기법을 활용한 혼합적인 연구가 실시된다.

1. 사례 1: 플립러닝의 교수학습자료 개발을 위한 인지적 지원 도구 개발 연구

도구의 설계와 개발 연구의 사례로 이진경(2017)의 “플립러닝의 교수학습자료 개발을 위한 인지적 지원 도구”를 사례로 들 수 있다. 본 연구의 특징은 다음과 같다.

1) 연구 개요

본 연구는 크게 세 단계로 구성되어 있다. 첫째, 선행 문헌 고찰을 통해 일반적인 인지적 지원의 원리와 전략을 도출하였다. 둘째, 인지적 지원 도구 개발 프레임워크를 적용하여 플립러닝 교실 전 교수학습자료의 개발 단계별 지원 전략 흐름표를 개발하였다. 마지막으로, 개발 단계별 지원 전략 흐름표를 실제로 구현하여 플립러닝 교실 전 교수학습자료 개발 지원 도구를 개발하였다.

2) 연구 목적 및 연구 문제

본 연구는 인지적 지원 원리와 전략을 적용하여 플립러닝의 교수학습자료 개발 지원 도구의 프레임워크를 도출하고, 프레임워크를 구현한 결과로서 플립러닝 교수학습자료의 개발이라는 특정 상황에 적합한 인지적 지원 도구를 개발하고 도구의 타당성을 확보하는 것을 목적으로 한다. 이러한 목적을 달성하기 위한 연구 문제는 다음과 같다. 첫째, 플립러닝의 교수학습자료 개발을 위한 인지적 지원 도구는 무엇인가? 둘째, 플립러닝의 교수학습자료 개발을 위한 인지적 지원 도구는 타당성을 가지는가?

3) 선행 문헌 고찰

플립러닝의 교수학습자료 개발을 위한 인지적 지원 도구를 개발하고 타당화하기 위해 플립러닝(Flipped Learning)의 개념과 특성, 플립러닝 교수학습자료의 개발, 교육 맥락의 지원, 인지적 지원, 인지적 지원 원리와 전략 개발에 관한 선행 문헌을 고찰하였다.

4) 연구 방법 및 절차

연구 방법으로 설계·개발연구 유형 1을 적용하였으며, 전문가 및 교수자 20명, 학습자 53명을 대상으로 타당성을 확보하고자 하였다. 연구의 절차는 첫째, 선행 문헌 고찰을 통한 인지적 지원 원리와 전략을 도출하였으며 전문가 검토를 통한 타당화를 실시하였다. 둘째, 플립러닝 실제에 관한 자료를 검토하고 관련자 대상의 면담을 실시하여 결과를 분석하였다. 셋째, 플립러닝 교수학습자료 개발 단계별 인지적 지원 전략의 흐름표를 개발하고 전문가 검토를 통한 타당화 검사를 실시하였다. 넷째, 플립러닝 교수학습자료의 개발을 위한 인지적 지원 도구를 개발하고 도구 구현 방식에 대한 타당화 검토를 실시하였다. 다섯째, 대학과 기업의 교수자를 대상으로 지원 도구 사용성 평가를 실시하였으며, 평가 결과를 바탕으로 도구를 수정 및 보완하였다. 마지막으로, 개발된 디지털 교수학습자료를 활용한 플립러닝을 실행하였으며, 학습자의 반응을 평가하였다.

〈표 38〉 플립러닝의 교수학습자료 개발을 위한 인지적 지원 도구 개발 연구 절차

연구 절차	주요 활동
연구문제 정의	• 연구의 필요성 및 목적 • 연구문제 진술 • 연구의 의의 진술 • 용어의 정의 진술
선행 문헌 고찰	• 플립러닝 및 플립러닝 교수학습자료의 특성 도출 • 플립러닝의 교수학습자료 개발 방법 및 개발 단계 도출 • 플립러닝 교수학습자료 개발 현황 관련 문서 및 도서 검토 • 인지적 지원의 요소와 의미, 관련 원리와 사례 검토
인지적 지원 원리 및 전략 도출	• 인지적 지원의 원리와 전략 도출 • 1차 전문가 검토 5인(내적 타당화) • 인지적 지원의 원리와 전략 수정 • 2차 전문가 검토 4인(내적 타당화)
플립러닝의 교실 전 교수학습 자료 개발 단계별 지원 전략 흐름표 개발	• 플립러닝의 교실 전 교수학습자료 개발 단계별 지원 전략 흐름표 개발(예비 개발) • 1차 전문가 검토 5인(내적 타당화) • 플립러닝 관련자 면담 및 관찰 진행 〈면담〉 - 플립러닝 경험 교수자 4인 - 대학 교수학습 지원센터 담당자 1인 - 기업연수원 교육담당자 1인 - 플립러닝 개발 교육기업 연구소장 1인 - 업무 지원 시스템 개발 PM 1인 - 영상 기반 학습시스템 개발자 1인 〈관찰〉 - 플립러닝 수업 현장 및 자료 관찰 • 플립러닝의 교실 전 교수학습자료 개발 단계별 지원 전략 흐름표 수정 개발 • 2차 전문가 검토 - 4인(내적 타당화)

연구 절차	주요 활동
플립러닝 교실 전 교수학습 자료 개발지원 도구 개발	• 플립러닝의 교실 전 교수학습자료 개발 지원 도구 개발 • 지원 도구 구현의 적절성에 대한 전문가 검토 - 4인(내적 타당화) • 1차 지원 도구 사용성 평가 - 교수자 3인(외적 타당화) • 플립러닝의 교실 전 교수학습자료 개발 지원 도구 수정 • 2차 지원 도구 사용성 평가 - 교수자 2인(외적 타당화)
플립러닝 실행	• 2차 지원 도구 사용성 평가의 산출물인 디지털 교수학습자료를 활용한 플립러닝(교실 전 학습 및 교실학습) 실행 - 2개의 과목
학습자 반응 평가	• 플립러닝 실행 후 학습자 반응 평가 설문 및 면담 - 각 수업 참여 학습자(외적 타당화)

5) 연구 결과

'플립러닝 교수학습자료 개발을 위한 인지적 지원 도구'가 개발되었다. 도구는 교수자가 수행해야 할 5단계, 10개의 과업을 순차적으로 지원하는 27개의 구체적인 인지적 지원전략을 구현한 34개 화면

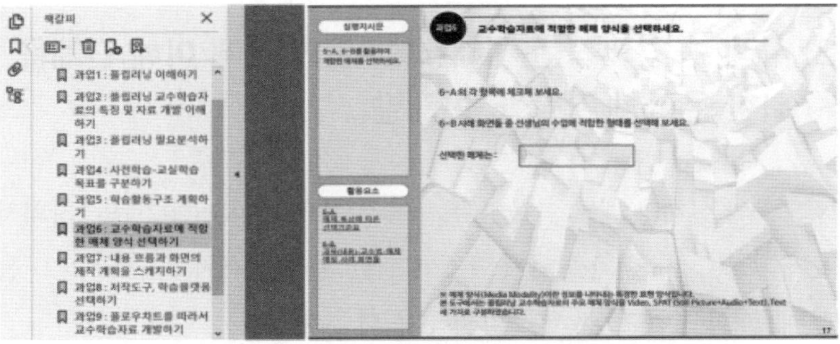

[그림 21] 플립러닝 교수학습자료 개발을 위한 인지적 지원 도구 예시

의 PDF 콘텐츠로 제작되었다. 각 화면은 실행지시문, 활용요소, 내용 제시 영역으로 구획되었으며 지원 내용은 언어적 텍스트, 플로차트, 오버뷰 이미지, 프레임, 아이콘, 사례 유형 사진, 추상화된 패턴 이미지, 체크리스트 등으로 제시되었다.

개발된 도구에 대한 교수자 대상 사용성 평가가 실시되었다. 사용성 평가 결과 인지적 지원 요소별 목적 달성, 전반적인 사용성, 산출물에 관한 전체 문항에서 긍정적인 것으로 나타났다. 교수자들은 인지적 지원 도구가 플립러닝 교수학습자료 개발에 도움이 되었으며, 플립러닝 교수학습자료의 설계와 개발에 대해 보다 명확히 이해할 수 있었고, 설계와 개발을 위한 의사결정을 쉽게 할 수 있었으며, 내용 특성에 따라 매체를 선택하여 플립러닝을 위한 디지털 교수학습자료를 직접 개발할 수 있었다고 보고하였다. 지원도구의 도움을 받아 가며 교수자들이 직접 개발한 디지털 교수학습자료에 대한 학습자의 반응도 긍정적이었다. 이들은 교수학습자료의 제작 방식, 학습에의 효과, 사전학습과 교실학습의 연계 등의 측면에서 긍정적으로 반응하였다.

2. 사례 2: 창의적 문제해결(CPS)의 문제 이해 단계를 위한 온라인 지원 도구 개발

도구의 설계와 개발 연구의 두 번째 사례로 이다연(2021)의 “창의적 문제해결(CPS)의 문제 이해 단계를 위한 온라인 지원 도구(CPS-U)”를 사례로 들 수 있다. 본 연구의 특징은 다음과 같다.

1) 연구 개요

본 연구는 중등학교 학습자의 창의적 문제 이해를 위한 온라인 지원 도구를 개발하는 것을 목적으로 한다. 또한 개발된 온라인 지원 도구를 활용하여 학습자의 창의적 문제 이해에 대한 효과성을 탐색하였다. 개발된 온라인 지원 도구는 중등학교 맥락에서 사용되어 학습자의 창의적 문제 이해를 가능하게 하고, 나아가 학습자의 창의적 문제 해결력 향상에도 기여할 수 있다.

2) 연구 목적 및 연구 문제

기존의 창의적 문제해결을 위한 온라인 지원 도구는 문제의 이해 단계보다는 해결에만 초점을 두었다. 또한 직관적이지 못하고 불편한 기능으로 인해 중등학교 학습자들의 사용을 제한하였다. 이러한 배경에서 본 연구는 중등학교 학습자의 창의적 문제 이해를 위한 온라인 지원 도구를 개발하고자 하였다.

본 연구는 중등학교 학습자의 창의적 문제 이해를 위한 온라인 지원 도구를 개발하고 이에 대한 중등학교 학습자 및 교수자 반응을 확인하는 것을 목적으로 하며, 두 개의 연구 문제를 갖는다. 첫째, 창의적 문제 이해를 위한 온라인 지원 도구는 어떻게 설계 및 개발되는가? 둘째, 창의적 문제 이해를 위한 온라인 지원 도구에 대한 중등학교 학습자 및 교수자의 반응은 어떠한가?

3) 선행 문헌 고찰

본 연구의 목적을 달성하기 위해 창의적 문제해결, CPS 모형의 개념 및 특징, CPS 모형의 구성요소, CPS 모형을 지원하는 학습환경, CPS 모형 기반 온라인 지원 시스템 및 도구, CPS를 위한 온라인 사고 도구에 관한 문헌을 종합적으로 분석하였다.

4) 연구 방법 및 절차

〈표 39〉 창의적 문제해결(CPS)의 문제 이해 단계를 위한 온라인 지원 도구 개발 연구 절차

절차	연구 활동 내용	산출물
분석	• 선행 문헌 고찰 • CPS 모형 기반 온라인 지원 도구 사례 분석	온라인 지원 도구 설계원리
도구 설계	• 온라인 지원 도구 흐름도 설계 • 온라인 지원 도구 인터페이스 설계	온라인 지원 도구 흐름도 및 단계별 인터페이스
도구 개발 및 사용성 평가	• 인터페이스 설계 내용 기반 온라인 지원 도구 1차 프로토타입 개발 • 1차 전문가 사용성 평가(전문가 4인) • 1차 학습자 사용성 평가(중등학교 학생 4인) • 1차 프로토타입 수정 및 보완 • 2차 프로토타입 개발 • 2차 전문가 사용성 평가(6인)	온라인 지원 도구

	• 2차 학습자 사용성 평가(중등학교 학생 4인) • 사용성 평가 내용을 반영한 최종 온라인 지원 도구 개발	
↓		
도구 사용 및 현장평가	• 현장에서의 지원 도구 활용 • 학습자 설문(52인) 및 면담(5인) • 교수자 설문(5인) 및 면담(2인) • 평가 결과 분석 • 온라인 지원 도구 활용 지침 개발	온라인 지원 도구 활용 지침

본 연구는 설계 · 개발연구 방법론의 유형 1 연구의 절차에 따라 진행되었으며, 크게 네 단계로 구성되어 있다. 첫째, 선행 문헌 검토를 통해 창의적 문제 이해 단계를 지원하기 위한 온라인 도구의 설계원리 및 설계지침을 도출하였다. 둘째, CPS(창의적 문제해결) 모형의 문제 이해 요소에 해당하는 기회의 구성, 자료의 탐색, 문제의 골격 구성 단계를 기반으로 흐름도 및 인터페이스를 설계하였다. 셋째, 도구에 대한 프로토타입을 개발하고 전문가 및 학습자 사용성 평가를 2 차례 거쳐 최종 도구를 개발하였다. 넷째, 최종 개발된 도구(CPS-U)를 S 중학교의 3학년 영어 수업시간에 적용한 후 설문 및 면담을 통해 학습자와 교수자의 반응을 분석하였다. 이후 현장평가 결과를 반영하여 도구의 효과적 사용을 위한 지침을 도출하였다.

5) 연구 결과

두 차례의 전문가 사용성 평가 및 학습자 사용성 평가의 결과를 반영하여 최종 도구를 도출하였다. 창의적 문제 이해를 위한 온라인 지원 도구(CPS-U)는 소개 페이지, 기회의 구성 페이지, 자료의 탐색 페이지, 문제의 골격 구성 페이지, 요약 및 공유 페이지, 도움말 페이지로 구성되었다.

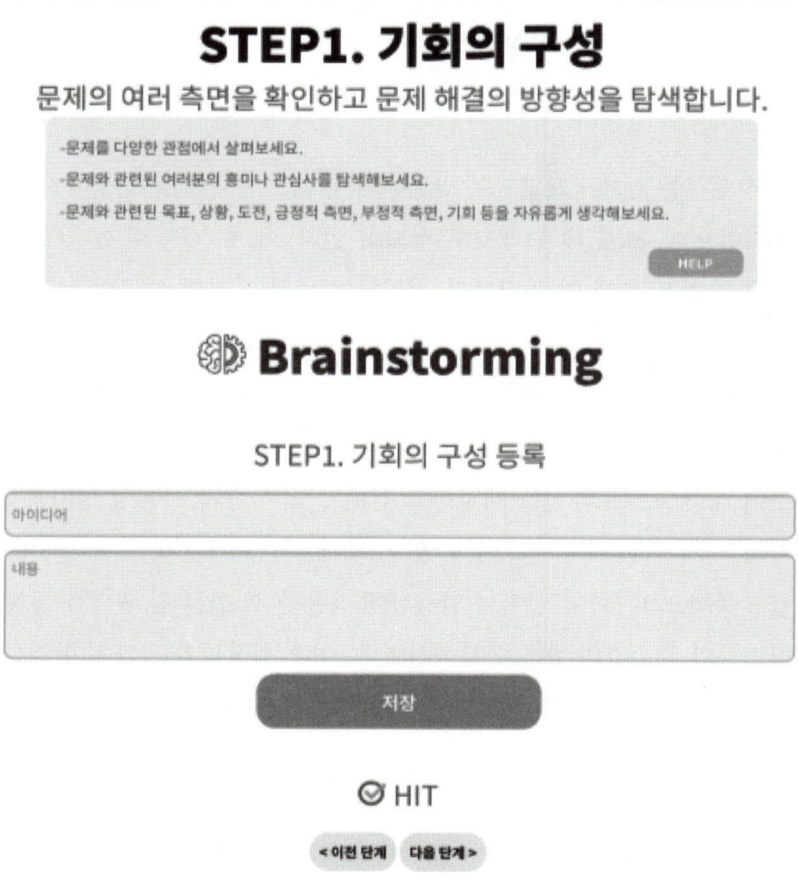

[그림 22] 창의적 문제 이해 지원 도구 예시

또한 학습자와 교수자를 대상으로 개발된 도구를 효과적으로 활용하는 것을 안내하는 활용 지침 역시 개발되었다.

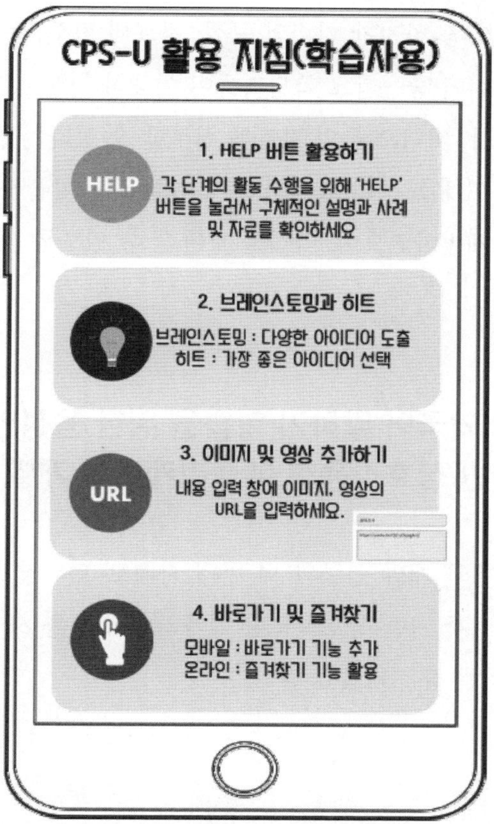

[그림 23] 학습자 활용 지침 예시

온라인 지원 도구에 대한 학습자 및 교수자의 반응을 분석한 결과, 온라인 도구가 창의적 문제 이해를 효과적으로 지원한다는 것을 확인할 수 있었다. 또한 도구를 활용하여 창의적으로 문제를 이해하는 경험에 대한 학습자의 흥미 역시 확인할 수 있었다. 도구의 인터페이스, 기능 및 디자인에 대한 학습자 및 교수자의 반응은 대체로 긍정적이었으며, 산출물을 동료 학습자 및 교수자와 공유할 수 있는 것을 강점으로 언급하였다. 하지만 기회의 구성, 자료의 탐색, 문제의 골격 구성과 같은 표현이 중등학교 학습자들이 이해하기에 어렵다는 지적이 있었으며, 영상, 비디오 등의 자료를 첨부할 수 없다는 점이 약점으로 지적되었다. 이에 도구의 효과적인 사용을 위한 학습자 및 교수자용 활용 지침을 개발하였으며, 약점을 보완할 수 있도록 하는 방안을 포함하였다.

3. 사례 3: 외국어 말하기 학습을 위한 음성인식 테크놀로지 기반 상호작용형 애플리케이션 개발 연구

도구의 설계와 개발 연구의 세 번째 사례로 오은영(2017)의 "음성인식 테크놀로지 기반 상호작용형 애플리케이션"을 사례로 들 수 있다. 본 연구의 특징은 다음과 같다.

1) 연구 개요

본 연구는 설계・개발연구 유형 1 방법론을 적용하여 수행되었다. 우선 선행 문헌에 기초하여 설계원리를 도출하였으며, 원리에 대한 전문가 타당화를 실시하였다. 전문가 타당화 결과를 반영한 설계원리를 적용한 프로토타입 애플리케이션을 개발하였으며, 개발된 프로토타입에 대한 사용자 반응을 평가하였다. 이러한 과정을 통해 최종 산출물인 음성인식 테크놀로지를 활용한 애플리케이션을 개발하였다.

2) 연구 목적 및 연구 문제

본 연구는 음성인식 테크놀로지를 활용하여 외국어 학습자의 말하기 연습 기회를 제공하고, 학습자의 발화에 따라 즉각적이고 개별적인 피드백과 스캐폴딩을 제공하는 웹 기반 상호작용형 애플리케이션을 설계 및 개발하는 데 목적이 있다. 연구 목적을 달성하기 위한 연구 문제는 세 가지이다. 첫째, 외국어 말하기 학습을 위한 음성인식 테크놀로지 기반 상호작용형 애플리케이션의 설계 및 개발의 과정과 절차는 어떠한가? 둘째, 외국어 말하기 학습을 위한 음성인식 테크놀로지 기반 상호작용형 애플리케이션의 설계 내용과 구조는 어떠한가? 셋째, 외국어 말하기 학습을 위한 음성인식 테크놀로지 기반 상호작용형 애플리케이션의 최종 전문가 검토와 사용성 평가 결과는 어떠한가?

3) 선행 문헌 고찰

본 연구에서는 외국어 교육에서의 말하기 학습, 말하기 학습에서 학습자-애플리케이션 간 상호작용을 위해 필요한 핵심 기술인 음성인식 테크놀로지, 학습자와 테크놀로지의 상호작용에 관한 문헌을 검토하였다.

4) 연구 방법 및 절차

본 연구는 크게 세 단계로 이루어졌다. 첫째, 분석 단계에서는 요구 분석, 학습자 분석, 내용 분석, 기술 환경 등에 대한 분석이 진행되었다. 둘째, 설계 단계에서는 선행 연구 분석 결과를 반영하여 상호작용형 웹 기반 애플리케이션의 설계원리를 도출하였다. 셋째, 제작 단계에서는 설계원리를 바탕으로 음성인식 테크놀로지를 활용한 상호작용형 웹 기반 애플리케이션을 개발하였다([그림 24] 참고). 개발된 애플리케이션에 대한 운영 및 평가는 후속 연구에서 수행될 것이다.

5) 연구 결과

본 연구를 통하여 개발된 애플리케이션은 학습자와의 의사소통을 주도하는 한국어 튜터인 컴퓨터 에이전트가 포함되어 있다. 이를 통해 학습자는 한국인 친구와 대화하는 상황을 제공한다. 또한 대화형 질문에 학습자가 응답하면 에이전트는 학습자의 발화 내용의 정답 및 오답 여부에 따라 개별적인 스캐폴딩을 제공한다. 또한 애플리케이션은 학습자의 말하기 능력을 객관적으로 진단하여 부족한 부분을 보완할 수 있도록 말하기 결과 및 성과를 요약하여 제시한다.

본 장에서는 도구의 설계와 개발 연구 사례를 살펴보았다. 특히, 플립러닝의 교수학습자료 개발을 위한 인지적 지원 도구 개발 연구, 창의적 문제해결(CPS)의 문제 이해 단계를 위한 온라인 지원 도구 개발, 외국어 말하기 학습을 위한 음성인식 테크놀로지 기반 상호작용형 애플리케이션 개발 연구의 연구 개요, 목적, 연구 문제, 선행 문헌 고찰, 연구 방법 및 절차, 연구 결과 등을 종합적으로 확인하였다. 도구 설계와 개발 사례로 플립러닝의 교수학습자료 개발을 위한 인지적 지원 도구 개발 연구(이진경, 2017), 창의적 문제해결(CPS)의 문제 이해 단계를 위한 온라인 지원 도구 개발(이다연, 임철일, 2021), 외국어 말하기 학습을 위한 음성인식 테크놀로지 기반 상호작용형 애플리케이션 개발 연구(오은영, 2017)를 제시하였다.

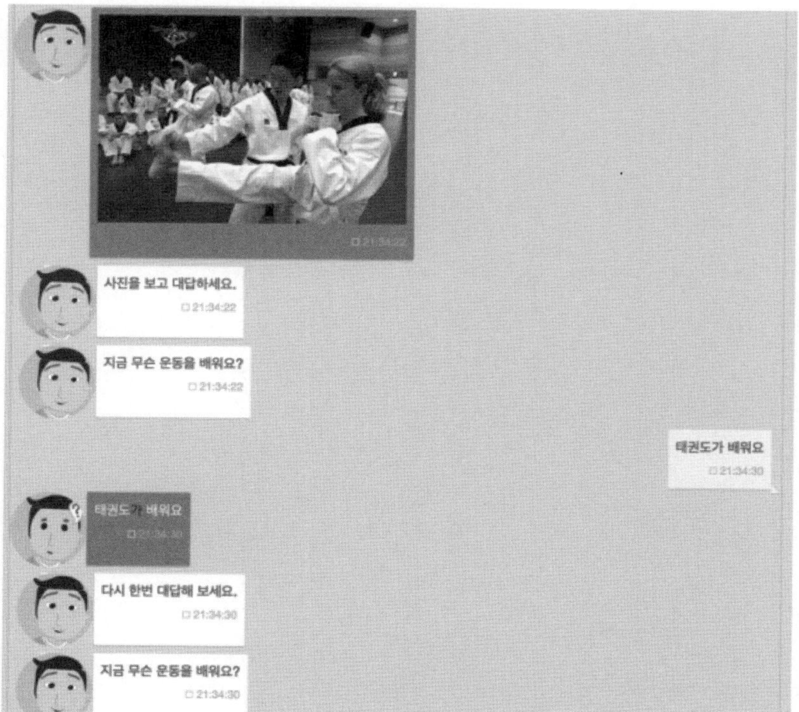

[그림 24] 외국어 말하기 학습을 위한 음성인식 테크놀로지 기반 상호작용형 애플리케이션

제8장 교육 프로그램 개발 연구 사례

설계 · 개발연구 방법론에서 유형 1 연구는 도구의 설계와 개발 이외에도 특정 맥락을 토대로 이루어진 교육 프로그램 개발을 포함합니다. 유형 1 연구의 특징은 특수한 맥락에 초점을 두어 연구가 진행되는 점입니다. 이러한 특징이 반영된 교육 프로그램 개발 연구는 광의의 교육 프로그램 개발 연구와 협의의 교육 프로그램 개발 연구로 나누어 볼 수 있습니다. 특정 학문 또는 영역의 교육 프로그램을 개발하는 광의의 교육 프로그램 개발 연구는 연구 내용이 광범위하고, 개발로부터 다양한 형태의 프로그램 평가 전략까지 포함한 연구입니다. 협의의 교육 프로그램 개발 연구는 특정 맥락을 중심으로 구체적인 교육 프로그램을 개발하는 연구를 의미합니다.

본 장에서는 유형 1 교육 프로그램 개발 연구를 광의의 교육 프로그램과 협의의 교육 프로그램으로 구분하여 관련 연구 사례를 소개하고자 합니다.

설계 · 개발연구 방법론의 유형 1 연구는 특정 맥락을 강조하여 맥락-특수적인 산출물 개발을 목표로 한다(Richey & Klein, 2007/2012). 산출물 교육 프로그램 개발 연구에는 협의적인 의미로 특정 맥락을 대상으로 하는 교육 프로그램 개발 연구도 있으나, 연구 분야가 넓은 광의적인 의미의 전체 프로그램 개발 연구도 포함한다. 협의의 의미에서의 프로그램 연구는 특정 배경 또는 대상을 위하여 개발한 교육 프로그램을 의미하고, 광의의 의미에서의 프로그램 연구는 보다 큰 규모이면서도, 긴 기간의 프로그램 연구를 말한다. 본 장에서는 이와 같은 프로그램 개발 연구를 광의의 교육 프로그램 개발 연구와 협의의 교육 프로그램 개발 연구로 나누어 각각 사례를 통해 교육 프로그램 개발 연구의 특징을 제시하고자 한다.

1. 사례 1: 공학계열 대학생들의 진로탐색능력 향상을 위한 교육 프로그램 개발 및 효과

진성희 외(2014) 연구는 공학계열의 대학생을 대상으로 진로탐색능력 향상을 위한 광의의 교육 프로그램을 개발하였다. 이 연구의 목적 및 연구 문제, 연구 방법, 연구 절차, 연구 결과의 다섯 부분을 광의의 교육 프로그램 개발 사례 차원에서 소개한다.

1) 연구 개요

본 연구는 공학계열 대학생들의 진로탐색능력을 향상시킬 수 있는 교육 프로그램을 개발하고, 그것이 학생들의 진로탐색 효능감, 진로결정수준, 진로탐색행동에 미치는 효과를 분석하는 것이다. 이를 위하여 선행 연구 고찰에서는 진로탐색능력에 대한 개념 및 진로탐색능력에 영향을 미치는 요인들을 조사하였다. 다음으로 국내외 공과대학 진로탐색 교육 프로그램을 운영 주체, 대상, 목표, 내용, 교육형태에 따라 분류하고 분석하였다. 본 연구는 Richey와 Klein(2007)이 제안한 설계·개발연구 방법론 유형 1의 교육 프로그램 개발 연구 절차에 따라 진행하였다.

2) 연구 목적 및 연구 문제

연구의 필요성 및 목적은 현행 대학생의 진로탐색능력 저하 문제를 파악하고, 공학계열 대학생들의 진로탐색능력을 향상시킬 수 있는 교육 프로그램을 개발하여 학생들의 진로탐색 효능감, 진로결정수준, 진로탐색행동에 미치는 효과를 분석하는 것이다.

3) 선행 문헌 고찰

먼저 진로탐색능력에 대한 개념 및 진로탐색능력에 영향을 미치는 요인들을 조사하였다. 다음으로 국내·외 공과대학 진로탐색 교육 프로그램을 운영주체, 대상, 목표, 내용, 교육형태에 따라 분류하고 분석하였다.

4) 연구 방법 및 절차

연구 방법은 Richey와 Klein(2007)이 제안한 설계·개발연구 방법론 유형 1의 프로그램 개발 연구 절차에 따라 진행하였다. 첫째, 진로탐색능력 향상 프로그램을 개발하기 위해 관련 선행 문헌 및 타 대학 교육 프로그램을 조사 및 분석하였다. 둘째, 해당 학교의 학생들의 특성에 맞는 프로그램을 개발하기 위해 진로탐색 교육 프로그램에 대한 요구를 조사 및 분석하였다. 셋째, 문헌 고찰, 타 대학 사례분석, 요구분석 결과를 반영하여 교육 프로그램을 개발하였다. 넷째, 개발된 교육 프로그램의 타당성을 확보하기 위해 진로탐색 캠프 개발 경험이 있는 전문가들로부터 타당성 검사(내적 타당화)를 실시하였고 타당화 검사 결과 진로탐색 프로그램을 수정 및 보완하였다. 다섯째, 직접 캠프 프로그램을 운영해 본 뒤 그 효과(외적 타당화)를 사전-사후 검사를 실시하고 분석하였다.

5) 연구 결과 및 기술

연구 결과에는 주로 요구분석 결과, 교육 프로그램 개발 및 타당화 결과, 교육 프로그램 효과 및 개선점을 기술하였다.

먼저 요구 분석 결과, 대학생은 자신에 대한 탐색과 직업에 대한 탐색을 중요시하고 직업 정보가 부족한 문제를 제기하였다. 이에 따라 교육 프로그램 내용은 1~3학년을 대상으로 자기탐색, 직업탐색, 미래불안, 경제적 어려움, 분야별 인재 및 선배와의 만남, 진로설계를 위한 대학생활법, 비전 및 장단기 목표설정법의 7가지로 구성하였다.

개발 단계에서는 진로탐색 관련 선행 문헌 고찰, 국내외 진로탐색 교육 프로그램 사례 조사·분석, 요구분석의 결과를 종합하여 5개의 학습모듈로 구성된 2일 동안의 프로그램으로 개발하였다.

〈표 40〉 공학계열 대학생들의 진로탐색능력 향상 프로그램 개요

학습모듈	프로그램 내용	시간	학습 방법
오리엔테이션	• 프로그램 시작을 위한 Kick-Off 선언 • 교육목표 소개 및 강사 및 운영진 소개 • 프로그램 일정 전반에 대한 상세 소개 • 운영 규정 안내	1	강의
Teamwork #1 Teamwork Training & Ice Breaking	• 팀 구성 및 Pre-Networking • 팀 구성(사전 편성): 학년 및 학과를 고려하여 팀 편성 • Ice Breaking • Teamwork Training	1	실습
1. 나를 찾아서	• 진로탐색에서 성격 및 적성탐색의 중요성 이해 • 진단도구 소개(예-MBTI, DISC, Holland) • 성격 및 적성 탐색과 검사 결과의 의의 공유 • Past Track Analysis, 자기소개서, Wish-list 작성, 결과 공유	2	강의 및 실습
2. 공학의 미래와 직업 탐색	• 공학관련 Trend • 공학계열 유망직업 소개 • 기업의 인재상 • 기업과 채용 프로세스의 이해 • 직업탐색 방법 및 사례 소개 • 커리어 전략 수립	3	강의 및 실습
3. 선배와의 만남	• 공과대학 출신 사회진출 선배와의 대화 • 선배의 대학생활 및 취업 준비 경험담 전수 • 사회생활 에피소드 • 앞으로의 비전과 계획 • 선배의 조언 • 질의 응답	2	강연 및 질의 응답
4. 진로설계를 위한 대학생활	• 대학생활의 중요성 • Career Vision에 따른 세부목표 수립 • My Career Vision & Objectives		

학습모듈	프로그램 내용	시간	학습방법
	• 대학생활 중 커리어 준비를 위한 학년별 이해 및 학교 내 프로그램 소개 • 학년별 포트폴리오 작성방법 소개 • 졸업 후 나에게 보내는 편지 - 대학생활에 대한 계획 및 포부를 담은 편지 작성	2	강의 및 실습
Teamwork #2 MVP Golden Bell & Career Speed Quiz	• MVP 골든벨 및 커리어 스피드 퀴즈를 통해 진로 탐색 및 취업과 관련된 상식 등, 자신의 준비도를 자유로운 분위기에서 확인 • SAAT 등 주요 인적성 검사 기출 문제 풀이를 통한 참가자들의 취업 마인드 점검 • 취업 현황에 대한 실질적인 지표 풀이를 통한 참가자들의 관심 환기	1	실습
5. My Dream, Passion & Vision	• Visioning이란, 비전과 진로 탐색과의 관계 • Visioning의 의의, 목적 및 중요성 • Visioning 사례소개 • 비전 및 전략에 따른 실행 계획 수립 • Action Item, Roadmap 작성 • 개인별 Visioning 결과 공유	2	강의 및 실습

개발된 프로그램에 대한 내적 타당화 결과는 주로 나일주와 정현미(2001), 장정아(2001)의 연구를 참조하여 개발된 타당성, 유용성, 이해도, 보편성, 설명력에 대해 묻는 문항으로 구성되어 있다. 전체 4점 척도로 조사한 결과 전체 항목별 평균은 모두 3.0 이상이며 내용 타당도 지수(CVI)와 평가자 간 일치도 지수(IRA)가 모두 1로 나와 개발된 진로탐색 교육 프로그램은 타당하며 전문가들의 평가를 신뢰할 수 있는 것으로 확인되었다.

〈표 41〉 공학계열 대학생들의 진로탐색능력 향상 프로그램 전문가 타당화 결과

항목		전문가 평가결과	평균 (표준편차)	CVI	IRA
타당성	학습모듈 구성의 적절성	3 3 4 3	3.25(.50)	4/4=1	7/7=1
	학습내용의 적절성	3 4 4 4	3.75(.50)	4/4=1	
	학습방법의 적절성	3 3 3 3	3.00(.00)	4/4=1	
유용성	진로캠프 프로그램의 유용성	4 4 4 4	4.00(.00)	4/4=1	
이해도	진로캠프 프로그램의 이해도	4 4 4 4	4.00(.00)	4/4=1	
보편성	진로캠프 프로그램의 보편성	4 4 4 4	4.00(.00)	4/4=1	
설명력	진로캠프 프로그램의 설명력	4 4 4 3	3.75(.50)	4/4=1	
전체		-	3.68		

외적 타당화는 총 23명을 대상으로 실제 적용하고 사전-사후 설문을 통하여 결과를 확인하였으며, 그 결과 진로탐색 자기효능감, 진로결정수준, 진로탐색 행동 모두 통계적으로 유의미한 수준으로 증진되었다.

〈표 42〉 공학계열 대학생들의 진로탐색능력 향상 프로그램 사전-사후 효과성 검사 결과

(n=23)

종속변인		사전검사 평균 (표준편차)	사후검사 평균 (표준편차)	t	효과 크기
진로탐색 자기 효능감	개인적 탐색 효능감	3.36(.79)	3.93(.55)	3.382**	1.04
	직업탐색 효능감	3.18(.67)	3.65(.72)	3.247**	0.65
	면접 효능감	3.15(.65)	3.70(.42)	4.093***	1.31
	관계구축 효능감	3.61(.63)	4.05(.55)	4.056***	0.8
	소계	3.32(.59)	3.84(.47)	4.643***	1.11
진로결정수준		2.77(.70)	3.57(.61)	6.645***	1.31

종속변인		사전검사 평균(표준편차)	사후검사 평균(표준편차)	t	효과 크기
진로탐색 행동	자신에 대한 탐색	2.94(.68)	3.19(.65)	2.459*	0.38
	직업에 대한 탐색	2.30(.60)	2.63(.66)	3.583**	0.50
	소계	2.62(.57)	2.91(.57)	3.507**	0.51

* $p<0.05$, ** $p<0.01$, *** $p<0.001$

진로탐색 교육 프로그램에 참여한 학생들의 전반적 만족도는 높은 것(평균: 4.17, 표준편차: .78)으로 나타났고 세부 모듈별 만족도 또한 대체적으로 높은 수준으로 만족한 것으로 나타났다. 진로탐색 캠프 프로그램에 대한 효과에 대한 참여자들의 의견을 조사한 결과, 자기이해, 진로계획 수립 및 실천, 진로와 비전에 대한 성찰 등에 있어서 효과가 있다고 인식한 것으로 나타났다. 참여자들은 공과계열 학생들에게 제공된 진로탐색 캠프 프로그램이 유용하다고 인식하고 있는 것으로 나타났다.

〈표 43〉 공학계열 대학생들의 진로탐색능력 향상 프로그램 만족도 결과

종속변인		평균	표준편차
전반적 만족도		4.17	.78
모듈별 만족도	1) 나를 찾아서(나는 누구인가?)	3.91	.67
	2) 공학의 미래와 직업 탐색(커리어 전략 수립)	3.61	.89
	3) 선배와의 만남	4.83	.49
	4) 진로설계를 위한 대학생활(나는 어떤 사람으로 살고 싶은가?)	4.13	.81
	5) My Dream, Passion & Vision(나의 career 목표는?)	4.26	.75
	소계	4.15	.72

<table>
<tr><th colspan="2">종속변인</th><th>평균</th><th>표준
편차</th></tr>
<tr><td rowspan="6">진로
탐색
교육
프로
그램
효과</td><td>1) 나에 대해서 구체적으로 이해하는 계기가 되었다.</td><td>4.00</td><td>.80</td></tr>
<tr><td>2) 직업에 대해 깊이 이해할 수 있었다.</td><td>3.70</td><td>1.15</td></tr>
<tr><td>3) 나의 진로설계를 위해서 대학생활 계획을 수리할 수 있게 되었다.</td><td>4.17</td><td>.98</td></tr>
<tr><td>4) 나의 진로와 비전에 대해서 고민하는 계기가 되었다.</td><td>4.48</td><td>.73</td></tr>
<tr><td>5) 나의 진로를 결정하고 계획을 수립하여 실천할 수 있게 되었다.</td><td>4.08</td><td>.60</td></tr>
<tr><td>소계</td><td>4.09</td><td>.85</td></tr>
<tr><td colspan="2">프로그램 필요성 및 추천 의도</td><td>4.52</td><td>.51</td></tr>
</table>

2. 사례 2: 암환자의 긍정성 증진을 위한 블렌디드 건강 코칭 교육 프로그램 프로토타입 개발 및 적용

협의의 교육 프로그램 개발은 특정 맥락을 위한 구체적인 교육 프로그램을 의미한다. 협의의 교육 프로그램 개발 연구의 사례로는 임철일 외(2019) '암환자의 긍정성 증진을 위한 블렌디드 건강코칭 교육 프로그램 프로토타입 개발 및 적용' 연구를 들 수 있다.

1) 연구 개요

해당 연구는 암 환자들의 긍정적 성장과 위기 극복을 돕기 위해 건강 코치를 교육하는 프로그램 프로토타입을 개발하고 시범 적용을 통해 프로토타입의 교육적 효과와 만족도를 분석한 연구이다.

2) 연구 목적 및 연구 문제

본 연구의 목적은 암 환자의 긍정성 증진을 위한 블렌디드 러닝 형태의 건강코치 양성 교육 프로그램의 프로토타입을 개발하여, 이를 선발된 학습자에게 적용함으로써 프로토타입에 대한 학습자의 만족도, 학습효과 등을 평가하는 것이다.

3) 선행 문헌 고찰

선행 문헌 고찰에서는 암환자의 긍정성 증진을 위한 교육 프로그램을 중심으로 국내·외 학술 데이터 디베이스에서 암환자를 위한 긍정성 증진 프로그램, 건강코칭 교육 프로그램의 연구와 사례를 중심으로 내용 및 방법을 분석하여 건강코칭의 핵심 역량을 도출하였다. 이를 바탕으로 블렌디드 건강코칭 프로그램 프로토타입 초안 설계에 반영하였다.

4) 연구 방법 및 연구 절차

이 연구는 의과대학의 맥락에서 암 환자의 긍정성 증진을 위한 블렌디드 러닝 형태의 건강코치 양성 교육 프로그램을 개발하므로, 설계·개발연구 방법론 중 유형 1의 프로그램 개발 연구에 속한다. 연구 절차에서는 먼저 교육 프로그램의 대상인 학습자의 특성을 파악하기 위해 암 극복 환자 40명, 의료 전문가 18명, 건강코치와 비슷한 역할을 했던 건강파트너 9명, 건강파트너십 참여 환자 19명 총 86명의 잠재학습자를 섭외하였고, 심층면담과 포커스 그룹 인터뷰를 통해 건강코치의 역량으로 학습자의 심리적 안정 지원, 자신의 암 극복경험 사례 제공 등의 교육 내용을 도출하였다. 또한 건강코칭 교육 프로그램의 세부 구성을 위해 환자의 상태 및 치료시기 등에 따라 건강교육, 전략교육, 코칭을 어떻게 맞춤형으로 제공할 것인지(치료 시기별로 구분하여 추천 학습코스를 제공하되 학습자가 선택 가능)에 대한 논의를 중심으로 구체적인 교육 프로그램에 대한 검토가 이루어졌다. 이와 더불어 본 교육 프로그램과 유사한 국내·외 문헌을 분석함과 동시에 실제 사설 교육 기관의 전문코치양성 교육과정과 학계 및 가정학 관련 분야 코치 양성교육과정을 한국건강가정진흥원, 건강가정지원센터와 함께 코칭 관련 교육기관, 협회 및 학회의 홈페이지에 접속하여 관련 데이터를 수집하고 분석하였다.

문헌 및 실제 운영 교육과정 분석 결과를 토대로 암환자의 긍정성 증진을 위한 건강코칭 교육 프로그램의 교육 내용 및 방면 측면에서의 시사점을 도출하였다. 이러한 자료 분석을 기반으로 교육 프로그램 프로토타입을 설계, 개발하였고 현장 적용이 이루어졌다. 상세한 연구 절차는 [그림 25]와 같다.

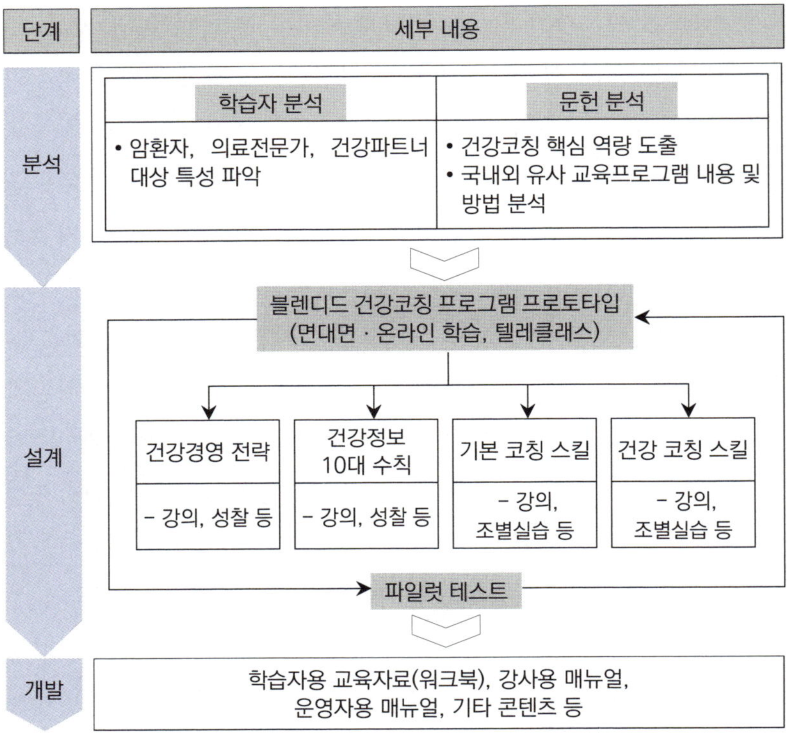

[그림 25] 임철일 외(2019)의 단계별 세부 연구 방법, 절차와 내용

5) 연구 결과 및 기술

최종 연구결과, 교육 프로그램은 암환자의 긍정성 증진을 위한 면대면 수업, 텔레클래스, 건강경영시스템 활용으로 건강코칭 역량 강화로 구성하였다.

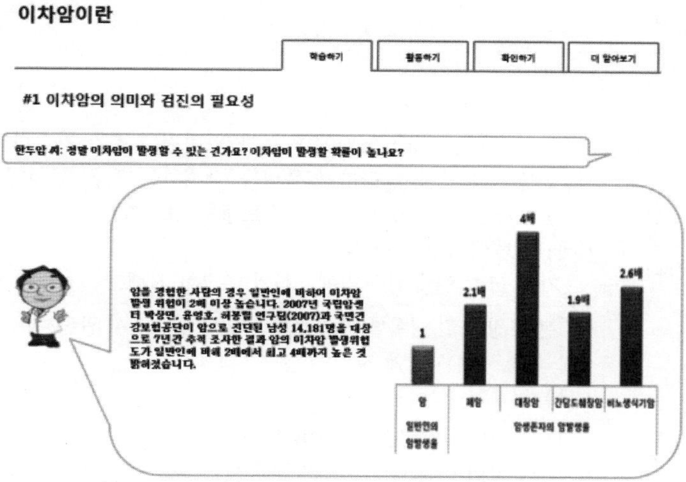

[그림 26] 온라인 건강정보 학습 콘텐츠 화면의 예시

〈표 44〉 건강코칭 프로그램 교육 내용 및 방법

회기	교육 내용 및 교육 방법
1회기 (건강경영 및 건강정보 소개)	• 오리엔테이션 • 건강경영전략 소개 및 교육 - 평가전략, 현실수용전략, 변화전략, 의사결정전략, 계획전략, 환경조성전략, 실행전략, 피드백 및 유지전략 • 건강정보 10대 수칙 - 운동, 식이, 체중, 마음안정, 금연과 절주, 동반질환 및 이차암, 통증관리, 가족, 실존적 삶, 재활
	• 학습자용 워크북 제공 • 학습내용 강의, 학습자와 질의응답 • 교육 마지막 시간에 자기 성찰 • 오늘의 우수 학습자 수여식

회기	교육 내용 및 교육 방법
2회기 (기본 코칭 이해)	• 기본 코칭 스킬 기초 - 경청, 질문, 반응 - 인식(우리는 지금 어디에 있는가?), 비전(우리가 가고자 하는 곳은 어디인가?), 장애물(우리를 방해하는 것은 무엇인가?), 전략과 행동(어떻게 목적지에 도달할 것인가?) • 제1차 텔레클래스 안내 - 기본 코칭 연습, 1주일에 1회씩 총 2회 진행
	• 기본 코칭 스킬 심화를 학습한 후 팀별로 실습에서 관련 내용 학습 • 교육 마지막 시간에 자기 성찰 • 오늘의 우수 학습자 수여식
3회기 (기본 코칭실습 및 건강코칭 이해)	• 기본 코칭 스킬 실습 및 심화 학습 • 건강코칭의 이해 - 코칭 준비, 인사/감사의 경험 나누기/점검(지난 학습목표 상기, 실행 점검), 가능성과 긍정성 발견, 감정적 현실 직면, 장애요소 발견 및 해결 방안 모색, 이번 주 건강목표 및 실행계획 설정, 우선순위 설정, 실행촉진, 마무리
	• 기본 코칭 스킬 심화를 학습한 후 팀별로 실습에서 관련 내용 학습 • 교육 마지막 시간에 자기 성찰 • 오늘의 우수 학습자 수여식
4회기 (건강코칭 실습)	• 건강경영시스템 소개 • 건강코칭 실습 • 제2차 텔레클래스 안내 - 건강코칭 연습, 1주일에 2회씩 총 10회 진행
	• 전문가 코치가 건강코칭에 대한 내용을 모델링 • 팀별 건강코칭 실습(코칭 매뉴얼, 워크북 활용) • 교육 마지막 시간에 자기 성찰 • 오늘의 우수 학습자 수여식 및 폐회식

해당 교육 프로그램 프로토타입을 수강생 35명 대상으로 파일럿 테스트를 실시하였다. 또한 프로그램 프로토타입에 대한 학습자의 반응

을 분석하기 위하여 설문 조사를 통해 본 건강코치 양성 교육 프로그램에 대한 학습자들의 반응을 '전반적 만족도', '강의내용', '준비상태', '강의자료' 등으로 나누어 살펴보았다. 또한 강좌별 학습자 반응 평가를 '유익성', '목표 명확성', '내용 적합성', '강사 만족도', '활용성' 측면에서 분석하였다.

〈표 45〉 건강코칭 프로그램 회기별 학습자 반응 평가 결과

구분	전반적 만족도	강의내용 만족도	준비상태 만족도	강의자료 만족도	평균
1회기	4.29	4.40	4.20	4.26	4.29
2회기	4.41	4.52	4.28	4.45	4.41
3회기	4.28	4.31	4.22	3.72	4.13
4회기	4.47	4.47	4.34	4.34	4.41
평균	4.36	4.42	4.26	4.19	4.31

〈표 46〉 건강코칭 프로그램 강좌별 학습자 반응 평가 결과

강좌명	유익성	목표 명확성	내용 적합성	강사 만족도	활용성	평균
건강경영전략 소개 및 교육	4.29	4.35	4.43	4.41	4.40	4.38
건강경영전략 교육	4.31	4.31	4.43	4.40	4.60	4.41
건강정보 10대수칙 I	4.40	4.26	4.34	4.40	4.51	4.38
건강정보 10대수칙 II	4.37	4.34	4.37	4.43	4.49	4.40
기본 코칭 스킬 I	4.64	4.59	4.76	4.62	4.55	4.63
기본 코칭 스킬 II	4.35	4.28	4.38	4.28	4.34	4.33
건강코칭 이해	4.59	4.59	4.53	4.69	4.66	4.61
건강코칭 실습	4.69	4.66	4.59	4.72	4.72	4.68
평균	4.46	4.42	4.48	4.49	4.53	4.48

그리고 심층면담을 통한 프로그램 프로토타입에 대한 학습자 반응도 분석하였다. 결론적으로 대부분의 학습자들은 본 교육과정이 실제 현장에 부합할 뿐만 아니라 코칭 역량을 배양하는 데 긍정적인 학습효과를 주었다는 만족감을 드러내었다.

> 제가 지금 하고 있는 일이 환자 상담과 교육하는 일이어서 보다 효과적으로 또 효율적으로 꾸준하게 교육하고 훈련하고 코치할 수 있었으면 합니다.
>
> [1회기 우수학습자 오○○ 인터뷰]

> 기대되는 것은 내가 여기 교육을 더 받으려고 했던 이유가 현재 내가 만나고 있는 환우들한테 조금이라도 좀 뭔가 도움이 되고 싶어서 하는 거니까 그런 기대를 해요. 내가 훈련을 여기서 좀 많이 받게 되면 좀 더 나아지지 않을까 하는 기대를 하고요.
>
> [3회기 우수학습자 주○○ 인터뷰]

> 두려운 부분은 결국엔 그것인 것 같아요. 잘해내지 못했을 때, 내가 이만큼의 시간을 투자하고 하는데 내가 할 수 있는 능력이 거기에 못 미칠까봐. 그리고 환자와 꾸준히, 고객과 꾸준히 코칭을 하는데 그분이 나와 더 이상 하고 싶지 않다고 이야기를 한다든지 그렇게 되면 굉장히 좌절하지 않을까 이런 생각도 들어요.
>
> [3회기 우수학습자 안○○ 인터뷰]

본 장에서는 유형 1의 맥락－특수적인 산출물 개발에서 교육 프로그램 개발 연구 사례를 집중적으로 탐구하였다. 교육 프로그램 개발 연구는 연구 분야가 넓고 큰 규모이면서도, 긴 기간의 프로그램에 대한 개발 연구를 광의적인 의미의 프로그램 개발 연구로 정의할 수 있다. 또한 협의적인 의미로 특정 맥락과 특정 대상을 위하여 개발하는 교육 프로그램 개발 연구를 포함한다. 광의의 교육 프로그램 개발 사례로 '공학계열 대학생들의 진로탐색능력 향상을 위한 프로그램 개발 및 효과' 연구(진성희 외, 2014)를 살펴보았고 협의의 교육 프로그램 개발 사례로 '암환자의 긍정성 증진을 위한 블렌디드 건강코칭 교육 프로그램 프로토타입 개발 및 적용' 연구(임철일 외, 2019)를 소개하였다. 두 연구는 전형적인 교육 프로그램 개발 연구로 볼 수 있으며 광의와 협의의 프로그램 개발 절차와 방법에 대해 구체적으로 기술하고 있다.

제9장 설계원리 및 전략 개발 연구 사례

교수설계는 교수 · 학습의 효과를 증진 · 개선하기 위하여 교수 · 학습 과정을 최적의 조건으로 조직하는 교수 · 학습 계획을 의미하며, 고도의 전문성을 갖춘 교수자가 수행해야 할 활동 및 계획을 의미합니다. 교수자의 교수설계를 효과적으로 촉진하기 위해서는 처방적인 성격을 갖는 모형(model), 원리(principles), 전략(strategies), 지침(guidelines) 등을 개발할 필요가 있습니다. 설계 · 개발연구 방법론 중 유형 2의 모형 연구는 모형뿐만 아니라 원리, 전략, 지침 등을 포함합니다. 본 장에서는 교수설계를 위한 모형, 원리, 전략, 지침을 개발하는 연구의 사례를 제시합니다.

원리(principles)란 대체로 사물이나 현상의 규칙을 보여주는 것으로 두 가지 이상 사이의 변화 사이에 있는 관계를 나타낸다(임철일, 2012). 예컨대, 수요 공급의 원리는 특정 물건의 가격이 수요와 공급의 변화에 따라서 결정되는 것을 보여준다. 한편, 이와는 유사하지만 다른 유형으로 교수설계원리는 교수학습 상황에서 효과적인 학습목표 달성을 위해 고려해야 하는 처방적 지식의 형태를 보여준다. 즉 교수설계원리는 현상에 대한 설명과는 다르게 추상적인 수준에서 일반적인 처방을 나타낸다. 교수설계원리는 교수학습과 관련한 변인들을 고려하여 적합한 교수방법을 계획하고, 수립할 때 참고할 수 있는 처방적 원리를 의미한다(임철일, 2012). 교수설계원리는 교수학습과 관련 요소와 그 관계를 고려하는 이론적인 근거를 기반으로 추상적으로 표현한 것이라고 할 수 있다(Reigeluth, 1983). 설계원리에 관한 설계 · 개발연구의 사례는 교수설계원리(연은경, 2013; 이선희, 2019; 최소영, 2017; 한송이, 2018; 홍현미, 2017; Zhang, 2019)와 시스템을 포함하는 학습환경 설계원리(박태정, 2015; 이영태, 2013; 홍미영, 2012)로 크게 구분될 수 있다.

한편, 교수설계원리와 구분되는 교수설계전략이란 학습목표 달성을 위한 교수학습 방법의 구체적인 활동을 의미한다. 전략은 원리보다 다소 구체성을 지닌 수준으로 다양한 맥락에서 활용 가능한 일반성을 지닌다(한형종, 2019; Lee, 2012). 설계 · 개발연구 방법론을 적용한 전략 개발 연구는 대표적으로 수업설계전략 연구(신선혜, 2021; 조부희, 2018; 홍수민, 2021), 시스템 설계전략 연구(김선영, 2013; 이지연, 2020; 이찬미, 2017), 교수관리 전략 연구(한옥결, 2019)가 있다.

설계지침은 전략보다 더욱 구체적인 특성을 지니며 사용자가 실제 직접적으로 활용 가능한 수준으로 언제, 어떻게 활용할 수 있는가를 예시 또는 해설을 통해 구체적으로 제시한다(Lee, 2012; Reigeluth & Carr-Chellman, 2009). 대체로 지침은 원리와 전략의 하위 요소로 제시되기 때문에 원리 연구나 전략 연구에 포함되어 나타난다.

1. 사례 1: 혼합형 실시간 학습을 위한 수업설계원리 개발 연구

Zhang(2019)은 교수자가 현장 수업과 온라인 수업을 동시에 진행할 때의 어려움과 부담을 해결할 수 있도록 설계·개발연구 방법론을 적용하여 혼합형 실시간 학습을 위한 수업설계원리와 상세지침을 개발하였다.

1) 연구 개요

본 연구는 개발 연구 중 교수설계원리를 개발한 사례로 크게 세 단계로 구성되어 있다. 첫째, 선행 문헌 고찰과 현장 경험이 있는 교수자 및 교수설계자를 대상으로 면담을 하여 설계원리를 도출하였다. 둘째, 이후 도출한 원리에 대한 내적 타당화를 두 차례 실시하였다. 마지막으로, 일본의 A 대학교 대학원과 중국의 B 대학교 대학원을 대상으로 외적 타당화를 실시하였다.

2) 연구 목적 및 문제

본 연구는 오프라인 수업과 온라인 수업을 동시에 진행하는 혼합형 실시간 학습을 위한 수업설계원리 및 상세지침을 개발하는 것을 목적으로 한다. 이러한 목적을 달성하기 위한 연구 문제는 다음과 같다. 첫째, 혼합형 실시간 학습을 위한 수업설계원리는 무엇인가? 둘째, 혼합형 실시간 학습을 위한 수업설계원리의 상세지침은 무엇인가? 셋째, 혼합형 실시간 학습을 위한 수업설계원리를 반영한 수업에 대한 교수자와 학습자의 반응은 어떠한가?

3) 연구 방법 및 절차

본 연구는 온라인 수업과 오프라인 수업을 동시에 진행하는 혼합형 수업을 위한 수업설계원리를 개발하기 위해 설계·개발연구 유형 2 모형 연구를 적용하였으며, 모형 개발 연구와 모형 타당화 연구의 두 단계를 진행하였다. 초기 원리와 상세지침의 개발은 귀납적 접근 방식으로 선행 문헌을 검토한 다음, 혼합형 실시간 학습을 시범한 교수자와 면담을 통해 주요 변인들을 확인하고, 이를 개념적으로 구조화할 수 있는 구성요소와 상세지침을 개발하였다. 모형 개발을 위해 문헌 검토, 사례연구, 전문가 심층 면담, 사고 구술 기법 등을 실시하였고, 모형 타당화를 위해 전문가 검토, 심층 면담, 실험 등을 실시하였다.

4) 연구 결과

본 연구는 온라인 수업과 오프라인 수업을 동시에 진행하는 혼합형 수업을 위한 수업설계원리 및 지침을 개발하였다. 혼합형 수업이란 하이브리드 러닝(hybrid learning)으로 동시에 온라인으로 일부 학생이 참여하고, 오프라인으로 일부 학생이 참여하여 이루어지는 수업을 의미한다. 혼합형 수업을 위한 구성요소는 전달(delivery), 환경(environment), 상호작용(interaction), 학습방식(learning style), 역할(role), 평가(evaluation), 온·오프라인의 융합(hybrid online and offline)이다. 혼합형 실시간 학습의 개념 모형과 구성요소에 대한 각각의 하위 요소는 다음과 같다.

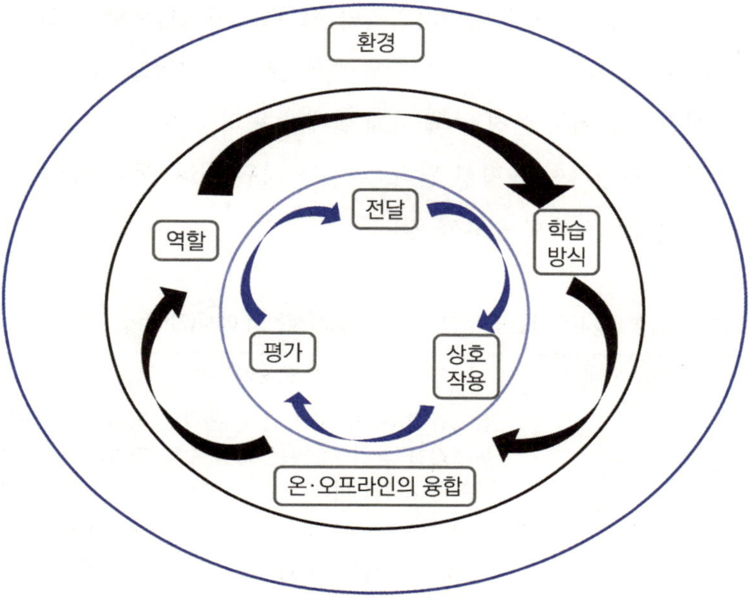

[그림 27] 혼합형 실시간 학습의 개념 모형(Zhang, 2019)

혼합형 실시간 학습은 전달, 환경, 상호작용, 학습방식, 역할, 평가, 온·오프라인 융합으로 구성된다. 전달 방법은 생방송 모드 방식, 제작된 비디오 방식, 혼합형으로 구분되며, 환경은 사이버 교실과 물리적 교실로 구분된다. 상호작용은 일방향과 양방향으로 구분되며, 학습방식은 개별학습, 단체학습, 혼합형 학습이 있다. 혼합형 실시간 학습의 역할로는 온라인 교수자, 교실 현장 교수자, 온라인 학습자, 교실 현장 학습자가 있으며, 평가는 지필고사와 수행평가로 이루어진다. 온·오프라인 융합은 교수학습활동, ICT 활용, 테크놀로지 융합, 모바일 활용 등을 통해 이루어진다. 혼합형 실시간 학습을 위한 수업 설계원리는 구성요소를 기준으로 사용 용이성(ease of use), 친숙성

(familiarity) 등 11개 수업설계원리와 42개 상세지침으로 구성된다. 〈표 47〉은 구성요소별 11개의 수업설계원리를 제시하고 있다. 혼합형 실시간 학습에서 환경 구축 시에 실재감 원리를 고려해야 하며, 학습 방식과 관련하여 형평성 원리, 교수자 지원 원리, 동기 유지를 고려하여 수업을 설계할 필요가 있다.

〈표 47〉 혼합형 실시간 학습의 구성요소별 수업설계원리 예시(Zhang, 2019)

구성요소	수업설계원리
환경 (Environment)	1. 실재감(Presence)의 원리: 온라인 학습자에게 교수 실재감을 높일 수 있는 교실 수업 환경과 공동체의 형성을 지원한다.
학습 방식 (Learning style)	2. 형평성(Equivalence) 원리: 현장 학습자가 지루하지 않게 수업을 진행하고 온라인 학습자의 소외감을 없애도록 한다.
	3. 교수자 지원(Teacher support) 원리: 교수자의 인지부하를 감소시키기 위해 수업 준비, 운영을 도와주는 인력 지원을 제공한다.
	4. 동기 유지(Motivation maintenance) 원리: 교실 학습자와 온라인 학습자가 적극적으로 수업 활동에 참여할 수 있도록 지속적으로 유도한다.
상호작용 (Interaction)	5. 상호작용(Interaction) 원리: 혼합형 실시간 학습에서 교수자와 학습자 간의 즉시적 상호작용이 이루어지도록 피드백과 의사소통을 촉진한다.
전달 (Delivery)	6. 사용 용이성(Ease of Use) 원리: 혼합형 실시간 학습과정에서 교수자와 학습자 모두 쉽게 사용할 수 있는 도구로 학습자원을 제작하여 전달한다.
	7. 친숙성(Familiarity) 원리: 학습자와 교수자가 혼합형 실시간 학습에서 사용할 도구에 익숙해질 수 있도록 지원한다.

구성요소	수업설계원리
	8. 적응성(Adaptability) 원리: 학습자가 혼합형 실시간 학습 환경의 학습 조건과 학습 요구에 의한 변화에 적합하도록 행동 및 태도를 변화시켜 순응한다.
역할 (Role)	9. 유연성(Flexibility) 원리: 교수자가 복잡한 환경에서 수업을 진행하도록 적응하며, 여러 돌발 상황을 유연하게 대처한다.
온·오프라인의 융합 (Hybrid online and offline)	10. 혼합성(Hybrid)의 원리: 최적의 혼합형 실시간 학습을 창출하기 위해 학습방법, 평가방법, 상호작용 방식 등 다양한 학습요소들을 연결하여 복합적으로 활용한다.
평가 (Evaluation)	11. 다양성(Diversity) 원리: 기존에 많이 사용되는 지필고사 방식 이외에 학생들의 활동을 다각도로 평가하는 방식을 활용한다.

2. 사례 2: 창의적 문제해결을 위한 이러닝 지원시스템 설계원리 개발 연구

홍미영(2012)은 교육 현장에서 창의적 문제해결 활동을 지원하는 이러닝 지원시스템을 어떻게 설계 및 개발해야 하는지에 대해 참고할 수 있도록 설계·개발연구 방법론을 적용하여 창의적 문제해결을 위한 이러닝 지원시스템 설계원리를 개발하고 그 효과성을 검증하였다.

1) 연구 개요

본 연구는 설계원리 개발 연구 중 학습환경 설계를 위한 원리를 개발한 사례로 크게 세 단계로 구성되어 있다. 첫째, 선행 문헌 탐색을 통해 창의적 문제해결을 위한 이러닝 지원 시스템 1차 설계원리 및 지침을 도출하였다. 둘째, 1차 설계원리 및 지침은 현장 적용과 전문가 검토 과정을 통해 2차 설계원리 및 지침으로 수정, 보완되었다. 마지막으로, 2차 설계원리가 실제 설계 과정을 효과적으로 안내하는가를 확인하는 사용성 평가를 실시하였다.

2) 연구 목적 및 문제

본 연구는 이러닝 환경에서 학습자들의 창의적 문제해결을 체계적으로 도와줄 수 있는 지원시스템을 개발하고 타당화하는 것을 목적으로 한다. 구체적인 연구 문제는 다음과 같다. 첫째, 창의적 문제해결을 위한 이러닝 지원시스템의 설계원리 및 지침은 무엇인가? 둘째, 창의적 문제해결을 위한 이러닝 지원시스템 설계원리의 효과성은 어떠한가?

3) 연구 방법 및 절차

본 연구는 창의적 문제해결을 위한 이러닝 지원시스템 설계원리의 개발과 그 효과성을 검증하는 것을 목적으로 설계 · 개발연구 유형 2 모형 연구를 적용하였다. '창의적 문제해결', 'CPS(Creative Process Solving) 모형', 'CPS 모형을 지원하는 학습환경'과 관련된 선행연구를 분석하고, 타당화 과정을 통해 창의적 문제해결을 위한 이러닝 지원시스템 설계원리를 개발하였다. 또한 개발된 설계원리를 적용한 지원

시스템을 개발하고 실제로 학습자들에게 사용하게 하여 설계원리의 효과를 확인하였다.

4) 연구 결과

창의적 문제해결을 위한 이러닝 지원 시스템 최종 설계원리는 'CPS (Creative Process Solving) 학습활동', 'CPS 학습활동 지원', '유연한 접근'의 세 가지 설계요소를 바탕으로 10개의 설계원리와 25개의 설계지침으로 구성하였다. 설계원리는 ① 단계 제시의 원리, ② 사고 촉진의 원리, ③ 사고 지원의 원리, ④ 안내 제공의 원리, ⑤ 팀 활동 지원의 원리, ⑥ 유연한 설정의 원리, ⑦ 유연한 과정 확인 지원의 원리, ⑧ 유연한 결과물 확인 지원의 원리, ⑨ 유연한 팀 활동 설정의 원리, ⑩ 유연한 학습 진행 지원의 원리로 구성된다. 〈표 48〉은 이러닝 지원 시스템 중 CPS 학습활동 요소의 설계원리 및 지침의 예시이다. 교수설계자는 창의적 문제해결을 위한 이러닝 지원 시스템을 설계할 시에 단계 제시의 원리, 사고 촉진의 원리 등의 설계원리와 구체적인 지침을 참고하여 설계할 수 있다.

〈표 48〉 CPS 학습활동 설계원리 및 지침 예시(홍미영, 2012)

구성요소	설계원리 및 지침	활동 주체	
CPS 학습활동	1. 단계 제시의 원리: 창의적 문제해결 과정을 체계적으로 진행할 수 있도록 CPS 모형의 단계를 제시한다.		
	1.1. CPS 모형의 전체적인 단계를 설계하라.	✔	
	1.2. CPS 모형의 각 단계에 대한 설명을 제공하라.	✔	

구성요소	설계원리 및 지침	활동 주체	
	2. 사고 촉진의 원리: 창의적 문제해결의 단계에서 발산적 · 수렴적 사고를 촉진할 수 있는 질문을 제공한다.		
	2.1. 각 단계마다 다양한 아이디어의 생성을 촉진하기 위한 예시 질문을 제공하라.	✔	
	2.2. 각 단계마다 아이디어의 초점화를 촉진하기 위한 예시를 제공하라.	✔	
	3. 사고 지원의 원리: 창의적 문제해결의 단계에서 발산적 · 수렴적 사고를 촉진할 수 있는 사고 도구를 제공한다.		
	3.1. 아이디어 생성이 가능하도록 설계하라.	✔	
	3.2. 아이디어 초점화가 가능하도록 설계하라.	✔	

이상의 설계원리 중 '사고 촉진의 원리'를 반영한 시스템 화면은 [그림 28]과 같다. 창의적 문제해결은 발산적 · 수렴적 사고가 중요하며, 이를 지원하는 도구를 설계해야 한다. 연구를 통해 개발한 TeamPle 시스템은 학습자 활동을 위하여 'memo', 'select', 'inputNumber', 'Check-box' 등의 기능을 선택할 수 있게 설계되어 있다.

이외에도 융합인재교육(STEAM)을 위한 플립러닝 수업설계원리 개발 연구(홍현미, 2017), 초등 STEAM 교육의 창의적 설계 활동을 위한 교수설계원리 개발 연구(최소영, 2017), 개인화 학습지원을 위한 공개교육 자료(OER) 활용 교수설계원리 개발 연구(이선희, 2019), 증강현실 기반 수업설계원리 개발 연구(한송이, 2019), 기업교육에서 창의적 사고 기법을 활용한 실시간 온라인 학습 설계원리 개발 연구(이주경, 2022) 등을 참고할 수 있다.

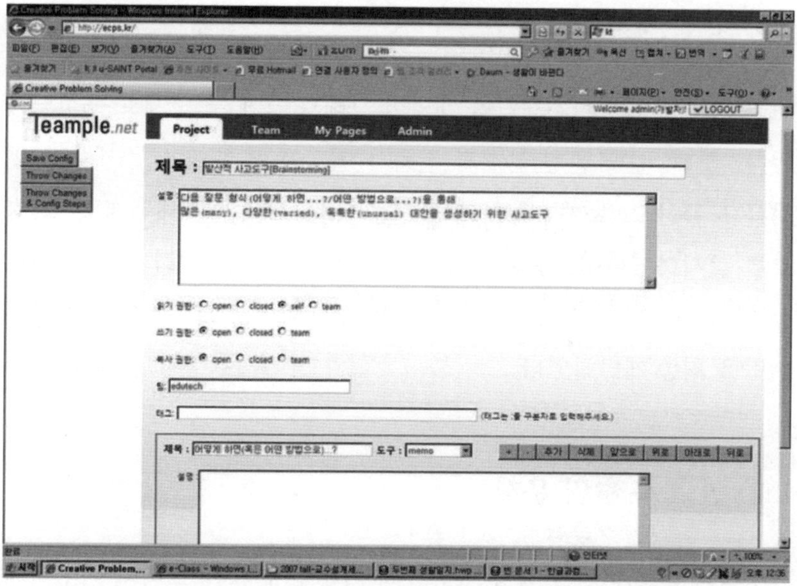

[그림 28] '사고 촉진의 원리'를 반영한 이러닝 지원 시스템 화면(홍미영, 2012)

3. 사례 3: 인공지능 스피커를 활용한 교수자의 스캐폴딩 전략 연구

홍수민(2021)은 인공지능이 부분적이지만 교수자의 역할을 대신하기에 이르렀고, 교수자 역할의 변화를 요구하고 있음에 따라 설계·개발연구 방법론을 적용하여 인공지능 스피커를 활용한 언어교육에서 교수자의 구체적 역할, 즉 스캐폴딩 전략을 개발하고 타당성을 검토하는 것을 목적으로 하였다.

1) 연구 개요

본 연구는 교수설계전략을 개발한 사례로 크게 세 단계로 구성되어 있다. 첫째, 선행 문헌 분석과 전문가 면담을 통해 초기 스캐폴딩 전략을 도출하고, 둘째, 세 차례의 전문가 검토를 통한 내적 타당성 검토를 실시하였으며, 마지막으로, 현장 평가를 통한 외적 타당성 검토를 거쳐 인공지능 스피커를 활용한 언어 수업에서 교수자의 스캐폴딩 전략을 최종 개발하였다.

2) 연구 목적 및 문제

인공지능 스피커를 활용한 교육적 가능성에 대한 모색이 이루어지고 있는 것과 동시에 이에 대한 문제점 역시 제기되고 있다. 인공지능 스피커 활용에 관한 연구 결과들은 대체로 학습자와의 상호작용을 활발하게 해주지만 원활한 소통에는 한계가 있고, 개입자로서 교수자의 역할이 중요하며, 인공지능이 교수자를 대체할 수 없음을 시사한다. 수업에서 교수자는 지식 전달자의 역할만 하는 것이 아니므로, 인공지능이 교수자를 완전히 대체할 수 없으며, 교수자를 보조하는 역할을 할 것으로 보았다. 인공지능 기술의 도입은 교수학습과정에 교수자의 전통적 역할에 더해 학습 코치로서의 역할 확대를 요구한다. 인공지능 스피커를 활용한 언어 수업에서도 교수자의 역할은 중요하다. 서정은(2017)은 인공지능 스피커를 활용한 교수학습상황에서 교수자는 Long의 상호작용 가설에서 언어 능력 수준에 맞춰 '수정된 입력' 제공 등의 스캐폴딩 지원을 수행해야 한다고 하였다. 본 연구는 인공지능 기술을 활용하는 교육에서 교수자가 효과적으로 스캐폴딩할 수 있는 구체적 전략을 개발하고, 타당성을 확인하는 것을 목적으로 한다.

이러한 목적을 달성하기 위한 연구 문제는 다음과 같다. 첫째, 인공지능 스피커를 활용한 언어교육에서 교수자의 스캐폴딩 전략은 무엇인가? 둘째, 인공지능 스피커를 활용한 언어교육에서 교수자의 스캐폴딩 전략이 타당한가?

3) 연구 방법 및 절차

본 연구는 인공지능 스피커를 활용한 언어교육에서 교수자의 구체적인 역할, 즉 스캐폴딩 전략 개발을 목적으로 설계·개발연구 유형 2 모형 연구를 적용하였다. 연구 절차는 전략 개발 단계와 타당화 단계로 구분된다. 전략 개발 단계에서는 선행 문헌 검토와 인공지능 스피커의 교육적 활용 경험이 있는 현장 교수자와 연구자를 대상으로 한 전문가 면담을 통해 초기 스캐폴딩 전략을 도출하였다. 본 연구에서는 테크놀로지의 통합적 관점에서 교수자의 스캐폴딩 전략을 탐색하기 위하여 세 가지 방향으로 탐색하였다. 먼저, 인공지능 활용 수업에서 교수자의 역할 관련 문헌을 검토하여 교수자의 역할을 규명하였고, 스캐폴딩을 유형화하였고, 인공지능 스피커의 교육적 활용과 관련한 선행연구를 검토하였다. 둘째, 전략 타당화 단계에서는 두 차례의 전문가 검토를 통해 내적 타당화를 검토하고, 수정 및 보완한 스캐폴딩 전략을 바탕으로 수업을 실시하여 외적 타당성을 검토하였다. 이를 통해 최종 인공지능 스피커를 활용한 언어교육에서 교수자의 스캐폴딩 전략을 개발하였다.

4) 연구 결과

언어 수업에서 교수자는 [그림 29]와 같이 발화 유도, 오류 수정, 지속 및 확장을 통해 학습자와 인공지능의 상호작용을 돕는 촉진자의 역할을 해야 한다.

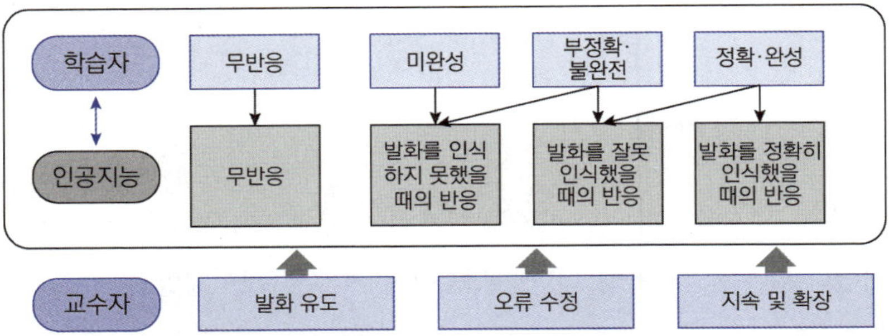

[그림 29] 학습자와 인공지능 스피커의 상호작용 양상에 따른 교수자의 역할(홍수민, 2021)

이를 위해 교수자는 인지적 스캐폴딩, 정의적 스캐폴딩, 기술적 스캐폴딩을 제공해야 하며, 이는 구체적인 학습자와 인공지능의 상호작용 양상에 따른 교수자의 역할이다. 이 연구에서는 최종적으로 10개의 인지적 스캐폴딩 전략과 24개의 지침, 7개의 정의적 스캐폴딩 전략과 16개의 지침, 4개의 기술적 스캐폴딩 전략과 11개의 지침을 개발하였다. 인지적, 정의적, 기술적 스캐폴딩 전략의 예시는 〈표 49〉와 같다.

〈표 49〉 인지적, 정의적, 기술적 스캐폴딩 전략의 예시 및 해설(홍수민, 2021)

유형		주요 내용
인지적 스캐폴딩	6	인공지능 스피커를 활용하여 피드백을 제공하라.
	6-1	인공지능 스피커가 학습자의 발화를 어떻게 인식했는지 대화 기록을 제시하여 오류를 수정하도록 하라.
	예시 및 해설	구글 홈은 '활동 관리(manage activity)'에 들어가면 학습자 발화를 어떻게 인식했는지 텍스트 형태로 저장되어 있다. 학습자가 이를 확인하여 자신의 발음 또는 발화를 수정하도록 한다.
	6-2	인공지능 스피커에게 학습자가 발화한 단어나 문장을 따라 하게 하여, 학습자 발음의 정확도를 실시간으로 평가하고 피드백을 제공하라.
	예시 및 해설	영어권 인공지능 스피커의 경우 아마존 에코는 "Simon says", 구글 홈은 "Repeat after me"라고 하면, 인공지능이 학습자의 발화를 따라 한다. 또한, "Spell(단어)"이라고 하여 발음을 정확하게 했는지 확인할 수 있다. 중국어권 인공지능 스피커의 경우 샤오미 小爱同学는 "你跟我一样说一下(너는 나와 같이 한번 말해 봐라)"라고 하면 인공지능이 학습자의 발화를 따라 한다.
정의적 스캐폴딩	5	학습자가 스스로 문제를 해결할 수 있도록 지원하라.
	5-1	학습자가 스스로 해결할 수 있도록 충분한 시간을 제공하라.
	예시 및 해설	교수자의 스캐폴딩이 실패한 원인 중에는 교수자의 지나친 개입이 있다. 학습자의 근접발달영역을 고려하지 못하고 정답을 유도하는 등 교수자가 지나치게 개입하면 학습자가 잠재적 수준으로 발달하도록 돕지 못한다. 또한, 학습자가 고민하여 푼 문제가 기억에 오래 남듯이 인공지능 스피커와의 상호작용상에서 문제가 발생했을 때 스스로 해결하면 기억에 오래 남을 것이다. 이에 따라 교수자는 학습자가 스스로 해결할 수 있도록 충분한 시간을 제공한다.

유형		주요 내용
	5-2	학습자의 현재 수준으로 문제를 해결할 수 없는 경우 교수자는 즉각적으로 학습자에게 도움을 제공하라.
	예시 및 해설	학습자가 인공지능 스피커와의 상호작용에서 스스로 오류를 해결할 수 없는 경우 교수자는 적절한 도움을 제공한다. 그러나 교수자는 학습자가 스스로 문제를 해결할 수 있도록 도움을 점차 줄인다.
기술적 스캐폴딩	4	인공지능 스피커의 기술적 특성에 따른 상호작용 방법을 설명하라.
	4-1	인공지능 스피커에게 한 번에 한 가지씩 질문하도록 하라.
	예시 및 해설	인공지능 스피커에게 한 번에 여러 가지를 물으면 정확한 답변을 얻을 수 없다. 예를 들어, "한국의 수도는 어디이고, 공항은 어디에 있습니까?"라고 요청하면 기대와 달리 사용자의 요청에 대해서 제대로 처리하지 못한다. 따라서 오른쪽 그림과 같이 학습자에게 "한국의 수도는 어디입니까?", "한국의 공항은 어디에 있습니까?"라고 한 번에 한 가지씩 질문하도록 한다.
	4-2	구체적인 명사를 사용하여 상호작용하도록 하라.
	예시 및 해설	인공지능 스피커에게 정보를 요청할 때 구어체보다는 문어체를 사용하도록 한다. 인공지능은 인터넷의 데이터를 기반으로 사용자의 요청을 처리한다. 따라서 포털에서 검색할 때 사용되는 명사 위주의 키워드를 사용한다. 예를 들어, 김혜영 외(2019)는 "Could you tell me how to cook Lasagna?"보다는 "Could you tell me the recipe for Lasagna?"라고 하는 것이 더 좋은 결과를 얻을 수 있다고 하였다.

4. 사례 4: 360도 비디오 활용 수업 성찰 지원 시스템 설계전략 개발

이지연(2020)은 교사의 지속적이고 체계적인 수업 성찰을 지원하기 위해서 360도 비디오의 특성을 충분히 활용하여 수업 성찰 과정에 적절하게 개입할 수 있도록 설계·개발연구 방법론을 적용하여 360도 비디오 활용 수업 성찰 지원 시스템 설계전략을 개발하였다.

1) 연구 개요

본 연구는 시스템 설계전략을 개발한 사례로 크게 세 단계로 구성되어 있다. 첫째, 선행 문헌 및 사례 분석을 통해 설계전략을 개발하였고, 둘째, 설계전략 초안에 대한 전문가 검토를 통해 내적 타당도를 확인하였다. 마지막으로, 이후 수정 및 보완한 산출물을 바탕으로 시스템을 개발하여 사용자의 반응을 확인하였다.

2) 연구 목적 및 문제

본 연구는 360도 비디오 활용 수업 성찰 지원 시스템 설계전략을 개발하고 해당 설계전략을 적용한 시스템 프로토타입을 개발하여 사용자인 교사의 반응을 살펴보는 데 목적이 있다. 이러한 목적을 달성하기 위한 연구 문제는 다음과 같다. 첫째, 360도 비디오를 활용하여 교사의 수업 성찰을 효과적으로 지원하기 위한 시스템의 설계전략은 무엇인가? 둘째, 개발된 설계전략은 내적으로 타당한가? 셋째, 개발된 설계전략을 적용한 시스템 프로토타입(prototype)과 사용자인 예비 교사의 반응은 어떠한가?

3) 연구 방법 및 절차

본 연구는 효과적으로 360도 비디오를 활용하여 교사가 수업을 성찰할 수 있기 위해서 전체적인 과정과 개별 과정에 따른 지원의 필요에 따라 360도 비디오를 활용하여 효과적으로 수업 성찰을 지원하기 위한 시스템의 설계전략을 개발하기 위해 설계 · 개발연구 유형 2 모형 연구를 적용하였다. 연구 절차는 다음과 같다. 첫째, 선행 문헌을 검토하고 사례 연구를 통해 자료를 수집하고 분석을 실시하여 초기 구성요소와 설계전략 및 세부 지침을 도출하였다. 둘째, 도출된 초기 설계전략에 대해 해당 분야의 경험이나 연구 실적을 지닌 연구자를 대상으로 전문가 타당화를 실시하여 수정 및 보완이 이루어졌다. 셋째, 이후 외적 타당화를 위해 수정된 설계전략을 적용한 시스템 프로토타입을 개발하였다. 그리고 해당 시스템의 사용자인 예비 교사의 수업 실습 장면을 360도 카메라를 활용하여 촬영하고, 예비 교사와 현직 교사를 대상으로 360도 비디오와 시스템 프로토타입에 대한 반응을 확인하였다.

4) 연구 결과

연구 결과 360도 비디오 활용 수업 성찰 지원 시스템의 최종 구성요소는 '수업 설계 및 자료 개발', '360도 수업 비디오 준비', '수업 관찰 및 분석', '수업 성찰', '도움말 및 안내' 5개로 구성된다. 구성요소를 바탕으로 12개의 설계전략과 28개의 세부 지침이 구성되어 있다.

〈표 50〉 360도 비디오를 활용한 수업 성찰 지원 시스템 설계전략(이지연, 2020)

구성요소	일반 설계전략 및 세부 지침
수업 설계 및 자료 개발	1. 수업 설계 시, 수업과 관련된 다양한 사례를 참고할 수 있도록 설계하라.
	1.1. 본인, (동료)교사, 전문교사의 교수·학습 과정안, 수업자료와 같은 수업과 관련된 자료를 공유할 수 있도록 설계하라.
	1.2. 원하는 자료에 쉽게 접근할 수 있도록 검색 필터와 검색창을 설계하라.
	1.3. 시스템에 업로드되는 수업 분석을 위한 비디오는 사례로 공유하도록 하여 풍부한 비디오 사례를 축적하도록 하라.
	2. 공유된 자료에 대해 피드백 활동이 이루어지고 상시적으로 확인할 수 있도록 설계하라.
	2.1. 수업과 관련된 자료에 대한 상호 피드백 지원 기능을 제공하라.
	2.2. 수업과 관련된 자료에 대한 피드백 결과를 기반으로 본인의 수업 설계에 반영할 수 있도록 하라.
360도 수업 비디오 준비	3. 360도 비디오를 효과적으로 활용할 수 있도록 360도 카메라를 활용한 수업 촬영 및 분석에 대한 안내를 제공하라.
	3.1. 360도 비디오를 활용한 수업 성찰의 장점과 효과에 대한 안내를 제공하라.
	3.2. 360도 카메라를 활용하여 수업 비디오를 준비하는 방법에 대해 문서, 비디오 등 다양한 멀티미디어 형태로 안내를 제공하라.
	4. 수업 비디오의 용이한 관찰이 가능하도록 업로드 방법을 제시하라.
	4.1. 수업 단계별 주요 특성을 용이하게 확인할 수 있도록 수업 비디오를 분절화하여 업로드할 수 있도록 설계하라.
	4.2. 교수·학습 과정안과 수업 비디오를 동시적으로 비교할 수 있도록 교수·학습 과정안에 세부적인 시간을 명기하여 업로드하도록 안내하라.

구성요소	일반 설계전략 및 세부 지침
수업 관찰 및 분석	5. 360도 수업 비디오에 대한 실재감 높은 수업 관찰이 이루어질 수 있도록 하라.
	5.1. 직접 교실에서 수업을 관찰하는 것처럼 원하는 부분을 관찰할 수 있는 360도 비디오 모드를 제공하라.
	5.2. 360도 비디오 관찰 시 교사-학습자 상호작용, 학습자-학습자 상호작용 확인하기 위한 관찰 관점 변경 모드를 제공할 수 있도록 하라.
	5.3. 영상에 대한 주의 집중을 위한 메시지를 제공하라.
	6. 수업 계획과 실제를 비교하여 문제를 확인하도록 설계하라.
	6.1. 교수 · 학습과정안과 수업 비디오를 비교, 대조하며 관찰할 수 있도록 수업 비디오 시간 진행에 따라 교수 · 학습과정안의 해당 부분이 확인되도록 설계하라.
	6.2. 수업에 대한 객관적인 평가를 위한 정량적 평가도구를 제공하라.
	7. 360도 비디오 관찰 시 학생의 학습 활동과 참여도를 분석하도록 설계하라.
	7.1. 학생의 활동에 초점을 맞추어 수업 분석을 위한 분석 도구를 제공하라.
	7.2. 학생의 수업 참여도에 대한 결과를 시스템에서 자동으로 제공하라.
	8. 시스템 사용자를 구분하여 분석을 실시하도록 설계하라.
	8.1. 전문성 수준을 구분하라.
	8.2. 전문성 수준에 따라 피드백의 형태와 종류를 다양하게 하라.
수업 성찰	9. 심도 깊은 수업 성찰을 위한 활동을 제공하라.
	9.1. 단원별 수업 활동에 대한 성찰이 체계적으로 이루어질 수 있도록 구조화된 성찰 프롬프트를 제공하라.
	9.2. 성찰 수준이 향상될 때마다 다양한 유형의 성찰 활동을 선택적으로 제공하라.
	10. 본인의 수업전문성에 대해 객관적으로 인식할 수 있도록 설계하라.

구성요소	일반 설계전략 및 세부 지침
	10.1. 전체적인 시스템 활용도, 분석 결과를 자동 계산하여 개별 수준을 즉각적으로 확인할 수 있도록 하라.
	10.2. 수업 평가 결과를 쉽게 이해할 수 있도록 본인, (동료)교사, 전문가의 수업 평가 결과를 시각화하여 대시보드 형태로 제공하라.
	10.3. 필요한 경우, 시각화한 평가 결과에 대한 추가적인 피드백 내용을 확인할 수 있도록 설계하라.
도움말 및 안내	11. 지원 시스템을 활용한 수업 성찰이 이루어질 수 있도록 안내를 제공하라.
	11.1. 지원 시스템 사용방법을 안내하라.
	11.2. 360도 비디오를 활용한 성찰 단계 과정 및 세부 활동을 시각화하여 제공하라.
	11.3. 지원시스템 구성요소별 활동에 대한 안내를 제공하라.
	12. 필요한 경우 사용자가 정보를 확인할 수 있도록 하라.
	12.1. 기능별 세부 안내가 필요한 경우 팝업 메시지 형태로 도움말을 제공하라.
	12.2. 시스템 버그 및 사용법 안내를 위한 Q&A 게시판을 설계하라.

이상의 설계전략과 세부 지침을 통해 360도 비디오 활용 수업 성찰 지원 시스템 프로토타입을 개발하였다. [그림 30]은 수업 관찰 및 분석과 관련하여 360도 수업 비디오에 대한 실재감 높은 수업 관찰이 이루어질 수 있도록 하라는 전략을 반영한 시스템 화면이다.

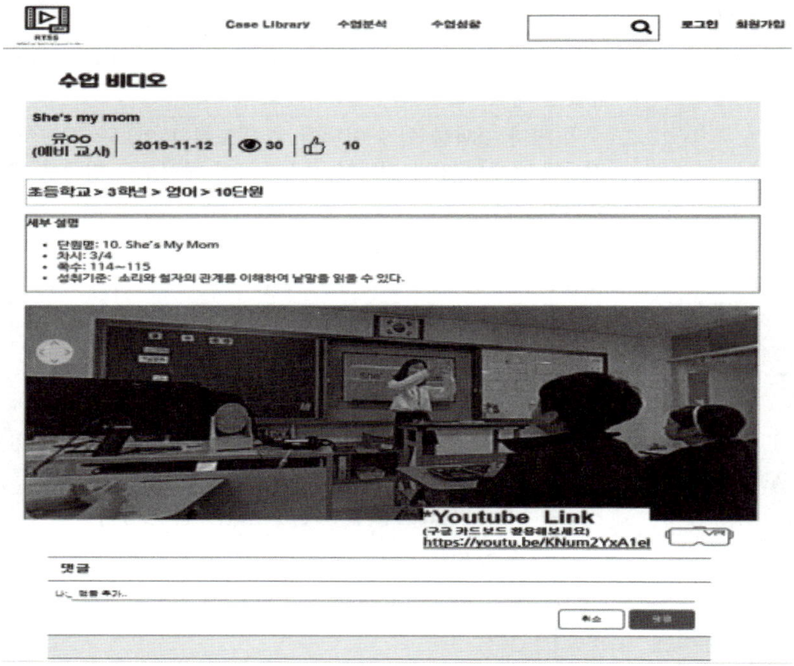

[그림 30] 360도 비디오 모드 제공 화면(이지연, 2021)

본 장에서는 교수설계를 위한 원리와 전략 개발을 다루는 연구들을 소개하였다. 교수설계원리는 교수학습 상황에서 효과적인 학습목표 달성을 위해 고려해야 하는 요소이며, 전략은 학습목표 달성을 위한 교수학습 방법의 구체적인 활동을 의미한다. 전략은 원리보다 구체적 수준을 나타낸다. 지침은 전략보다 더욱 구체적인 특성을 지니며, 사용자가 실제 직접적으로 활용 가능한 수준으로 언제, 어떻게 활용할 수 있는가를 명확하게 나타낸다. 대체로 지침은 원리나 전략의 하위 요소로 제시된다. 연구자는 연구 결과가 어떠한 형태인지 고려해서 연구를 설계하고 연구 문제를 선택해야 한다.

제10장 단위 수업 모형 개발 연구 사례

본 장에서는 단위 수업을 위한 모형 개발 연구의 사례를 살펴보고자 합니다. 수업 설계가 대상으로 하는 지식이 원리를 벗어나서 조직화되었을 때 모형의 형태를 취하게 됩니다. 예컨대, 가네의 수업의 사태는 교사 주도의 설명식 수업을 할 때 참고할 수 있는 전형적인 단위 수업 모형의 한 사례입니다. 다양한 교육적 상황과 맥락을 고려한 특정화된 수업 모형이 지속적으로 개발되고 있으며, 최근에는 인공지능과 같은 최신 테크놀로지의 발전을 반영한 수업 모형에 대한 연구들이 수행되고 있습니다. 본 장에서는 특정 맥락에서의 단위 수업을 설계할 때 참고할 수 있는 모형의 개발에 관한 사례를 살펴봅니다.

1. 단위 수업 모형 개발 연구 개요

Cole과 Chan(1994)은 수업 모형을 수업의 본질을 표현하는 설계도나 계획으로 정의하였으며, Eggen과 Kauchak(2002)는 수업목표를 달성하는 데 필요한 '처방적인 수업 전략'으로 정의하였다. Reigeluth (1993)는 수업의 모든 부분이 상세하게 기술되어 있는 완전한 방법으로 수업 모형을 설명하였다. 이러한 정의를 종합하자면, 수업 모형은 교육의 목적을 달성하기 위해 필요한 주요 특징들과 그 관계를 체계적으로 제시한 단계이며 교수자의 계획적이고 의도된 행동 절차, 전략 및 반복적으로 나타나는 수업 단계들로 정의할 수 있다(송연옥,

2014).

이러한 정의를 바탕으로 단위 수업 모형을 정의하자면, 교육 과정을 특정 단위(학교, 학급, 교과 내용 등)로 나누어 단위별로 학습 목표, 교육 내용, 학습 방법, 평가 방법 등을 체계적으로 설계하는 접근 방식으로 정의할 수 있다. 이러한 단위 수업 모형은 수업 설계에 관여하는 모든 실무자에게 설계의 방향과 구체적 방법을 제시할 수 있으며, 교육 현장에서 적용되어 대체, 수정, 보완의 과정을 거치며 발전하는 것이 이상적이다(박기용, 2007).

2. 사례 1: 의과대학 환자안전교육을 위한 사례기반학습 모형 개발 사례

1) 연구 개요

성인 교육 맥락에서 활용 가능한 수업 모형 개발 연구로서 고보경(2022)의 연구를 참고할 수 있다. 해당 연구는 의과대학의 환자안전교육을 위하여 설계 · 개발연구 방법론 중 유형 2를 활용하여 성인 학습자인 의과대학의 학생을 대상으로 하는 환자안전교육의 최적화된 계획과 실행을 지원하는 단위 수업 모형을 개발하였다.

해당 연구는 환자안전교육의 중요성에 대해 소개하고, 의과대학에서의 환자안전교육과 관련된 연구가 부족하다는 현실을 문제 상황으로 설정한다. 환자안전교육은 예방 가능한 의료 오류를 최소화하여 환자 스스로가 안전하다고 느끼도록 하는 공감적인 접근을 통해 의료

서비스의 질을 높이는 것을 목적으로 한다. 병원에서 발생하는 위해 사건의 절반 이상이 의료 오류에 기인한다는 연구 결과가 보고되어 환자안전교육을 통해 심각한 위해 또는 사망 빈도를 줄일 수 있다는 점에서 환자안전교육이 필요하다. 다만, 환자안전교육은 아직 국내 의학교육에서 친숙하지 않은 개념이며 관련 연구가 부족한 상태이다. 따라서 해당 연구에서는 의과대학의 학생 대상 환자안전교육의 계획과 실행을 지원하는 학습모형을 개발하였다.

2) 연구 목적 및 연구 문제

해당 연구의 연구 목적은 의과대학의 학생 대상 환자안전교육의 계획과 실행을 지원하는 학습모형을 개발하는 것이다. 이를 위해 사례기반학습(case-based learning)과 환자안전교육과 관련된 선행 연구들을 분석하여 모형과 지침에 반영하고자 하였다. 연구 문제는 '의과대학 환자안전교육을 위한 사례기반 학습모형과 실행지침은 무엇인가?'와 '의과대학 환자안전교육을 위한 사례기반 학습모형과 실행지침은 타당한가?'이다.

3) 선행 문헌 고찰

선행 문헌 고찰에서는 본 연구 주제에 맞게 사례기반학습(case-based learning)과 환자안전교육과 관련된 선행 연구들을 분석하였다. 선행 문헌 고찰 결과, 대부분 환자안전교육에서 사례기반학습을 활용하고 있으며 높은 학습 효과를 보였음이 확인되었다. 그러나 기존의 사례기반학습 모형은 환자안전교육에서 학습자의 현장 사례에 대한 이해 수준이 학생 의사부터 레지던트까지 학년별 선수지식 편차가 크고, 특히 저학년의 경우 환자안전을 이루기 위한 적절한 전략 도출에도 한계가 있다는 점을 발견하였다.

4) 연구 방법 및 절차

해당 연구는 유형 2 연구 과정을 적용하였다. 먼저, 초기 선행 문헌 고찰 및 국내외 사례분석을 통해 환자안전교육의 핵심적인 내용과 효과적인 교육 방법을 도출하였다. 모형 내적 타당화를 통해 의학교육 및 교육공학 전문가 4인에게 4회의 타당화를 받아 의견을 반영하여 반복적으로 학습모형을 수정하였다. 상세한 연구절차는 아래와 같다.

〈표 51〉 의과대학 환자안전교육을 위한 사례기반학습 모형 개발 절차

연구유형	연구 방법	진행 절차	산출물
모형 개발	**선행 문헌 고찰** • 사례기반학습 • 환자안전교육	구성요소 개발 ↓ 초기 모형 개발 ↓ 초기 실행지침 개발	• 초기모형 • 초기 실행 지침

연구유형		연구 방법	진행 절차	산출물
모형 타당화	내적 타당화	**예비타당화** • 의학교육전공 박사 2인 • 교육공학전공 박사 2인	초기 모형, 실행 지침 검토 ↓ 전문가 설문 및 심층 면담 ↓ 초기 모형, 실행지침 수정	• 1차 모형 • 1차 실행 지침
		1차 전문가 타당화 • 의학교육전공 박사 2인 • 교육공학전공 박사 2인	1차 모형, 실행 지침 검토 ↓ 전문가 설문 및 심층 면담 ↓ 모형, 실행지침 수정	• 2차 모형 • 2차 실행 지침
		2차 전문가 타당화 • 의학교육전공 박사 2인 • 교육공학전공 박사 2인	2차 모형, 실행 지침 검토 ↓ 전문가 설문 및 심층 면담 ↓ 모형, 실행지침 수정	• 3차 모형 • 3차 실행 지침
	외적 타당화	**사용성 평가** • 의과대학 교수 1인 • 의대 본과 3학년 학생(29명)	3차 모형을 토대로 교수-학습과정안 개발 ↓ 수업 실행(3회) ↓ 교수자 및 학습자 설문 및 심층면담 ↓ 모형, 실행지침 수정	• 학습자 반응 • 교수자 반응 • 4차 모형 • 4차 실행지침
	형성적 수정 (내적 타당화)	**3차 전문가 타당화** • 의학교육전공 박사 2인 • 교육공학전공 박사 2인	4차 모형, 실행 지침 검토 ↓ 전문가 설문 및 심층 면담 ↓ 모형, 실행지침 수정	• 5차(최종) 모형 • 5차(최종) 실행지침

5) 연구 결과

모형의 외적 타당화를 위하여 의과대학 응급의학과 교수 1명과 의과대학 학생 29명을 연구 참여자로 선정하고, 학습 모형을 활용하여 설계한 수업을 실행하였다. 교수자는 모형과 실행 지침의 사용성 및 효과성을 높게 평가했으며, 학생들은 사례기반학습과 역할극을 통해 환자안전에 대한 깊은 이해와 관심을 보였다. 특히, 학생들은 사례를 활용한 학습 방식에 긍정적 반응을 보이며, 이를 통해 더욱 효과적으로 지식을 습득했다고 평가하였다. 또한, 학생들은 팀워크와 환자안전에 대한 감수성 향상에도 긍정적인 영향을 받았다고 응답했다. 종합적으로 해당 모형은 이론과 실제 사례를 통합하여 의학교육에 효과적으로 적용될 수 있는 것으로 관찰되었다. 수업 실행 이후 도출된 최종 산출물은 [그림 31]과 〈표 52〉와 같다.

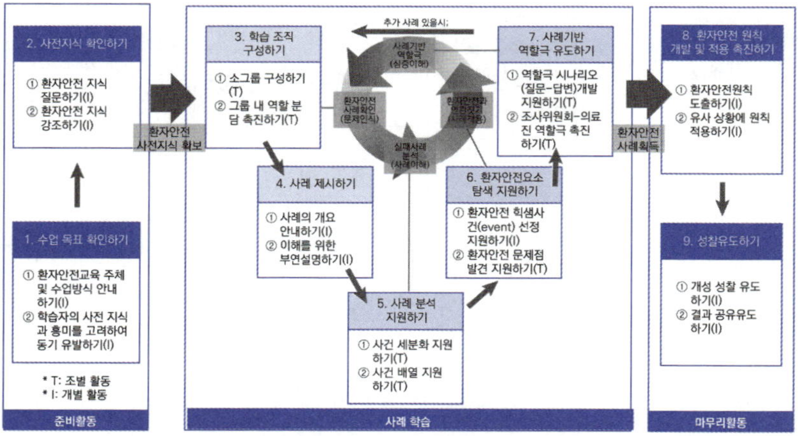

[그림 31] 환자안전교육을 위한 사례기반 학습 모형(고보경, 2022)

〈표 52〉 의과대학 환자안전교육을 위한 사례기반 학습모형 단계별 실행지침

세부 단계 지침	
1. 수업 목표 확인하기	1-① 환자안전교육 주제 및 수업 방식 안내하기(I): 환자안전교육에서 선정한 본시 학습 주제를 확인하고, 진행될 수업 방식에 대하여 학습자에게 안내한다.
	1-② 학습자의 사전지식과 흥미를 고려하여 동기 유발하기(I): 학습자의 사전지식 수준을 고려한 자극자료를 제시하여, 수업 전 학습자에게 동기를 부여한다.
2. 사전지식 확인하기	2-① 환자안전 지식 상기시키기(I): 학생들이 환자안전교육에서 필수로 알아야 할 개념을 제시하고, 학생들이 과거에 학습했던 환자안전교육의 주요 개념에 대하여 질문한다.
	2-② 환자안전 지식 강조하기(I): 팀으로 일하기, 효과적인 의사소통, 인적 요인, 시스템적 사고 등 환자안전의 기본 개념에 대해 상기시킨다.
3. 학습 조직 구성하기	3-① 소그룹 구성하기(T): 그룹 활동을 위해 전체 학급 학생을 4~6명 규모로 소그룹을 구성한다.
	3-② 그룹 내 역할분담 촉진하기(T): 각 그룹을 '조사위원회'와 '의료진'의 두 개의 소그룹으로 나누도록 지도한다.
4. 사례 제시하기	4-① 사례의 개요 안내하기(T): 학생들에게 사례를 읽어보도록 한 뒤, 사례의 개요를 설명해준다.
	4-② 사례 이해를 위한 부연설명하기(T): 제시된 사례의 명확하지 않은 부분에 대해 학생들에게 질문을 받고, 구체적인 피드백을 제공한다.
5. 사례분석 지원하기	5-① 사건 세분화 지원하기(T): 조별 토의를 통해 제시된 사례를 여러 개의 작은 핵심 사건(event)들로 분류하도록 지도한다.
	5-② 오류 사건의 시간순 배열 지원하기(T): 세분화된 핵심 사건을 시간 순서대로 나열하도록 한다.
6. 환자안전 요소 탐색 지원하기	6-① 환자안전 핵심 사건(event) 선정 지원하기(T): 조별 토의를 통해 환자안전과 직접 연관되는 핵심 사건을 선정하도록 지도한다.
	6-② 환자안전 문제점 발견 지원하기(T): 각각의 사건과 연관된 환자안전의 이론(요소)을 상기시키고, 환자안전관점에서의 문제점을 작성하도록 한다.

세부 단계 지침	
7. 사례체험 지원하기	7-① 역할극 시나리오(질문-답변) 개발 지원하기(T): 그룹 토의를 통해 앞서 학습한 사례를 상황극 시나리오로 작성하도록 한다.
	7-② 조사위원회-의료진 역할극 하기(T): 조사위원회와 의료진의 역할을 각각 나누어 시나리오를 차례로 읽으며 역할놀이를 하도록 지도한다.
8. 환자안전 원칙 도출 지원하기	8-① 환자안전원칙 도출하기(T): 앞선 사례분석과 연관 지어, 그룹 토의를 통해 환자안전 사고예방을 위한 원칙을 세울 수 있도록 안내한다.
	8-② 유사 상황에 원칙 적용 촉진하기(I): 학습한 사례와 유사한 상황을 제시하여 스스로 개발한 원칙을 적용하도록 유도한다.
9. 성찰 유도하기	9-① 개인 성찰 유도하기(I): 해당 차시 주제에 대한 성찰을 도울 수 있는 개방적인 질문을 제시하여 개인 성찰을 유도한다.
	9-② 결과공유 유도하기(I): 온라인, 오프라인 매체를 활용해 학생들의 학습 결과(학습지)를 게시한다.

3. 사례 2: 클라우드 기반 학습도구를 활용한 데이터 기반 맞춤형 수업 모형 개발 사례

1) 연구 개요

테크놀로지를 활용한 학교 교육 맥락에서 단위 수업 모형 개발 연구로서 채지윤(2023)의 연구를 참고할 수 있다. 해당 연구는 학교 현장에서 1인 1디바이스 보급이 확산됨에 따라 교수자 및 학습자가 활용할 수 있는 데이터가 풍부해졌다는 점을 바탕으로 데이터 기반 맞춤형 수업 모형을 개발하였다. 이를 위하여 설계 · 개발연구 방법론 유형 2를 활용하였으며 본 모형에서는 교수자와 학습자가 다양한 데이터를 통해 맞춤형 수업을 경험할 수 있도록 수업의 준비와 실행, 평가를 종합적으로 지원하는 단위 수업 모형을 개발하였다.

2) 연구 목적 및 연구 문제

교사가 클라우드 기반 학습도구를 활용하여 데이터 기반 맞춤형 수업을 진행할 때, 클라우드 기반 학습도구를 통해서 수집되는 학습 데이터를 바탕으로 맞춤형 수업이 학교 현장에서 효과적으로 이루어질 수 있도록 교사가 언제, 무엇을, 어떻게 해야 하는지를 안내하는 실제적이고 구체적인 수업 모형과 전략, 지침을 개발하고자 하였다. 이를 달성하기 위하여 1) 클라우드 기반 학습도구를 활용한 데이터 기반 맞춤형 수업 모형과 전략을 개발하고 2) 개발된 수업 모형과 전략에 대한 교수자와 학습자의 반응을 검토하는 것으로 연구 문제를 설정하였다. 구체적인 연구 문제는 다음과 같다. 첫째, 클라우드 기반 학습도구를 활용한 데이터 기반 맞춤형 수업 모형은 어떻게 구성되는가? 둘째, 클라우드 기반 학습도구를 활용한 데이터 기반 맞춤형 수업 모형의 교수전략은 무엇인가? 셋째, 클라우드 기반 학습도구를 활용한 데이터 기반 맞춤형 수업 모형과 교수전략에 대한 교수자 및 학습자 반응은 어떠한가?

3) 선행 문헌 고찰

해당 연구에서는 '클라우드 기반 학습도구를 활용한 데이터 기반 맞춤형 수업 모형' 개발을 위하여 클라우드 기반 학습 도구, 맞춤형 수업 모형, 적응적 학습 등 세 가지 영역에 대한 통합적 문헌 고찰을 실시하였다.

본 연구가 목적으로 하는 '클라우드 기반 학습도구를 활용한 데이터 기반 맞춤형 수업 모형과 전략'을 개발하기 위하여 학술연구정보서비스 RISS(http://riss.kr), 한국학술지인용색인 서비스(http://www.kci.go.kr), 구글 학술검색(http://scholar.google.co.kr)과 SSCI 학술 저널, 서울대학교 중앙도서관 DB(http://library.snu.ac.kr)를 활용하였다. 선행 문헌 검토에서 핵심적으로 살펴보았던 것은 1) 클라우드 기반 학습도구를 활용한 수업, 2) 테크놀로지를 활용한 데이터 기반 맞춤형 수업, 3) 스마트교육의 세 가지 영역이었다. 이때 'cloud-based learning', 'cloud-based education system', 'online learning tool for teaching', 'smart education', 'smart education framework', 'personalized learning framework', 'data-driven instruction', 'individualized learning', 'differentiated learning' 등의 키워드로 선행 문헌을 선정하여 최종 문헌 리스트를 확정한 후 문헌 분석을 실시하였다.

4) 연구 방법 및 절차

해당 연구의 경우, 설계 · 개발연구 방법론의 유형 2를 선택하였다. 유형 2의 일반적인 연구 단계를 따라 수행하되, 현장의 맥락을 최대한 반영하기 위해 현장 교사와 협업하는 참여적 설계를 실시하였다. 참여적 설계란 사용자에게 최적화된 산출물을 도출하기 위해 설계와 개발 과정에 사용자를 적극적으로 참여시키는 것(조영환 외, 2019; Cober et al., 2015; Könings et al., 2014)을 의미한다.

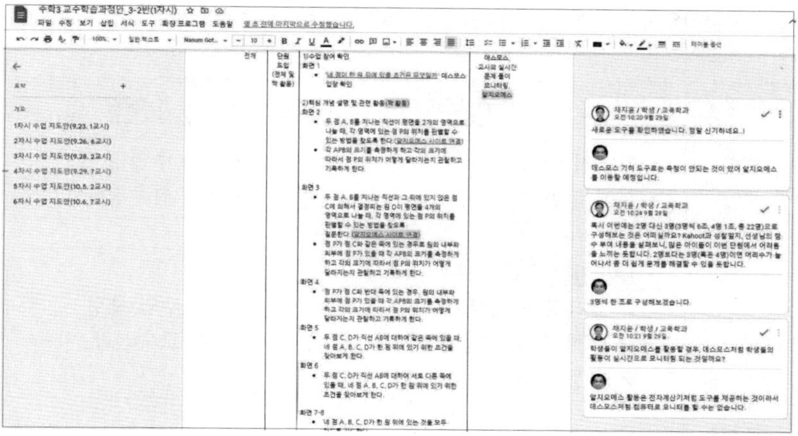

[그림 32] 참여 교사와의 수업 설계 과정

참여적 설계는 교수설계팀을 중심으로 이루어지며, 교사와 학생을 포함한 다양한 이해 관계자들과의 협력적이고 반복적인 과정을 거친다(조영환 외, 2019). 참여적 설계를 활용해서 교수설계를 진행할 경우, 교사와 연구자의 역량, 그리고 수업의 질에 있어 다음과 같은 긍정적인 효과를 도출할 수 있다. 첫째, 참여적 설계 과정에서 다른 교사의 사례와 연구자의 이론적 설명을 통해 수업 전문성을 향상시킬 수 있다. 둘째, 반복적인 설계 과정에서 연구자와 함께 진행된 성찰이 수업 개선에 도움이 될 수 있다. 마지막으로, 참여적 설계는 테크놀로지 활용 수업에 대한 교사의 동기를 증진시킬 수 있다.

또한, 외적 타당화에서는 유사실험 설계를 통해 테크놀로지와 모형이 적용된 실험집단과 테크놀로지만 적용된 통제 집단을 비교하여 모형의 효과성과 개선점을 도출했다는 점이 특징이다. 상세한 연구 절차는 다음과 같다.

〈표 53〉 클라우드 기반 학습도구를 활용한 데이터 기반 맞춤형 수업 모형 개발 연구 진행 절차

구분	연구 활동	산출물
모형 개발	• 경험적 탐색 • 선행 문헌 검토	• 초기 수업 모형 • 초기 교수전략
내적 타당화	• 1차 전문가 타당화 ✔ 교육공학 전문가 3인 ✔ 수학 교육 전문가 2인 ✔ 중등 교육 전문가 1인	• 2차 수업 모형 • 2차 교수전략
	• 2차 전문가 타당화 ✔ 교육공학 전문가 3인 ✔ 수학 교육 전문가 2인 ✔ 중등 교육 전문가 1인	• 3차 수업 모형 • 3차 교수전략
외적 타당화	• 사전 검사 ✔ 수학 학습 성취도 분석 ✔ 수학 학습 태도 검사	• 집단 간 동질성 분석 • 출발점 확인
	• 현장 적용 ✔ 참여적 설계를 활용한 수업 모형 실천 ✔ 클라우드 기반 학습도구를 활용한 학습자 데이터 수집	• 교수자 반응 • 학습자 반응
	• 사후검사 ✔ 수학 학습 성취도 검사 ✔ 수학 학습 태도 검사	• 사후 성취도 • 사후 학습 태도
	• 검사 및 반응 분석 ✔ 교수자 및 학습자 반응 분석 ✔ 사전-사후검사 결과 비교	• 모형 효과성 검증 • 최종 수업 모형 • 최종 교수전략

5) 연구 결과

수업 실행 결과, 수학 학습에 대한 흥미와 가치 인식 영역에서 유의한 차이가 있는 것으로 나타났으며 수업 모형 적용 기간 중의 참여도가 모형 적용 기간 전의 참여도에 비해 통계적으로 유의하게 높은 것으로 확인되었다. 특히 저성취 학습자의 경우, 다른 상위 집단의 학습자들에 비해 사후 참여도 증가 폭이 크게 관찰되었다. 교수자와 학습자 대상으로 실시한 면담 결과, 개발된 수업 모형이 데이터 기반 맞춤형 수업을 시행할 때 유용하게 활용되었으며, 특히 학습자들의 경우 기존 수업과 비교하였을 때 더 높은 만족스럽다는 반응이 관찰되었다.

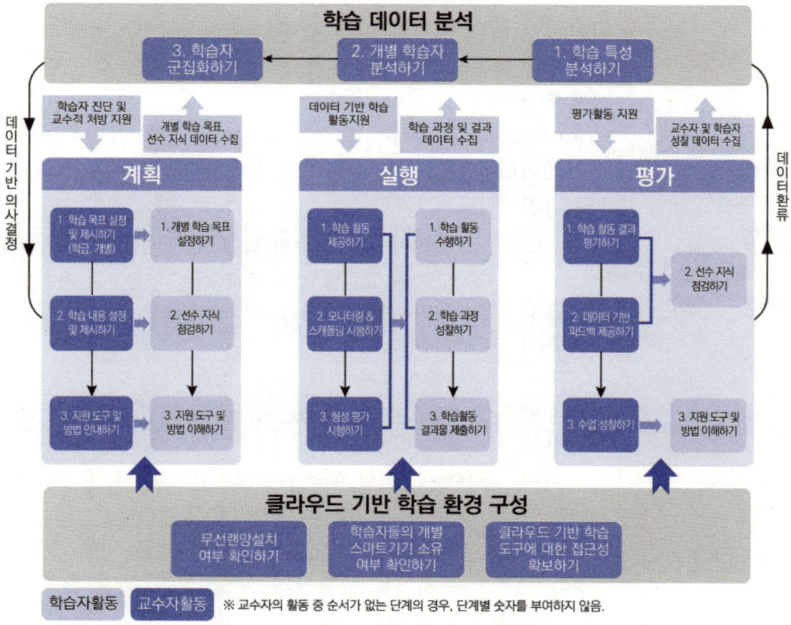

[그림 33] 클라우드 기반 학습도구를 활용한 데이터 기반 맞춤형 수업 모형(채지윤, 2023)

수업 실행 이후 개선점을 반영하여 도출된 최종 모형은 다음과 같다. 최종 모형은 모형 전체 단계에 영향을 주는 1) 학습 데이터 분석과 이를 바탕으로 시행되는 2) 계획, 3) 실행, 4) 평가 그리고 이 4단계를 지원하는 5) 환경 구성의 5단계로 이루어져 있다. 수업을 위한 물리적 환경 조성과 관련된 환경 구성의 단계를 제외하고 나머지 4단계는 이전 단계의 결과가 다음 단계에 영향을 미치는 유기적인 관계를 맺고 있다.

〈표 54〉 최종 수업 모형의 단계별 교수자 활동

<table>
<tr><th colspan="2">주요 과정</th><th>과정별 교수자 활동</th></tr>
<tr><td rowspan="2">모형
전체
과정</td><td>클라우드
기반 학습
환경 구성</td><td>수업 모형의 효과적인 실현을 위하여 물리적 환경 조성한다.
• 교실 내 무선랜망의 설치 여부 확인하기
• 학습자들의 1인 1 스마트기기 소유 여부를 확인하기
• 클라우드 기반 학습도구에 대한 접근성 확보하기</td></tr>
<tr><td>학습
데이터
분석</td><td>이전에 시행된 수업과 진행 중인 수업을 통해 누적된 학습 데이터를 활용하여 학습자를 진단하고 그 결과를 수업 전 과정에 적용한다.
• 데이터 기록 및 수집하기: 학습 변인과 관련한 학습자의 개별 데이터를 클라우드 기반 학습도구를 활용하여 수집하거나 관찰 내용을 기록한다.
<table>
<tr><th colspan="2">변인별 활용 가능한 학습 데이터</th></tr>
<tr><td>정서</td><td>특정 교과, 교과별 주제 등에 관한 학습자의 자기보고식 설문 결과, 교사의 수업 중 활동 기록, 학습 성찰 일지 내용</td></tr>
<tr><td>성취</td><td>형성평가 결과, 지필 고사의 성적</td></tr>
<tr><td>수업
참여도</td><td>클라우드 기반 학습도구를 통해 수집된 학습자들의 수업 중 참여도</td></tr>
<tr><td>과제
완수도</td><td>클라우드 기반 학습관리시스템(LMS)을 통해 기록된 학습자들의 과제 완수율</td></tr>
</table>
• 학급 특성 분석하기: 학습 변인과 연관된 학급 전체의 경향성을 분석하는 것으로 학습자의 정서, 성취, 과제 완수도, 수업 중 참여도에 대한 데이터 평균을 바탕으로 다른 반과 비교하여 학급 전체의 특성을 파악한다.</td></tr>
</table>

<table>
<tr><th>주요 과정</th><th>과정별 교수자 활동</th></tr>
<tr><td></td><td>
<table>
<tr><th colspan="2">데이터를 활용한 학급 특성을 파악하는 방법 사례</th></tr>
<tr><td>정서</td><td>반별 비교를 통한 특정 교과목에 대한 자신감, 흥미, 가치 인식, 학습 의욕의 높고 낮음의 정도 파악</td></tr>
<tr><td>성취</td><td>반별 비교를 통한 형성 평가의 결과, 지필 고사의 성적의 차이 파악</td></tr>
<tr><td>수업 참여도</td><td>반별 비교를 통한 클라우드 기반 학습도구를 통해 수집된 학습자들의 수업 참여도 높고 낮음의 정도 파악</td></tr>
<tr><td>과제 완수도</td><td>반별 비교를 통한 클라우드 기반 학습관리시스템(LMS)을 통해 기록된 학습자들의 과제 완수율 파악</td></tr>
</table>
• 개별 학습자 분석하기: 영역별로 수집된 데이터를 기반으로 전체 학급 또는 다른 학습자와의 비교를 통해 개별 학습자가 보이는 특이점에 대해 분석한다.
• 학습자 군집화하기: 학급 전체 분석 결과와 개별 학습자 분석을 통하여 학습자들의 공통된 특성을 바탕으로 묶는다.
</td></tr>
<tr><td>계획</td><td>
학습 데이터 분석 내용을 바탕으로 학습자의 특성과 요구를 진단하여 이를 바탕으로 학급, 특정 학습자 집단 혹은 개별 학습자에게 필요한 교수적 지원을 계획한다.
• 학습 목표 설정 및 제시하기: 학급 특성을 반영하여 학습 목표를 설정하고 이를 학습자들에게 공유한다. 또한 학습자 분석 데이터를 개별적으로 학습자들과 공유하여 이를 바탕으로 개별 학습자가 자신만의 학습 목표를 설정할 수 있도록 지원한다.
• 학습 내용 설정 및 제시하기: 학습 목표에 따라 학습 내용을 재구성하고 이를 학습자에게 안내하여 학습자들이 자신의 선수 지식을 점검할 수 있도록 평가 활동(예: 자기 보고식 설문, 사전 퀴즈 활동 등)을 제공한다. 차별화된 지원이 필요한 개별 학습자 혹은 학습자 집단을 위하여 추가적인 학습 활동 및 자료를 준비한다.
• 지원 도구 및 방법 안내하기: 학습 목표 실현을 도울 수 있는 다양한 클라우드 기반 학습도구들과 활용 방법을 설정하고 이를 학습자에게 안내하여 학습자들이 학습 활동 수행 시 본인의 필요에 맞게 다양한 도구를 능숙하게 활용할 수 있도록 준비시킨다.
</td></tr>
</table>

<table>
<tr><th>주요 과정</th><th>과정별 교수자 활동</th></tr>
<tr><td>실행</td><td>학습자들에게 학습 활동을 제시하고 수행 지원을 실행하는 단계로서 이전 학습자 데이터 분석하기 단계에서 도출된 결과 데이터와 학습 과정 중 수집되는 학습 과정 관련 데이터를 활용하여 교수자는 학급, 개별 혹은 집단 학습자에게 적합한 지원을 제공한다.
• 학습 활동 제시하기: 다양한 그룹 구성(예: 학급 전체 활동, 개별 활동, 소그룹 활동, 짝 활동)을 활용하여 교수자와 동료 학습자와 다양한 상호작용을 할 수 있도록 한다. 또한, 다양한 클라우드 기반 학습도구를 활용하여 학습자가 학습 목표에 도달할 때까지 부족한 부분을 학습할 수 있는 학습 활동과 이에 수반하는 자료를 제공한다.
• 모니터링 및 스캐폴딩 시행하기: 클라우드 기반 학습도구를 통해 수집되는 학습자의 학습 과정 데이터를 활용하여 학습 과정을 관찰하고 어려움을 겪거나 학습 활동을 빠르게 완료한 학습자들에게는 이해도 수준, 흥미, 학습에 대한 목표에 따라 필요한 학습을 할 수 있도록 추가적인 활동 및 자료를 제공하여 학습 활동 과정을 지원한다.
<table>
<tr><th colspan="2">변인별 활용 가능한 학습 데이터</th></tr>
<tr><td>정서</td><td>특정 교과, 교과별 주제 등에 관한 학습자의 자기보고식 설문 결과, 교사의 수업 중 활동 기록, 학습 성찰 일지 내용</td></tr>
<tr><td>성취</td><td>형성 평가의 결과, 지필 고사의 성적</td></tr>
<tr><td>수업 참여도</td><td>클라우드 기반 학습도구를 통해 수집된 학습자들의 수업 참여도, 형성 평가 참여 여부</td></tr>
<tr><td>과제 완수도</td><td>클라우드 기반 학습관리 시스템(LMS)을 통해 기록된 학습자들의 과제 완수율, 성찰 일지 참여 활동</td></tr>
</table>
• 형성평가 시행하기: 수업 중 다양한 클라우드 기반 학습도구를 활용하여 지속해서 수업 중 형성평가(예: 퀴즈 활동, 교사 관찰 평가 등)를 실시한다. 형성 평가의 결과는 스캐폴딩과 학습 과정 성찰 그리고 피드백 제공을 위한 데이터로서 활용된다.</td></tr>
<tr><td>평가하기</td><td>수업 중과 수업 후 발생하는 형성평가와 수업 과정과 결과에 대해 피드백을 제공하고 학습 과정에서 발생한 학습자의 변화는 무엇인지를 평가한다. 평가 내용은 다음 수업을 계획하</td></tr>
</table>

주요 과정	과정별 교수자 활동
	기 위한 학습자 데이터 분석 단계로 환류시킨다. • 학습 활동 결과물 평가하기: 클라우드 기반 학습도구를 통해 학습자들이 제출한 결과물을 교수자 단독으로 평가하여 피드백을 제공하거나 동료 학습자들과 공유하여 피드백을 제공하도록 한다. • 데이터 기반 피드백 제공하기: 학습 과정에서 수집한 학습 데이터와 학급 활동 결과물에 대한 피드백을 제공하여 학습자가 스스로 학습 과정과 학습 결과에 대해 성찰할 수 있도록 유도한다. • 수업 성찰하기: 교수자의 수업 전, 중, 후의 과정이 학습자들의 목표 실현에 도움이 되었는지를 평가한다. 그리고 수집된 데이터를 기반으로 개별 혹은 학습자 집단의 변화를 평가하고 이를 반영하여 다음 단계 수업을 준비한다.

4. 사례 3: 데이터 리터러시 향상을 위한 데이터 기반 토론 수업 모형 및 교수전략 개발 사례

1) 연구 개요

학교 교육 맥락에서 활용 가능한 AI 융합 수업 모형으로 송유경 외(2021)의 연구를 참고할 수 있다. 해당 연구는 데이터 리터러시 향상을 목표로 하여, 실제 문제 해결과 의사소통에 데이터를 활용하는 데이터 기반 토론 수업 모형과 교수전략을 개발하였다. 현존하는 데이터 과학 교육은 데이터 분석과 의사소통 활동을 실제 맥락에서 다루지 않는 한계를 가지고 있다. 이에 대한 대응책으로, 본 연구는 유형 2의 설계·개발연구 방법론을 활용하여 데이터를 활용한 논리 구성과 타인을 설득하는 실질적인 토론 활동을 중심으로 한 수업 모형을 설계하였다.

이 모형은 '수업 준비'부터 '정리 및 평가'까지 총 8단계로 구성되며, 26개의 교수전략, 그리고 64개의 세부 지침을 포함하고 있다. 해당 모형을 실제 교육 현장에 적용한 결과, 고등학생 141명을 대상으로 한 데이터 리터러시의 사전-사후 검사에서 통계적으로 유의미한 성과를 보였다. 본 연구는 데이터 리터러시를 총체적으로 반영한 융합형 수업 모형의 전형적 사례를 보여주고 있다. 특히 AI 융합 수업의 요구에 대한 초기 형태로서 데이터 리터러시를 강조한 수업 모형으로도 의의가 있다.

2) 연구 목적 및 연구 문제

해당 연구는 데이터 과학 및 토론 교육 분야의 흩어져 있는 교육적 실천과 이론을 종합하여 데이터 기반 토론 수업을 계획하고 진행하는 데 활용할 수 있는 수업 모형과 교수전략을 개발하였다. 본 연구의 구체적인 연구 문제는 다음과 같다. 첫째, 데이터 리터러시 향상을 위한 데이터 기반 토론 수업의 모형은 무엇인가? 둘째, 수업 모형의 체계적 활용을 위한 교수전략은 무엇인가?

3) 선행 문헌 고찰

데이터 기반 토론 수업 모형과 전략을 개발하기 위하여 데이터 과학 교육 및 토론 교육과 관련된 선행 문헌을 검토하고 공통된 내용을 중심으로 분석 및 종합하는 과정을 거쳤다. 관련 문헌을 수집하고 선정하기 위하여 구글 학술검색(https://scholar.google.co.kr)과 DBpia(https://www.dbpia.co.kr), KISS 한국 학술정보(http://kiss.kstudy.com/) 사이트를 활용하였다.

선행 문헌 검토를 위해 '데이터 과학', '데이터 과학 교육', '데이터 기반 의사결정', '토론', '토론 수업 모형', '토의', '토의 수업 모형', '데이터 리터러시', 'data science', 'data science education', 'data-driven/data-based decision making', 'debate instructional model', 'debate format', 'data literacy', 'data literacy measurement' 등의 키워드를 사용하였다. 이러한 선행 문헌 탐색을 기반으로 데이터 기반 토론 수업의 초기 모형과 교수전략을 개발하였다.

4) 연구 방법

해당 연구의 경우, 설계 · 개발연구 방법론의 유형 2를 선택하였으며, 세부적인 연구 절차는 다음 [그림 34]와 같다.

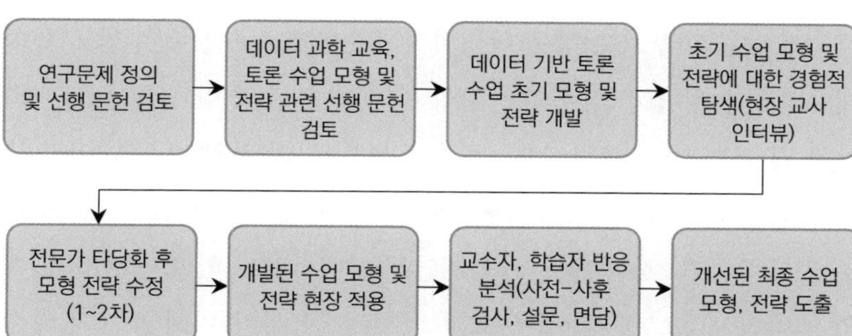

[그림 34] 세부 연구 절차(송유경, 2021)

외적 타당화 단계에서는 고등학교 1학년에서 정보, 국어사회 분야의 교사들이 팀 티칭 방식으로 수업을 진행한 후, 교수자와 학습자의 반응을 파악하기 위해 설문 조사와 면담을 실시하였다. 또한, 매 수업 후에는 학습자의 성찰일지를 분석하여 수업 모형과 교수전략을 지속적으로 수정 및 보완하였다. 모형 적용이 완료된 직후, 데이터 리터러시 검사지를 활용하여 수업 적용 전과 후의 데이터 리터러시 수준을 검사하였다.

5) 연구 결과

수업 실행 결과, 수업에 참여한 고등학생 141명을 대상으로 데이터 리터러시가 통계적으로 유의하게 상승한 것으로 관찰되었다. 데이터 리터러시의 두 영역인 '통계적 분석 영역'과 '데이터를 활용한 의사소통' 영역에서 모두 유의한 향상을 보였으며, 특히 '데이터 수집 및 준비', '데이터 분석', '데이터 평가' 영역에서 뚜렷한 차이를 보였다. 이러한 결과는 학생들이 데이터를 수집하고 분석하는 과정, 그리고 토론 중에 데이터를 비판적으로 평가하는 경험을 통해 데이터 리터러시가 향상되었음을 보여주고 있다.

수업 실행 이후 개선점을 반영하여 총 8단계로 구성된 수업 모형이 개발되었다. 수업 모형은 '00. 수업 준비', '01. 수업 안내', '02. 데이터 탐색 및 문제 발견 지원', '03. 논제 설정 및 이해 지원', '04. 데이터 분석 시연', '05. 논리 구성 및 데이터 분석 지원', '06. 데이터 기반 토론 수행 지원', '07. 정리 및 평가'의 8단계로 이루어져 있다. 또한, 8단계의 데이터 기반 토론 수업을 효과적으로 진행하기 위해 26개의 교수전략과 64개의 세부지침이 도출되었다.

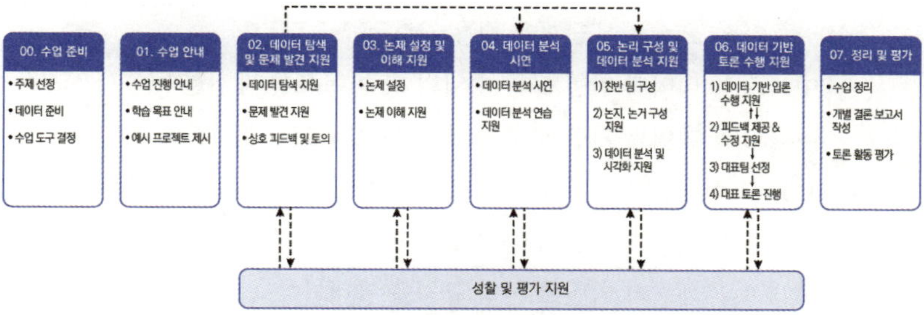

[그림 35] 데이터 기반 토론 수업 모형

〈표 55〉 데이터 기반 토론 수업 모형의 교수전략

단계별 최종 교수전략	
00. 수업 준비	0.1. 데이터 기반 토론 수업의 주제를 선정하라.
	前 0.1.1. 수업 주제는 다양한 현상과 쟁점을 담고 있는 포괄적인 키워드로 정한다.
	前 0.1.2. 수업 주제는 직접적인 관련 데이터를 확보할 수 있는 것으로 정한다.
	0.2. 수업 주제와 관련된 데이터를 준비하라.
	前 0.2.1. 수업 주제와 직접적으로 관련된 데이터를 준비한다.
	前 0.2.2. 수업 주제와 간접적으로 관련된 데이터를 준비한다.
	0.3. 데이터 기반 토론 수업의 도구를 결정하라.
	前 0.3.1. 학습자 수준에 맞는 적절한 분석 도구를 선택한다.
	前 0.3.2. 토론의 논제와 학습 목표 등을 고려하여 적절한 대표 토론의 형식을 정한다.
	前 0.3.3. 온라인 학습 플랫폼을 선정한다.
01. 수업 안내	1.1. 데이터 기반 토론 수업의 진행에 대해 안내하라.
	中 1.1.1. 데이터 기반 토론 수업의 진행 절차를 안내한다.
	中 1.1.2. 데이터 기반 토론 수업의 진행 방식을 안내한다.
	1.2. 데이터 기반 토론 수업의 학습 목표를 안내하라.

단계별 최종 교수전략	
	中 1.2.1. 데이터 기반 토론 수업의 학습 목표를 제시한다.
	中 1.2.2. 데이터 기반 토론의 예시 프로젝트를 제시한다.
	1.3. 데이터 기반 토론과 일반 토론의 차이점을 안내하라.
	中 1.3.1. 데이터 기반 토론의 정의와 의의를 설명한다.
	中 1.3.2. 데이터 기반 토론의 규칙을 안내한다.
02. 데이터 탐색 및 문제 발견 지원	2.1. 수업 주제와 관련된 데이터를 탐색하도록 지원하라.
	前 2.1.1. 수업 주제와 직, 간접적으로 관련된 데이터를 제공한다.
	中 2.1.2. 제공한 데이터의 출처, 형태 등에 대해 안내한다.
	中 2.1.3. 제공한 데이터 외에도 다양한 데이터를 검색할 수 있도록 지원한다.
	2.2. 데이터 탐색을 기반으로 문제를 발견하도록 안내하라.
	中 2.2.1. 데이터를 탐색하여 관련된 사회 현상에 대한 질문을 도출하도록 안내한다.
	中 2.2.2. 질문에 대한 평가 기준을 제시함으로써 방향성을 안내한다.
	中 2.2.3. 학생이 제시한 질문이 데이터 분석으로 답할 수 있는 질문인지 반문하도록 한다.
	2.3. 발견한 문제(질문)를 공유하고 상호 피드백을 제공하도록 한다.
	中 2.3.1. 온라인 플랫폼에 질문을 공유하도록 한다.
	中, 後 2.3.2. 서로의 질문에 대해 피드백을 제공하도록 한다.
	後 2.3.3. 피드백 이후 질문을 수정할 수 있도록 한다.
03. 논제 설정 및 이해 지원	3.1. 데이터 기반 토론에 적합한 논제를 설정하라.
	前 3.1.1. 데이터 기반 토론 논제의 조건을 고려한다.
	前 3.1.2. 2단계에서 파악한 학습자의 특성을 고려하여 논제를 설정한다.
	前 3.1.3. 논제의 표현 방식을 고려하여 논제를 기술한다.
	3.2. 논제의 주요 쟁점을 이해할 수 있도록 지원하라.
	中 3.2.1. 논제에 대한 찬반 각 입장의 자료를 제공한다.

단계별 최종 교수전략	
	中 3.2.2. 자료를 바탕으로 찬반 양 입장에 대한 쟁점을 정리하게 한다.
	中 3.2.3. 찬반 양극단의 입장 외에 제3의 대안을 고려하게 한다.
	3.3. 논제 이면의 이론과 사회적 현상에 대해 이해할 수 있도록 지원하라.
	中 3.3.1. 논제 이면의 이론과 사회적 현상에 대한 강의를 제공한다.
	後 3.3.2. 논제 이면의 이론에 대한 참고자료를 제공한다.
04. 데이터 분석 시연	4.1. 데이터 분석 과정을 시연하라.
	中 4.1.1. 논제와 관련이 없는 데이터 분석 과정 시연을 통해 프로그래밍 문법을 익힐 수 있도록 지원한다.
	中 4.1.2. 논제와 관련된 데이터 분석 과정 시연을 통해 데이터를 분석하고 해석하는 과정을 보여준다.
	4.2. 데이터 분석 연습을 지원하라.
	中 4.2.1. 데이터 분석을 연습할 수 있도록 뼈대 코드와 연습문제를 제공한다.
	中 4.2.2. 자신이 원하는 분석을 해볼 수 있도록 한다.
	中 4.2.3. 데이터 분석 연습 과정에서 질문 및 피드백 기회를 제공한다.
05. 논리 구성 및 데이터 분석 지원	5.1. 찬반 입장을 결정하라.
	前 5.1.1. 논제에 대한 찬반 입장을 조사한다.
	前 5.1.2. 찬반 팀을 나눈다.
	5.2. 논지, 논거를 구성하도록 지원하라.
	中 5.2.1. 입론에 포함되어야 하는 내용을 안내한다.
	中 5.2.2. 자신의 입장에 대한 논지, 논거를 구체적으로 작성할 수 있도록 지원한다.
	後 5.2.3. 입론 개요서에 대한 교수자 피드백을 제공하고 동료 피드백 제공을 지원한다.
	中, 後 5.2.4. 교수자 및 동료 학습자의 피드백을 바탕으로 입론을 수정, 보완하여 발전시키도록 한다.

단계별 최종 교수전략	
	5.3. 필요한 데이터를 정의하고 준비하도록 지원하라.
	中 5.3.1. 논거를 검증하기 위해 필요한 데이터를 정의할 수 있도록 예시를 들어 설명한다.
	前, 中 5.3.2. 필요한 데이터의 접근 가능성을 확인하고 접근 방식을 결정하게 한다.
	中 5.3.3. 필요한 데이터를 확보할 수 있도록 지원한다.
	5.4. 논거를 뒷받침하기 위해 데이터를 분석할 수 있도록 지원하라.
	中 5.4.1. 데이터 분석의 계획을 수립하도록 지원한다.
	中 5.4.2. 데이터 분석의 과정에서 나타나는 오류를 스스로 해결할 수 있도록 스캐폴딩을 제공한다.
	前 5.4.3. 데이터 분석과 관련된 학습 콘텐츠를 선정 및 제공하여 학습자가 참고할 수 있도록 한다.
06. 데이터 기반 토론 수행 지원	6.1. 데이터 기반 입론의 수행을 지원하라.
	前 6.1.1. 데이터 기반 입론의 내용을 학급 친구들과 공유하게 한다.
	中 6.1.2. 데이터 기반 입론을 학급 내에서 발표하게 한다.
	6.2. 데이터 기반 입론에 대한 피드백을 제공하고 수정을 지원하라.
	中, 後 6.2.1. 데이터 기반 입론에 대한 교수자의 피드백을 제공한다.
	中, 後 6.2.2. 데이터 기반 입론에 대한 학습자의 상호 피드백을 촉진한다.
	中, 後 6.2.3. 교수자 및 동료 학습자의 피드백을 바탕으로 입론을 수정, 보완하여 발전시키도록 한다.
	6.3. 찬반 팀 빌딩을 지원하라.
	中 6.3.1. 찬반 각 팀 내 역할을 지원한다.
	中 6.3.2. 팀 내 자료 공유 등이 이루어질 수 있도록 온라인 커뮤니티를 제공한다.
	6.4. 형식에 맞추어 데이터 기반 토론을 진행하라.
	中 6.4.1. 대표 토론의 진행 방식을 안내한다.

단계별 최종 교수전략	
	中 6.4.2. 데이터 기반 토론을 진행한다.
	中 6.4.3. 토론자를 제외한 나머지 학생들도 토론에 참여할 수 있도록 한다.
07. 정리 및 평가	7.1. 데이터 기반 토론 수업을 종합 및 정리하라.
	中 7.1.1. 학습 차원에서 토론 활동을 종합 및 정리한다.
	後 7.1.2. 개인 차원에서 토론 활동을 종합 및 정리한다.
	7.2. 데이터 기반 토론 수업 내 학습자의 성취도를 종합적으로 평가하라.
	後 7.2.1. 평가 기준을 설정하여 학습자의 개별 학습 활동을 평가한다.
	後 7.2.2. 교수자, 동료 학습자 등 여러 주체의 평가 의견을 종합적으로 반영한다.
★. 성찰 및 평가 지원	★.1. 학습 활동의 전반에서 성찰과 자기 평가가 이루어질 수 있도록 지원하라.
	後 ★.1.1. 학습자에게 성찰일지 양식을 제공하여 학습 활동 전반에 걸쳐 성찰이 이루어지게 한다.
	後 ★.1.2. 학습 활동의 장면을 녹화하여 제공하여 스스로 성찰, 평가할 수 있도록 지원한다.
	★.2. 학습 활동의 전반에서 동료 평가 및 상호 피드백이 이루어질 수 있도록 지원하라.
	中 ★.2.1. 학습 활동별 평가 기준을 담은 루브릭을 제공하여 동료 평가를 할 수 있도록 한다.
	中 ★.2.2. 팀 활동의 수행 과정을 동료 학습자끼리 상호평가할 수 있도록 한다.

본 장에서는 다양한 교육적 맥락에 적합한 단위 수업 모형을 개발하는 구체적인 사례들을 탐구하였다. 성인 교육에서의 의과대학 환자안전교육, 학교 교육에서 클라우드 기반 학습도구를 활용한 맞춤형 수업, AI 융합 교육에서 데이터 리터러시를 강화하는 토론 수업 모형

이 사례로 소개되었다. 해당 사례들은 수업 모형 개발의 단계, 적용 방법론, 결과 평가 방법을 제시하였으며, 설계·개발연구의 과정과 산출물들이 어떻게 현대 교육의 요구 사항을 충족시킬 수 있는지를 보여주고 있다.

제11장 절차적 수업 설계 모형 개발 연구 사례

새로운 기술 또는 교수학습방법이 도입될 때 교수자의 수업 설계를 지원하는 방법 중 하나가 바로 수업 설계 모형을 개발하는 것입니다. 그 가운데서 특히 절차적 수업 설계 모형은 교수체제설계(Instructional Systems Design) 차원에서 수업의 분석, 설계, 개발, 실행, 평가 등의 단계를 포함한 모형으로 교수자가 수업 설계 시 참고하고 활용할 수 있는 모형입니다.

본 장에서는 설계·개발연구 방법론의 유형 2 모형 연구 중의 하나인 절차적 수업 설계 모형 개발 연구 사례를 소개하고자 합니다. 연구의 내용에 따라 절차적 수업 설계 모형 개발 연구는 크게 교수학습방법 기반의 절차적 수업 설계 모형, 테크놀로지 기반의 절차적 수업 설계 모형, 그리고 이 두 가지를 합친 교수학습방법과 테크놀로지 기반의 절차적 수업 설계 모형으로 나뉠 수 있습니다. 본 장에서는 이 세 가지 유형의 절차적 수업 설계 모형 개발 연구 사례를 제공합니다.

1. 절차적 수업 설계 모형 개발 연구 개요

절차적 수업 설계 모형은 수업 설계를 진행하는 전체적인 과정에 포함해야 하는 설계요소의 유기적인 관계성을 시각화한 것을 의미한다(임철일, 2012; 임철일, 연은경, 2015; 최서연, 2022). 단위 수업이 아니라 수업 설계 과정 전체를 다룬 절차적 수업 설계 모형은 학습자 수준에 적합한 목표를 설정하고 이에 도달하기 위한 교수학습방법을 체계적으로 적용하기 위한 학습내용, 학습활동, 학습자료, 평가, 피드백 요소 등을 종합적으로 고려하는 방안을 제시한다(김경한, 2020; 임철일, 연은경, 2015).

절차적 수업 설계 모형은 구성요소들 간의 관계와 수업 설계 모형에 적용된 내용에 따라 다르게 분류될 수 있다. 기존 절차적 수업 설계 모형 개발 연구를 종합적으로 볼 때 크게 교수학습방법 기반의 절차적 수업 설계 모형, 테크놀로지 기반의 절차적 수업 설계 모형, 교수학습방법과 테크놀로지 기반의 절차적 수업 설계 모형 세 가지로 분류할 수 있다. 교수학습방법 기반의 절차적 수업 설계 모형은 일정한 교육 목표를 달성하기 위한 교수학습방법에 초점을 맞추어 개발된 수업 설계 모형을 가리킨다. 테크놀로지 기반의 절차적 수업 설계 모형은 인공지능, 메타버스 등 새로운 테크놀로지를 수업에 적용할 때 고려하는 수업 설계 모형을 가리킨다. 이때 테크놀로지는 교육용 테크놀로지에만 국한되지 않고 다양한 테크놀로지를 모두 포괄하며, 이를 교육적 목적으로 활용하는 것에 중심을 둔다. 마지막으로 교수학습방법과 테크놀로지 기반의 절차적 수업 설계 모형은 앞서 설명한 교수학습방법과 테크놀로지를 모두 적용하여 개발된 모형을 의미한다. 이러한 모형의 출현은 디지털 전환에 따라서 다양한 최신 테크놀로지를 어떻게 교육에 체계적으로 적용할 것인가라는 요구로부터 기인한다.

〈표 56〉 절차적 수업 설계 모형 개발 연구의 유형과 사례

구분	저자	논문 제목
교수학습방법 기반의 절차적 수업 설계 모형	이은상, 김현진 (2020)	학습자 중심 학습을 위한 교사 간 협력적 수업 설계 모형(T-CID) 개발 연구
테크놀로지 기반의 절차적 수업 설계 모형	최서연 (2022)	인공지능 교육시스템 기반 초등학교 수학 수업 설계 모형 개발
교수학습방법과 테크놀로지 기반의 절차적 수업 설계 모형	지현경 (2021)	창의적 문제해결을 위한 교과-소프트웨어융합 수업 설계 모형 개발 연구

2. 사례 1: 학습자 중심 학습을 위한 교사 간 협력적 수업 설계 모형(T-CID) 개발 사례

1) 연구 개요

이은상과 김현진(2020)의 연구는 학습자 중심 학습을 위한 초·중등 교사 간 협력적 수업 설계 모형을 개발하는 것을 목적으로 한다. 이를 위해 설계·개발연구 방법론을 채택하였다. 먼저, 협력적 수업 설계와 관련된 선행 문헌과 분산인지 관련 문헌을 분석하고, 이를 통해 도출된 시사점을 바탕으로 1차 설계원리를 도출하고 ADDIE 요소를 결합하여 1차 협력적 수업 설계 모형과 설계 활동별 세부 내용을 개발하였다. 그리고 개발한 초기 산출물을 기반으로 전문가 타당화, 사용성 검토 및 현장평가 등 타당화 과정을 거쳐 최종 교사 간 협력적 수업 설계를 통한 학습자 중심 학습환경 설계에 실질적인 도움을 제공할 수 있는 수업 설계 모형을 제안하였다.

2) 연구 목적 및 연구 문제

해당 연구의 연구 목적은 학교의 현장 교사들이 하나의 팀을 이루어 수업을 설계하는 데 도움이 될 수 있는 협력적 수업 설계 모형을 개발하고자 하였다. 이를 위해 협력적 수업 설계와 관련된 선행 연구들을 체계적으로 분석하고, 타당화 과정을 통해 협력적 수업 설계 과정에 필요한 전략과 내용들을 설계 모형에 반영하고자 하였다. 연구 문제는 '교사 간 협력적 수업 설계 모형을 구성하는 원리와 지침은 어떠한가?'와 '교사 간 협력적 수업 설계 모형의 주요 설계 단계와 세부 활동은 어떠한가?'이다.

3) 선행 문헌 고찰

선행 문헌 고찰에서는 본 연구주제에 맞게 학습자 중심의 학습환경과 협력적 수업 설계에 대한 국내외 연구와 사례를 분석하였다. 또한 교사의 협력적 수업 설계에 대한 선행 문헌 고찰도 함께 실시하여 수업 설계 모형에 대한 설계 시사점을 확인하였다. 그리고 이론적 접근에서 분산인지 이론을 도입하여 팀 구성원들의 인지 수준을 이해하고 학습자 수행을 분석하였다. 따라서 수업 설계 외에도 분산인지 이론을 적용한 협력적 수업 설계에 대한 연구도 검토하여 1차 설계원리 및 모형 도출에 대한 시사점을 확보하였다.

4) 연구 방법 및 절차

연구 방법으로는 설계·개발연구 방법론의 유형 2를 채택하였고 이에 따라 모형 개발, 모형 내적 타당화 및 외적 타당화 순으로 연구를 진행하였다. 먼저, 체계적 문헌 고찰 방법을 활용하여 협력적 수업 설계가 나타난 국내외 문헌을 분석하여 1차 설계원리 및 모형을 도출하였다.

그리고 10년 이상의 현장 경험이 있는 교사와 행정가로 전문가 패널을 구성하여 설계원리 및 설계 모형에 대한 타당화 과정을 가졌다. 해당 설계원리와 모형의 현장 적용 가능성을 확인하기 위하여 현장 교사 9명(학교급: 초등학교 2명, 중학교 5명, 고등학교 2명; 경력: 2~16년; 교과/전공 간 협력적 수업 설계 참여 경험: 경험 없음~10회 이상)을 대상으로 설계 모형의 사용성 평가를 실시하였다. 마지막으로 실제 학교에 적용하여 교사와 학생의 반응을 확인하기 위한 외적 타당화를 실시하였다. 외적 타당화 수업을 설계하는 과정에서 수집한 관찰자료, 설계 산출물, 대화 자료뿐만 아니라 심층면담 자료를 다각적으로 분석하여 연구 결과를 제시하였다. 상세한 연구 절차는 〈표 57〉과 같다.

〈표 57〉 이은상과 김현진(2020) 연구의 단계별 연구 방법, 진행 절차 및 산출물

단계	연구 방법	진행 절차	산출물
모형 개발	체계적 문헌분석 (질적 종합접근법)을 통한 선행연구 검토	분산인지 이론 ▽ 협력적 수업 설계 틀 협력적 수업 설계 문헌 ▽ 협력적 수업 설계 과정 시사점 ▽ 설계원리 도출(과정산출물) ▽ 설계 모형 도출	• 1차 설계원리 • 1차 설계 모형 • 설계활동 및 세부내용 • 시각화된 도식
		▼	
모형 타당화	전문가 검토 교육공학전공 박사 3인 융합교육전공 박사 2인 현장교사 4인	1차 설계원리 및 설계 모형 ▽ 설문 및 심층면담 ▽ 설계원리 및 설계 모형 수정	• 2차 설계원리 • 2차 설계 모형 • 설계활동 및 세부내용 • 시각화된 도식
	사용성 검토 현장교사 9명	2차 설계원리 및 설계 모형을 기초로 1차 설계가이드 개발 ▽ 현장 교사의 사용성 검토(설계) ▽ 설계 모형 수정	• 3차 설계 모형 • 설계활동 및 세부 내용 • 시각화된 도식
	현장 평가 현장교사 6인(1팀)	3차 설계 모형을 기초로 설계가이드 수정 · 개발 ▽ 현장 교사 설계팀의 수업 설계 및 수업 실행 ▽ 설계 모형 수정	• 4차 설계 모형 (최종) • 설계활동 및 세부내용 • 시각화된 도식

5) 연구 결과

이상과 같은 연구 과정을 통해 최종 설계 모형과 도출된 협력적 수업 설계 모형의 설계 단계는 팀 준비(T), 분석(A), 설계(Ds), 개발 및 실행(DI), 평가(E)였고, 설계활동은 10개, 세부 내용은 23개로 도출되었다. 해당 수업 설계 모형은 순환적이고, 비선형적인 구조로 분석, 설계, 개발, 실행, 평가의 절차적 단계로 구성된 절차적 수업 설계 모형의 대표적인 예시이다.

팀 준비(T)	T1. 팀 비전과 설계방향 설정 T2. 팀 활동 환경조성
↓	↓
분석(A)	A1. 주제 선정 A2. 상세 내용분석 및 목표 설정
↓	↓
설계(Ds)	Ds1. 교수학습 활동 설계 Ds2. 활동지원 설계
↓	↓
개발 · 실행(DI)	D1. 자료탐색 및 개발 D2. 수업실행
↓	↓
평가(E)	E1. 수시평가 및 환류 E2. 종합평가

[그림 36] 이은상과 김현진(2020) 연구에서 교사 간의 협력적 수업 설계 모형(T-CID)을 재구성한 약식도

해당 설계 모형을 개발하는 과정에 모형의 타당성을 확보하기 위하여 내적 타당화로는 전문가 검토와 사용성 검토를 실시하고 외적 타당화로 현장 평가를 실시하였다. 타당화 검사도구는 설계 모형의 타

당성, 설명력, 유용성, 보편성, 이해성, 연결성에 대한 평가를 중심으로 구성되었다. 검사지는 리커트 4점 척도의 선택형 문항과 서술형 문항으로 설계되었다. 그리고 설계 모형의 타당도와 신뢰도를 확인하기 위하여 내용 타당도 지수(Content validity index: CVI)와 평가자간 일치도 지수(Inter-rater agreement: IRA)를 사용하여 측정하였다.

연구 결과에 따르면, 전문가 검토, 사용성 검토, 현장 평가의 CVI와 IRA는 모두 1.00으로 확인되어 개발된 학습자 중심 학습을 위한 교사간 협력적 수업 설계 모형(T-CID)의 타당도와 신뢰도는 모두 높은 수준으로 확인되었다.

〈표 58〉 이은상과 김현진(2020) 연구의 설계 모형에 대한 타당성 검토 결과

영역	전문가 검토			사용성 검토			현장 평가		
	평균	CVI	IRA	평균	CVI	IRA	평균	CVI	IRA
문헌적절성	4.00	1.00	1.00	-	-	1.00	-	-	1.00
타당성	3.78	1.00		4.00	1.00		4.00	1.00	
설명력	3.89	1.00		3.89	1.00		4.00	1.00	
유용성	3.78	1.00		3.89	1.00		4.00	1.00	
보편성	3.78	1.00		3.78	1.00		3.67	1.00	
이해성	3.67	1.00		3.78	1.00		4.00	1.00	
연결성	3.89	1.00		4.00	1.00		3.83	1.00	

또한 현장 평가 후에 일부 참여 교사들을 대상으로 설계 모형 사용 및 설계활동 경험에 대한 심층면담을 실시하였다. 면담 결과에서도 해당 수업 설계 모형을 활용함으로써 팀원들이 설계과정에 수평적으

로 참여하고 다양한 의견을 효과적으로 조정되며 체계적인 수업 설계가 가능하고 오류 수정에 있어서 효과적이라고 보고하였다. 전반적으로 수업 설계 모형을 적용하여 기존의 설계활동들에 비해 효율적인 수업이 진행된 점을 확인할 수 있었다.

3. 사례 2: 인공지능 교육시스템 기반 초등학교 수학 수업 설계 모형 개발 사례

1) 연구 개요

최서연(2022)의 연구는 '똑똑 수학탐험대'와 같은 인공지능 교육시스템을 활용하는 초등학교 수학 수업 설계 모형을 개발하였다. 연구의 목적을 달성하기 위하여 선행 문헌 검토를 통해 구성요소, 설계원리, 상세지침을 도출하고 이를 바탕으로 수업 설계를 위한 절차적 수업 설계 모형을 개발하였다. 그리고 모형의 타당성을 확보하기 위하여 내적 타당화와 외적 타당화 과정을 거쳤고 최종 수업 설계 모형이 학업성취도 및 학습 태도에 미치는 영향도 함께 살펴보았다.

2) 연구 목적 및 연구 문제

해당 연구에서는 인공지능 교육시스템을 활용하여 학습자 개개인의 적합한 교수·학습을 지원하는 효과적인 수학 수업을 설계하고자 할 때, 학교 교육 현장에서 교사가 참고할 수 있는 지침으로서 모형을 개발하고 그에 대한 교수자와 학습자의 반응을 확인하는 것을 연구 목적으로 삼았다. 특히 학습자의 경우 이를 인지적 영역에서의 '학습 성취도'와 정의적 영역의 '학습에 대한 태도'로 나누어 각각 그 변화를 살펴보았다. 구체적인 연구 문제는 다음과 같다. 첫째, '인공지능 교육시스템 기반 초등학교 수학 수업 설계 모형은 어떻게 구성되는가?'와 둘째, '인공지능 교육시스템 기반 초등학교 수학 수업 설계 모형은 학습자의 수학 학습 성취도에 어떠한 영향을 미치는가?'이다. 두번째 연구 문제의 하위 문제로는 '인공지능 교육시스템 기반 초등학교 수학 수업 설계 모형은 학습자의 수학 학습 성취도에 어떠한 영향을 미치는가?'와 '인공지능 교육시스템 기반 초등학교 수학 수업 설계 모형은 학습자의 수학 학습에 대한 태도에 어떠한 영향을 미치는가?'이다.

3) 선행 문헌 고찰

해당 연구에서는 '인공지능 교육시스템 활용을 위한 초등학교 수학 수업 설계 모형' 개발을 위하여 인공지능 활용 교육, 초등학교 수학 교수 · 학습, 적응적 학습 등 세 가지 영역에 대한 통합적 문헌 고찰을 실시하였다. 문헌 검토를 위하여 교육학술정보원의 학술연구정보서비스, 서울대학교 중앙도서관 DB, 한국학술지인용색인서비스, 구글 학술검색 서비스 등 검색 엔진을 활용하였고 '적응적 학습 설계원리', '초등학교 수학 교수 · 학습 설계', '인공지능 활용 수업 설계원리', 'artificial intelligence in mathematics education', 'guidelines/guidance for teaching mathematics using artificial intelligence/technology', 'adaptive mathematics teaching and learning'을 검색 키워드로 선행 문헌을 선정하였다. 그다음 이 중에서 수학교육과 맥락이 비슷한 사례를 선정하여 최종 문헌 리스트를 확정한 후 문헌 분석을 실시하였다.

4) 연구 방법 및 절차

연구 방법으로는 설계·개발연구 방법론의 유형 2를 채택하였고 모형 개발, 모형 내적 타당화 및 외적 타당화 과정을 포함하였다. 이론적 고찰에서는 귀납적 방법과 연역적 방법을 모두 활용하여 문헌을 분석하였다. 그리고 내적 타당화 과정에서는 교수설계 영역의 전문가와 초등학교 현장 경력 10년 이상 교수자를 선정하여 타당도 검토를 진행하였다. 외적 타당화에서는 수업 설계 모형 적용의 교수자, 학습자 반응과 함께 수업 설계 모형을 적용한 효과성 검증을 위한 비교군 집단을 선정하여 효과성 분석을 진행하였다. 마지막 연구 결과에서는 인공지능 교육시스템을 활용하는 초등학교 수학 수업 설계 모형을 개발하였고 수업 모형의 효과를 검증하였다. 상세한 연구 절차는 [그림 37]과 같다.

구분	연구 방법	세부 절차	산출물
모형 개발	선행 문헌 검토 - 초등학교 수학 교수 · 학습 - 인공지능 활용 교육 - 적응적 학습	초기 설계원리 및 상세지침 개발 ↓ 핵심 구성요소 개발 ↓ 초기 개념 모형 및 절차 모형 개발	• 초기 설계원리 • 초기 상세지침 • 핵심 구성요소 • 초기 개념 모형 • 초기 절차 모형
모형 타당화 (내적 타당화)	1차 전문가 타당화 - 교육공학 전문가 3인 - 초등수학 전문가 3인	초기 설계원리, 상세지침, 개념 모형, 절차 모형 검토 ↓ 전문가 타당화를 통한 의견 수렴 ↓ 초기 개념 모형 및 절차 모형 개발	• 2차 설계원리 • 2차 상세지침 • 2차 개념 모형 • 2차 절차 모형
	2차 전문가 타당화 - 교육공학 전문가 3인 - 초등수학 전문가 3인	2차 설계원리, 상세지침, 개념 모형, 절차 모형 검토 ↓ 전문가 타당화를 통한 의견 수렴 ↓ 2차 개념 모형 및 절차 모형 개발	• 3차 설계원리 • 3차 상세지침 • 3차 개념 모형 • 3차 절차 모형
모형 타당화 (외적 타당화)	사전 검사 - 수학 학습 성취도 검사 - 수학 학습 태도 검사	A반: 성취도 및 태도 검사 B반: 성취도 및 태도 검사 C반: 성취도 및 태도 검사	• 사전 성취도 • 사전 학습태도
	현장 적용 - 설계원리 및 지침 - 수업 설계 모형 - 인공지능 수업지원시스템	A반: 교수설계○+인공지능○ B반: 교수설계×+인공지능○ C반: 교수설계×+인공지능×	• 교수자 반응 • 학습자 반응
	사후 검사 - 수학 학습 성취도 검사 - 수학 학습 태도 검사	A반: 성취도 및 태도 검사 B반: 성취도 및 태도 검사 C반: 성취도 및 태도 검사	• 사후 성취도 • 사후 학습태도
	검사 및 반응 분석 - 교수자 및 학습자 반응 - 사전/사후 검사 결과	교수자 및 학습자 반응 분석 ↓ 사전 · 사후 성취도 및 태도 검사 결과 비교 · 분석 ↓ 3차 설계원리, 상세지침, 개념 모형, 절차 모형 수정	• 효과 검증 • 최종 설계원리 • 최종 상세지침 • 최종 개념 모형 • 최종 절차 모형

[그림 37] 최서연(2022) 연구의 단계별 연구 방법, 세부 절차 및 산출물

5) 연구 결과

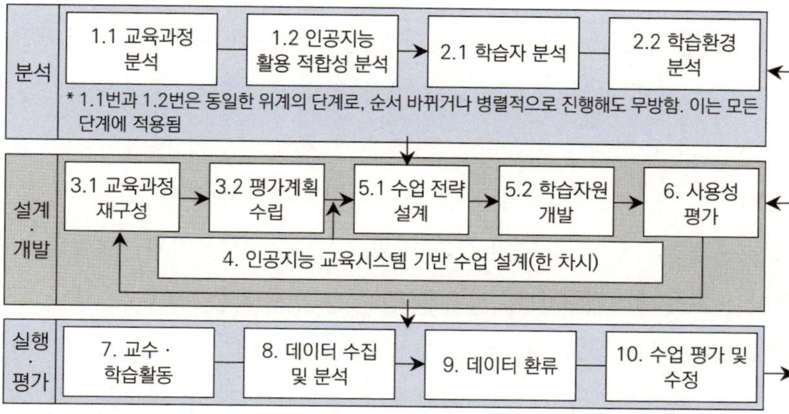

[그림 38] 최서연(2022) 연구의 최종 절차 모형의 약식 모형

연구 결과로는 인공지능 교육시스템을 초등학교 수학 수업 맥락에서 효과적으로 활용하기 위한 절차적 수업 설계 모형, 개념 모형, 설계 원리 및 상세지침을 개발하였다. 해당 모형은 ADDIE 모형 및 RPISD 모형(임철일, 연은경, 2015)을 토대로 절차적 수업 설계 모형을 분석, 설계 · 개발, 실행 · 평가 세 단계로 나누어 하위 10개의 수업 설계 절차를 제안하였다.

해당 연구에서는 개발된 모형에 대한 효과성을 검증하기 위하여 실험(통제된 검증)과 면담을 실시하였다. 효과성 판단기준은 인지적 · 정의적 측면의 증진 정도로 설정하였고 학습자들의 '수학 학습 성취도'와 '수학 학습에 대한 태도'의 변화를 양적 데이터로 수집하고 검토하였다. 또한 모형의 효과성과 테크놀로지의 효과성을 분리하여 확인하기 위하여 실험 학습집단을 '모형과 인공지능 교육시스템을 모두 활용한 집단', '인공지능 교육시스템만 활용한 집단', '모형과 인공지능 교육시스템을 모두 활용하지 않은 집단'으로 구성하여 결과를 확인하였다.

공분산분석 결과에 따르면, 인지적 영역의 사전검사를 통제하면서 '인공지능 적용 양상'에 따른 사후검사 점수의 변화를 확인하였는데, F값 3.71과 유의확률 .029라는 결과를 통해서 인지적 영역의 사후검사 점수에 대한 실험 처치의 영향이 유의하다는 결론을 도출하였다. 또한 구체적으로 세 집단의 사후 비교분석을 실시한 결과, '모형과 인공지능 교육시스템을 모두 활용한 집단'은 '인공지능 교육시스템만 활용한 집단'과 '모형과 인공지능 교육시스템을 모두 활용하지 않은 집단'과 비교하였을 때 모두 통계적으로 유의한 차이가 존재한다는 것을 확인하였다. 그러나 '인공지능 교육시스템만 활용한 집단'과 '모형과 인공지능 교육시스템을 모두 활용하지 않은 집단'의 차이는 통계적으로 유의하지 않았다. 즉, 인지적 영역에서 모형과 테크놀로지를 동시에 적용하는 것이 더욱 효과적이었다는 결과를 확인하였다.

〈표 59〉 최서연(2022) 연구의 인지적 영역에 대한 사후검사 결과 1

	SS	df	MS	F	*p*
사전 검사	10272.62	1	10272.62	60.96***	0.001
실험 처치	1250.40	2	625.20	3.71*	.029

*$p<.05$, ***$p<.001$

〈표 60〉 최서연(2022) 연구의 인지적 영역에 대한 사후검사 결과 2

Comparison		Mean Difference(a-b)	SE	df	*t*	Scheffe
(a)class	(b)class					
A 집단	- B 집단	12.01	3.57	75.00	3.37	.014*
	- C 집단	13.80	3.54	75.00	3.90	.003**
B 집단	- C 집단	1.79	3.50	75.00	.51	.967

*p<.05, ***p<.001

정의적 영역에서는 '수학 교과에 대한 자아개념(우월－열등)', '수학 교과에 대한 자아개념(자신감－상실)', '수학 교과에 대한 태도(흥미－흥미상실)', '수학 교과에 대한 태도(목적의식－상실)', '수학 교과에 대한 태도(성취동기－상실)', '수학 교과에 대한 학습습관(주의집중)', '수학 교과에 대한 학습습관(자율적 · 능동적 학습)', '교과에 대한 학습습관(학습기술 적용, 능률적 학습)'의 여덟 가지 항목에 대하여 세 비교군 집단의 사전사후 데이터를 수집하였다. 분석 결과에 따르면, 정의적 영역의 사전 검사를 통제한 모든 영역의 정의적 영역 실험 처치 후의 사후 검사 결과는 모두 유의하지 않은 것으로 확인되었다. 이러한 결과에 대하여 실험의 적용 기간이 2주 정도로 충분하지 않았다는 점을 원인으로 추측한다. 추가로 학습자와 교수자 면담 내용에 근거하여 학교에서 인공지능 교육시스템을 활용한 수업에서 학습자의 집중도, 흥미와 동기가 향상되고 학습에 도움이 되었다는 내용을 확인할 수 있었다.

〈표 61〉 최서연(2022) 연구의 정의적 영역에 대한 사후 검사 결과

구분		SS	df	MS	F	p
수학 교과에 대한 자아개념(우월-열등)	사전 검사	26.50	1	26.50	82.24***	<.001
	실험 처치	.25	2	.13	.39	.677
수학 교과에 대한 자아개념(자신감-상실)	사전 검사	25.89	1	25.89	63.29***	<.001
	실험 처치	.32	2	.16	.39	.681
수학 교과에 대한 태도(흥미-흥미상실)	사전 검사	44.28	1	44.28	105.71***	<.001
	실험 처치	1.39	2	.70	1.66	.197
수학 교과에 대한 태도(목적의식-상실)	사전 검사	8.25	1	8.25	16.00***	<.001
	실험 처치	.59	2	.30	.58	.565
수학 교과에 대한 태도(성취동기-상실)	사전 검사	9.28	1	9.28	27.36***	<.001
	실험 처치	.20	2	.10	.30	.742
수학 교과에 대한 학습습관(주의집중)	사전 검사	8.68	1	8.68	27.12***	<.001
	실험 처치	.27	2	.14	.42	.656
수학 교과에 대한 학습습관(자율적 · 능동적 학습)	사전 검사	17.37	1	17.37	32.56***	<.001
	실험 처치	.52	2	.26	.49	.617
수학 교과에 대한 학습습관(학습기술 적용, 능률적 학습)	사전 검사	21.48	1	21.48	61.10***	<.001
	실험 처치	1.04	2	.52	1.47	.235

*p<.05, ***p<.001

4. 사례 3: 창의적 문제해결을 위한 교과-소프트웨어 융합 수업 설계 모형 개발 사례

1) 연구 개요

지현경(2021)의 연구는 교육공학의 맥락에서 국어, 과학, 사회와 같은 기존교과목의 지식을 소프트웨어와 융합 · 연계한 교과-소프트

웨어 융합 수업 설계 모형 개발을 의도하였다. 또한 해당 연구에서는 교과－소프트웨어 융합 수업 설계 모형에 창의적 문제해결의 교수학습방법을 도입하여 창의적 문제해결을 위한 교과－소프트웨어 융합 수업 설계 모형을 개발하였다.

2) 연구 목적 및 연구 문제

해당 연구는 창의적 문제해결능력을 향상하기 위한 소프트웨어 융합・연계한 교과－소프트웨어 융합수업에 대해 수업 설계 모형을 개발하는 것을 목적으로 연구가 실시되었다. 연구 목적을 달성하기 위하여 연구 문제는 '창의적 문제해결을 위한 교과－소프트웨어 융합 수업 설계 모형은 무엇인가?'와 '창의적 문제해결을 위한 교과－소프트웨어융합 수업 설계 모형은 타당한가?'이다.

3) 선행 문헌 고찰

선행 문헌에서 국내외 저널에 게재된 논문, 학술대회 발표 논문, 주제와 관련된 단행본, 기관연구보고서, 기사, 웹사이트 등의 자료를 탐색하였다. 연구 주제별 키워드를 사용하여 서울대학교 중앙도서관(http:// library.snu.ac.kr)과 구글 학술검색(scholar.google.kr), 한국교육학술정보원이 제공하는 학술연구정보서비스(http://www.riss.kr)를 통해 적절한 문헌을 지속적으로 탐색하여 주요 연구 및 최신 문헌들을 검토하였다. 선행 문헌 검토 시 관련 주제는 창의적 문제해결, 소프트웨어 교육, 융합교육을 대주제로 하고 소프트웨어교육 수업 설계 모형, 소프트웨어교육 수업 설계원리, 교과융합 소프트웨어교육 수업 설계 모형, 교과융합 소프트웨어교육 수업의 설계원리를 소주제로 분류하여 검토하였다. 덧붙여, 창의적 문제해결을 위한 교수설계 모형, 소프트웨어교육 학습환경, 융합교과수업 등에 대한 문헌을 추가적으로 검토하였다. 이를 통해 창의적 문제해결력을 위한 교과－소프트웨어융합 수업 설계를 위한 구성요소와 설계원리로 고려해야 하는 요인들을 확인하였다.

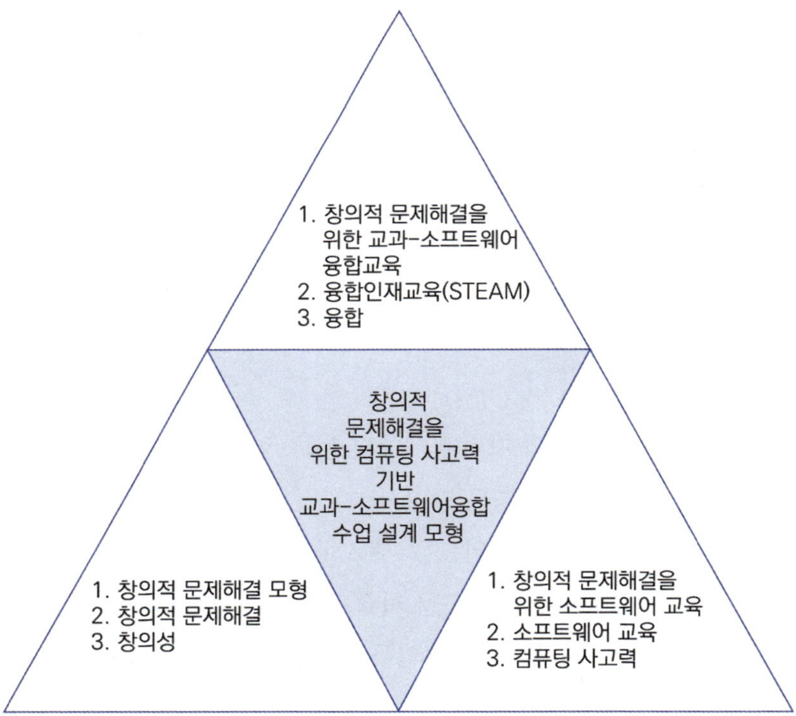

[그림 39] 지현경(2021)의 선행 문헌 고찰 영역

4) 연구 방법 및 절차

해당 연구의 연구 방법으로는 설계·개발연구의 유형 2 모형 연구를 사용하였다. 우선 선행 문헌 고찰을 통해 1차 수업 설계의 설계원리, 수업 설계 모형을 개발하였다. 도출된 초기 모형에 대한 1차 전문가 타당화 검토를 거쳐 2차 수업 설계의 설계원리, 수업 설계 모형을 개발하였다. 2차 수업 설계 모형과 설계원리는 2차 전문가 타당화 검토를 통해 내적 타당도의 평가를 진행하고, 도출된 개선사항을 반영하여 3차 설계원리와 수업 설계 모형을 개발하였다. 3차 설계원리와 수업 설계 모형은 현장 교사에게 사용성 평가를 받아 내적 타당도를 추가 검증하였다. 이후 외적 타당화를 위한 현장 평가를 실시하고, 학습자 반응과 교수자 반응을 확인하여 이를 사용성 평가 결과와 함께 설계원리와 수업 설계 모형에 반영하여 최종적으로 창의적 문제해결을 위한 교과-소프트웨어융합 수업의 설계원리, 절차적 수업 설계 모형이 개발되었다.

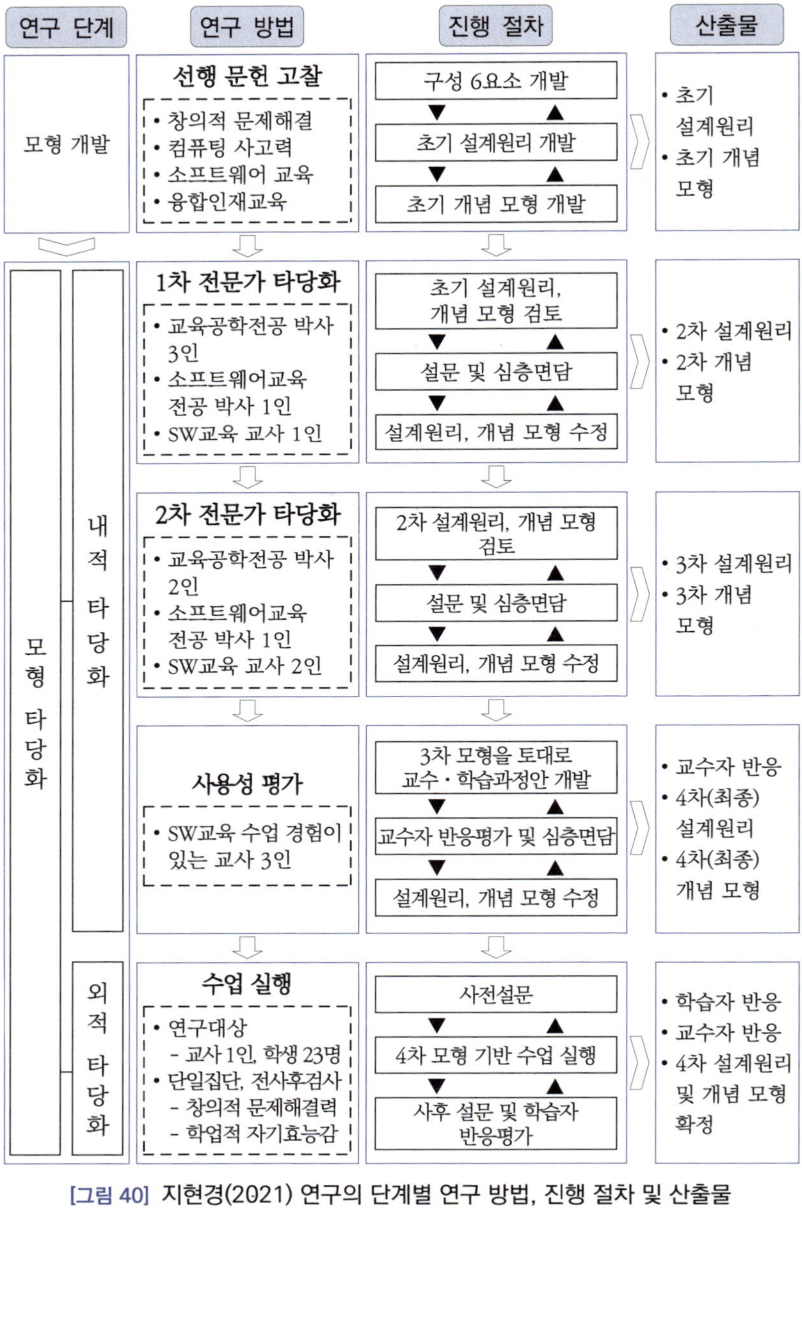

[그림 40] 지현경(2021) 연구의 단계별 연구 방법, 진행 절차 및 산출물

5) 연구 결과

연구 결과로 창의적 문제해결을 위한 교과융합 소프트웨어 교육을 위한 수업 설계의 절차적 수업 설계 모형과 설계원리를 도출하였다. 해당 절차적 수업 설계 모형은 본격적인 수업 설계를 위한 각 단계와 세부 절차를 안내하였다. 모형에는 창의적 문제해결을 위한 교과-소프트웨어융합 수업을 위한 설계의 전체 과정을 크게 '분석', '설계 및 개발', '실행 및 평가'의 세 단계로 분류하여 안내하고 있으며, 총 13개의 절차로 이루어져 있다.

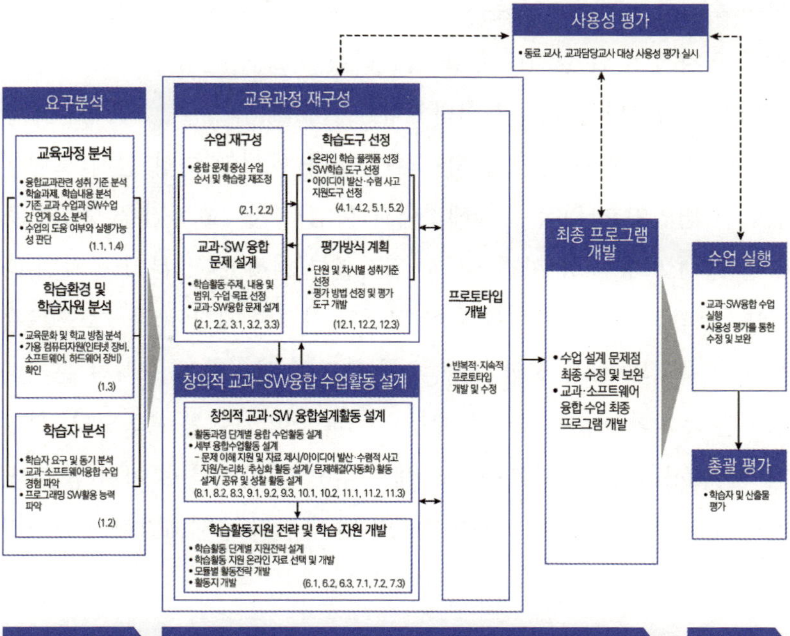

[그림 41] 창의적 문제해결을 위한 교과-소프트웨어융합 절차적 수업 설계 모형(지현경, 2021)

해당 연구에서는 수업 설계 모형의 외적 타당성을 검증하기 위하여 초등학교 6학년 학생 대상으로 6차시의 소프트웨어 활용 수업을 실시하였고 수업 후 교수자와 학습자의 반응을 확인하였다.

교수자의 반응을 확인하기 위하여 교과-소프트웨어융합 수업 설계에 도움이 되었는지를 묻는 5개의 사용성 평가 4점 척도 문항과 8개의 개방형 문항을 제시하여 데이터를 수집하였다. 현장 평가에 참여한 교수자는 모든 평가 문항에 4점(매우 그렇다)을 부여하여 해당 수업 설계 모형에 높은 만족도를 확인할 수 있었다. 또한, 개방형 문항에서 절차적 수업 설계 모형은 다양한 요소를 어떠한 순서로 고려하여 수업을 설계해야 하는지를 단계별로 자세히 제시해주는 점이 좋았고 절차적 수업 설계 모형을 활용하여 비교적 완성도가 높은 수업 설계가 가능하다는 점을 제시하였다.

그리고 학습자의 반응을 평가하기 위하여 해당 수업 설계 모형에 관련된 변인인 창의적 문제해결력과 학업적 자기효능감을 중심으로 수업 설계 모형 적용 사전-사후 검사를 실시하였다. 분석 결과에 따르면, 창의적 문제해결력을 위한 컴퓨팅 사고력 기반 교과-소프트웨어융합 수업의 실시 전과 실시 후에 측정한 학습자의 창의적 문제해결력은 유의확률 .013으로 통계적으로 유의한 차이를 보였으나, 학업적 자기효능감은 유의확률 .065에서 유의한 차이를 보이지 않았다. 따라서 해당 수업 설계 모형은 학습자의 창의적 문제해결력에 긍정적인 영향을 미치는 것을 확인할 수 있었다.

〈표 62〉 지현경(2021) 연구의 학습자 반응 측정 사전 · 사후 검사 결과 1

영역	사례수	사전		사후	
		평균	표준편차	평균	표준편차
창의적 문제해결력	23	3.06	0.68	3.52	0.50
학업적 자기효능감	23	3.22	0.61	3.56	0.47

〈표 63〉 지현경(2021) 연구의 학습자 반응 측정 사전 · 사후 검사 결과 2

영역	사후-사전				
	평균차이	표준편차	t	자유도	유의확률(양쪽)
창의적 문제해결력	0.45	0.80	2.717	22	.013
학업적 자기효능감	0.35	0.72	1.945	22	.065

$p<.05$

본 장에서는 설계 · 개발연구 방법론의 유형 2 모형 연구 중의 하나인 절차적 수업 설계 모형을 소개하고 연구 사례를 보여주었다. 절차적 수업 설계 모형 개발 연구에서는 연구 문제에 따라 연구의 절차도 다르게 활용되고 있다. 또한 연구자의 문장 기술 스타일에 따라 연구 기술 방법도 다르다. 예컨대, 연구 결과 기술에서도 초기 모형을 먼저 서술한 다음 타당화 과정을 기술하고 최종 모형을 기술하는 방식이 있고 최종 모형을 먼저 기술하고 다시 타당화 과정을 기술하는 방식이 있다. 유사한 유형의 연구지만 연구마다 조금씩 차이가 존재하기에 연구자가 본인의 연구 맥락, 연구 스타일에 맞게 판단하여 연구를 진행해야 한다.

최근 인공지능을 비롯한 4차 산업혁명과 디지털 전환 시대의 도래로 인한 다양한 테크놀로지를 중심으로 하는 절차적 수업 설계 모형 개발 연구가 증가하는 추세를 보이고 있다. 따라서 기존 교수학습방법과 이론을 활용한 절차적 수업 설계 모형 개발 연구는 상대적으로 줄어든 상황이다. 교육에서 테크놀로지의 확산으로 인한 테크놀로지 활용은 필연적 추세이지만 단순한 활용만을 추구하는 수업은 바람직하지 않다. 그러므로 교수설계 맥락에서 어떻게 테크놀로지를 적용하여 학습자 중심의 유의미 학습을 이룰 수 있는지에 대한 방안의 모색이 시급하다. 그중 한 가지 방향은 기존의 교수학습방법 또는 이론을 적용한 절차적 수업 설계 모형을 현재의 맥락에 맞게 개선하거나 혹은 테크놀로지와 융합하는 시도가 필요하다고 본다.

제12장 유사연구 방법론과 향후 발전 방향

앞에서 다룬 설계·개발연구 방법론과 유사한 성격의 연구 방법론으로 설계기반연구와 형성연구가 있습니다. 각 연구 방법론은 특정의 상황과 맥락을 두고 발전되어 왔는데, 유사한 측면도 있고 또한 상이한 측면도 가지고 있습니다.

본 장에서는 설계기반연구와 형성연구가 무엇이며, 두 연구 방법이 설계·개발연구와는 다른 어떠한 특징을 지니는지 사례를 통해 살펴봅니다. 그리고 설계·개발연구 방법론이 지니는 가치를 고려할 때, 설계·개발연구 방법론이 향후 어떻게 발전할 수 있는지 논의합니다.

1. 설계기반연구(design-based research)

1) 설계기반연구의 특징

설계기반연구는 전통적인 교육연구가 효과성만을 검증하는 실험설계(experiment design) 위주로 교육과 현실의 괴리를 해소하지 못하고 있다는 반성에서 출발하였다(Wang & Hannafin, 2005). 예를 들어 실험 연구는 연구자에 의해 통제된 환경에서 아주 짧은 시간 동안 이루어지는 처치의 유무에 따른 효과성을 검증하게 되는데, 이러한 실험 연구의 결과는 다양한 요인이 역동적으로 작용하는 실제 교육현장에 바로 적용하기에 어려움이 있을 수 있다(허선영, 2020). 이러한 문제의식으로부터 출발하여 실제 교육 현장에서 활용할 수 있는 의미 있는 지식을 생산하는 것을 목적으로 교수학습이론에 기반을 둔 설계와 현장 연구가 융합된 형태인 설계기반연구가 등장하였다.

설계기반연구는 반복적인 분석, 설계, 개발 및 적용을 통해 교육의 실제를 개선하기 위한 체계적이고 유연한 연구 방법론으로서, 실제 교육 환경에서 연구자뿐만 아니라 실무자가 함께 협력하여 교육 현장의 맥락을 고려한 개입안을 도출하는 것을 목적으로 한다(임철일, 2012; Wang & Hannafin, 2005). 설계기반연구는 학습이론을 탐구하는 동시에 교육 문제를 해결하기 위한 연구 방법으로, 교육 현장의 문제에 대한 답을 찾기 위하여 현장 기반 연구의 필요성을 강조하는 연구 패러다임으로 설명할 수 있다(오영범 외, 2010; Van den Akker et al., 2006). 또한 설계기반연구는 반복적 순환을 통해 교육 현장을 개선하는 교육적 개입안을 일반화시키는 연구 방법론으로도 설명할 수 있다. 강지혜와 박태정(2022)은 주제 범위 문헌 고찰을 통해 기존의 선행 문헌에서 제안하는 설계기반연구 방법론의 정의를 종합하여 설계기반연구를 "실제 교육 현장에서의 교수-학습 문제를 규명하여 해결방안을 고안하고, 관심 있는 모든 사람이 만족스러울 때까지 연구자와 현장 참여자의 협력적 상호작용을 통해 문제를 해결할 수 있는 가이드라인이나 설계원리와 같은 산출물을 검토하고 정련하는 것"으로 정의하였다. 김민정(2017)은 설계기반연구를 "실증적 연구를 하면서 동시에 지속적인 교육 환경 개선을 위해 반복적인 연구 방법을 사용하여, 학습이 어떤 상황에서 어떻게 발생하는가를 현실적으로 보여주는 데 초점을 맞추고 있는 연구 방법"이라고 보았다.

설계기반연구는 지식 산출물, 해당 분야에 대한 완벽한 이해, 연구

분야에 대한 통찰력을 얻기 위한 목적이 있다(임철일, 최소영, 홍미영, 2010). 다시 말해 설계기반연구의 주요 목적은 특정 맥락에서 학습이 전개되는 과정을 면밀히 연구하여 무슨 일이 일어나고 있는지를 이해하고, 다른 관련된 맥락에서 활용할 수 있는 새로운 이론, 자료 및 실천 방법을 개발하는 것이다(Barab, 2014).

설계기반연구의 주요 특징을 다음과 같이 세 가지 측면에서 살펴볼 수 있다(Barab, 2022). 첫째, 설계기반연구는 교육적 결과물을 개발하는 것을 넘어서서 관련된 변수들을 탐구하고 다양한 조건에 따른 영향력을 함께 파악하고자 한다. 둘째, 설계기반연구는 학습자를 변화의 주체로 간주한다. 설계기반연구는 설계된 처치가 학습자에게 어떻게 받아들여지고 작동되는지를 살펴보고자 한다. 이로 인해 설계기반연구에서는 실제 현장의 의견이나 피드백이 중요하게 반영된다. 개발된

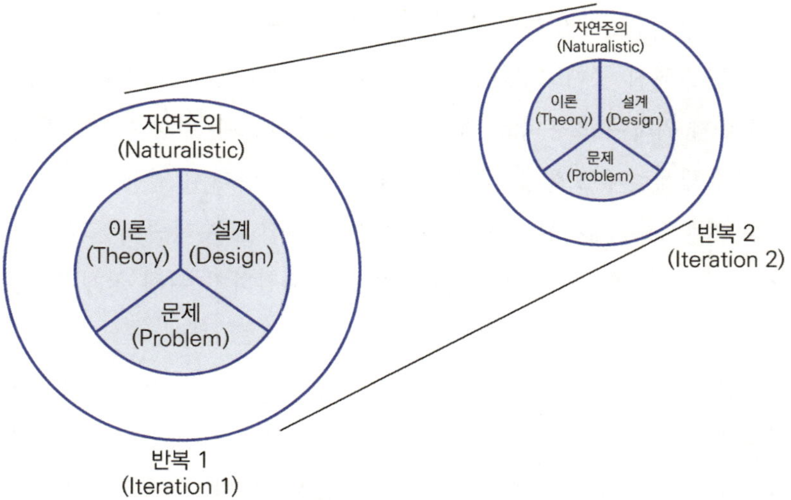

[그림 42] 설계기반연구의 특징(Barab, 2022)

설계원리나 전략을 바탕으로 현장의 맥락 특수적인 요소를 반영한 개입안을 설계하기 위해 현장 전문가의 의사결정이 중요하며, 개입안에 대한 연구 참여자들의 반응에 따라 설계는 개선되고 다시 적용될 수 있다(허선영, 2020). 셋째, 설계기반연구는 [그림 43]과 같이 이론, 설계, 문제를 중심으로 한 연구 과정을 반복적(iterative)으로 수행한다(강지혜, 박태정, 2022).

2) 설계기반연구의 사례

임철일 외(2010)는 설계기반연구 방법을 활용하여 초등학교 교사들의 교수설계에 최적화된 교수체제설계 모형(ETISD: Elementary School Teacher's Instructional Systems Design)을 개발하였다. 이 연구는 교육 현장에서 교수체제설계 모형이 제대로 활용되지 못하고 있으며, 특히 기존 모형들이 실제 교사들의 교수설계과정의 특성을 제대로 반영되지 못하고 있다는 문제에서 시작되었다. 이러한 문제를 해결하기 위하여 초등학교 맥락에서의 교사의 교수 활동 특징을 반영한 교수체제설계 모형을 개발할 필요가 있었다. 다시 말해 ETISD 모형은 기존 교수체제설계 모형의 선형성, 최신 교수학습이론의 미반영, 초등학교 맥락의 미반영 등의 문제를 해결하기 위해 설계기반연구 방법론을 활용해 개발되었다.

또한 허선영(2020)의 경우, 설계기반연구 방법론을 적용하여 교육 현장에서 나타난 협력적 논변에서의 관점 수용과 관련한 문제를 해결하고 교육 현장에서 실제적으로 적용 가능한 전략을 도출하고자 하였다. 이를 위하여 반복적인 연구 과정을 거쳤다(Voigt & Swatman,

2005). 이 연구는 크게 두 개의 연구로 구성된다. 연구 Ⅰ은 1차 순환, 연구 Ⅱ는 2차 순환에 해당한다. 연구 Ⅰ에서 도출된 개선점이 연구 Ⅱ에 반영되어 전략과 도구를 수정하고 이에 대한 효과를 검증하였다. 먼저 연구 Ⅰ은 컴퓨터 기반 협력적 논변 활동 상황에서 관점 수용을 위한 적응적 지원전략을 개발하고, 학습자의 관점 수용 활동 양상을 탐색하는 것을 목적으로 한다. 연구 결과, ① 학습자 특성 탐지, ② 관점 수용 수준 기반 분석, ③ 적응적 피드백, ④ 적응적 스캐폴딩, ⑤ 적응적 성찰 지원, ⑥ 적응적 학습지원 시스템과 같은 6개의 구성요소가 도출되었고, 이에 대한 15개의 지원전략과 41개의 상세지침이 도출되었다.

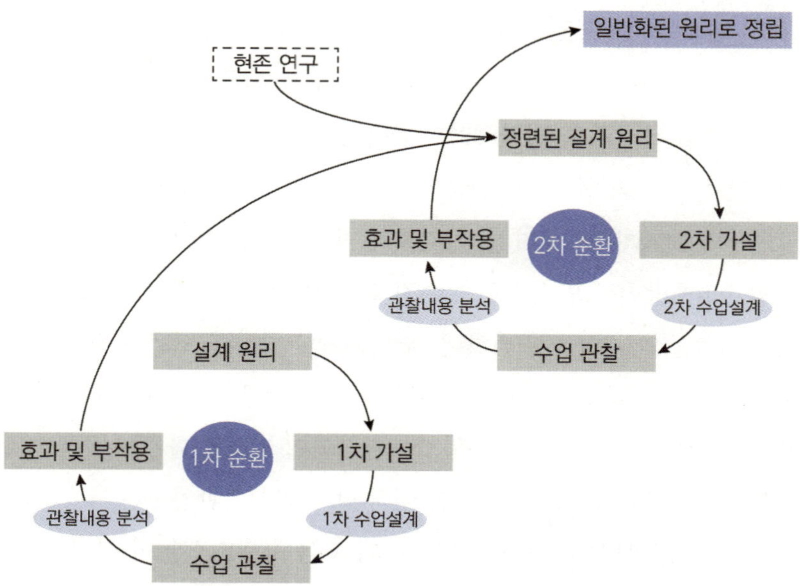

[그림 43] 설계기반연구의 과정(허선영, 2020)

이를 수업에 직접 적용해보면서 도출된 개선점이 반영되어 연구 Ⅱ가 실시되었다. 연구 Ⅱ는 수정된 지원전략의 효과와 개선점을 탐구하는 것을 목적으로 하며, 연구 결과, 1) 관점수용 점검, 2) 적응적 스캐폴딩, 3) 적응적 피드백, 4) 적응적 성찰 지원과 같은 4개의 구성요소와 이에 대한 10개의 지원전략, 41개의 상세지침이 도출되었다. 허선영(2020)은 설계기반연구에 따라 위 연구를 수행하면서, 설계기반연구는 연구자와 현장 전문가의 지속적인 소통과 밀접한 관계 유지가 중요함을 강조하였다.

3) 설계 · 개발연구 방법론과 설계기반연구의 비교

최근 다양한 테크놀로지가 교육환경에 널리 활용됨에 따라 이에 상응하는 교수학습 관련 설계 및 개발 연구가 급증하고 있다(김민지, 허선영, 2021; 김성욱, 임철일, 2017; 한송이, 임철일, 2019). 교수설계, 학습환경 설계 등의 연구에서 활용되는 대표적인 연구 방법으로 설계 · 개발연구와 설계기반연구가 있다(강지혜, 박태정, 2022; 임철일, 2012).

설계 · 개발연구 방법론은 교수적 혹은 비교수적 산출물과 도구 그리고 그것들의 개발을 관리하는 데 새롭거나 향상된 모델을 창출하기 위하여 실증적 기초를 수립하기 위한 연구 방법론으로, 특수한 맥락과 조건에서의 지식을 다루는 유형 1과 일반화된 지식을 다루는 유형 2로 구분된다(Richey & Klein, 2007). 이와 달리 설계기반연구는 학습과학 분야의 연구 방법론으로 제안되었는데 교육 프로그램들이 실제 학습 맥락에서 제대로 활용되기 위해 교육연구가 어떻게 수행되어야 하는지를 밝히기 위한 연구 방법론으로 연구 유형을 구분하지는 않는다.

다시 말해, 설계·개발연구 방법론은 교육현장에 대한 설명보다 발견한 문제점을 해결하기 위해 관련 자료를 개선 및 개발하거나(유형 1), 타당한 산출물을 체계적으로 도출하는 것(유형 2)에 초점을 둔다면, 설계기반연구는 실제 교육 현장에서 축적된 연구 결과를 통해 국소적 이론을 형성하는 데 초점을 둔다(강지혜, 박태정, 2022). 교육현장을 중요시하는 설계기반연구는 연구자와 현장 전문가 등 교육 관련 당사자들이 지속적으로 소통하며 처방적인 설계, 적용, 수정을 반복하는 과정을 포함하며 설계·개발연구와 달리 세부 유형을 따로 제시하고 있지는 않다(강정찬, 이상수, 2009; 김현주, 임정훈, 2014; 강지혜, 박태정, 2022; Brown, 1992; Collins, 1992). 연구자는 연구의 목적과 초점에 따라 설계·개발연구와 설계기반연구 중 적절한 연구 방법론을 선택하여 활용할 수 있다.

2. 형성연구(formative research)

1) 형성연구의 특징

형성연구는 교수설계 이론의 설계 사례에 대한 형성적 평가를 통해 기존 이론과 설계 사례의 타당성을 확인하고 수정하기 위한 방법론으로 Reigeluth와 Frick(1999)에 의해 제안되었다. 형성연구 방법론은 교수설계이론의 처방성과 절충성을 반영하며, 이론의 개선을 목적으로 하는 개발 연구 방법론의 하나로 소개되고 있다(정재삼, 1997; Richey & Nelson, 1996). 이론을 개선하기 위해서는 이론의 타당성보다는 이론의 최적성에 대한 연구가 필요하다. 관심 대상의 이론이 현재 이용할 수 있는 다른 어떤 이론들보다도 훌륭한가를 검토한다. 이러한 노력의 일환으로 검토된 아이디어가 체제적인 교수설계의 형성평가 과정이며(Dick & Carey, 1985), 형성연구 방법론은 형성평가(formative evaluation)와 사례연구(case study)에 기반을 두고 수업원리의 개선과 개발의 목적을 가진다(임철일, 2012).

해당 연구 방법론은 특정 교수설계이론이 정확히 적용된 사례(instance)의 약점과 개선점으로부터 해당 교수설계 이론의 약점과 개선점을 파악하고자 하는 특징을 가진다. 형성연구 방법론의 주목적은 일반화 가능한 설계이론, 모형, 원리를 도출하는 것이다. 이를 위해서 본 연구 방법은 일반화 가능한 설계 지식이 도출될 때까지 “설계이론에 근거한 설계>현장 투입과 평가>데이터 수집>이론 구성, 도구 개선”이라는 절차를 반복한다.

임철일(1995)은 형성적 연구 방법론의 주요 특성을 다음과 같이 제시하고 있다. 첫째, 연구 대상이 되는 교수설계이론 혹은 모형에 따라서 교수 프로그램을 설계하여 개발한다. 이때 대상 이론 혹은 모형에서 언급되지 않은 교수 방법들을 가능한 사용하지 않도록 한다. 둘째, 개발된 교수 프로그램을 중심으로 일련의 일대일 검토를 실시한다. 일대일 검토시 학습자들의 대표성을 확보해야 하며, 일대일 검토는 2단계에 걸쳐서 이루어진다. 첫 번째 단계에서 학습자가 학습을 진행할 때 연구자는 질문 등을 통하여 교수 프로그램의 장 · 단점 등을 확인한다. 학습자는 교수 프로그램의 개선점을 적극적으로 지적한다. 두 번째 단계는 첫 번째 단계에 발견된 결과의 타당성을 확인하기 위하여 보다 자연스러운 상태에서 일대일 검토를 한다. 예컨대, 학습자의 학습 진행 상황과 그 반응을 비디오카메라로 녹화하였다가 검토하는 과정을 갖는다.

2) 형성연구의 사례

Luo와 동료들(2018)은 형성연구 방법론을 사용하여 사례 기반의 교수설계이론(Case-Based Method; CBM)을 검토하고, 이 이론이 온라인 수업 설계에 적용되는 사례를 조사하였다. 이 연구는 자기주도적 온라인 수업 맥락에서 사례 기반의 교수설계이론을 검증하고 정교화하는 것을 목적으로 한다. 연구 절차는 다음 [그림 44]와 같다. 먼저 사례 기반 방법에 대한 선행 문헌에서 13개의 설계원리를 도출해내고, 이를 기반으로 한 온라인 튜토리얼을 개발하였다. 이후 연구자들은 설계, 평가 및 수정의 과정을 두 차례 반복하면서 개발한 튜토리얼을 평가하였다. 이러한 연구 과정을 거쳐 연구 결과로서 사례 기반 교수설계의 특징, 튜토리얼 설계에서 사례 기반 교수설계이론을 적용할 때의 한계와 이점 등을 제시하였다.

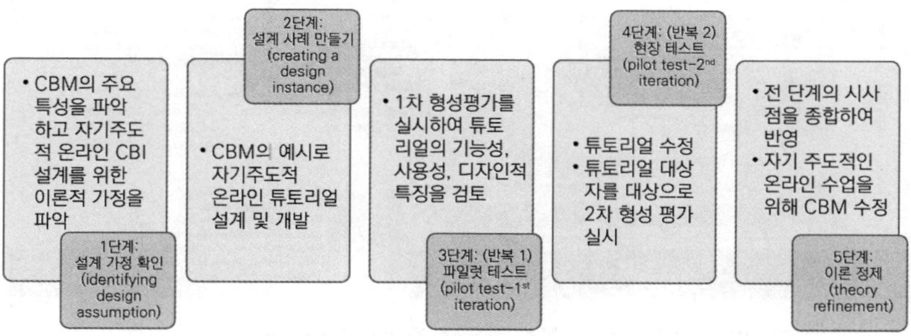

[그림 44] 형성연구의 5단계(Luo et al., 2018)

Luo와 동료들(2018)의 구체적인 형성연구 과정은 다음과 같다. 첫째, 사례 기반 방법(CBM)의 주요 특징을 확인하고, 자기주도적 온라인 사례 기반 교수설계를 위한 이론적 가정을 파악하였다. 둘째, 사례 기반 방법의 사례로서 자기주도적 온라인 튜토리얼을 설계 및 개발하였다. 셋째, 1차 형성평가를 실시하여 튜토리얼의 기능, 사용성, 디자인을 검토하였다. 넷째, 튜토리얼을 수정하고 2차 형성평가를 실시하였다. 다섯째, 앞선 단계들의 시사점을 종합하여 튜토리얼에 반영하고 자기주도적 온라인 수업을 위한 사례 기반 방법에 관한 이론을 정제하였다. 이 과정을 통해 산출된 튜토리얼은 다음 [그림 45]과 같다.

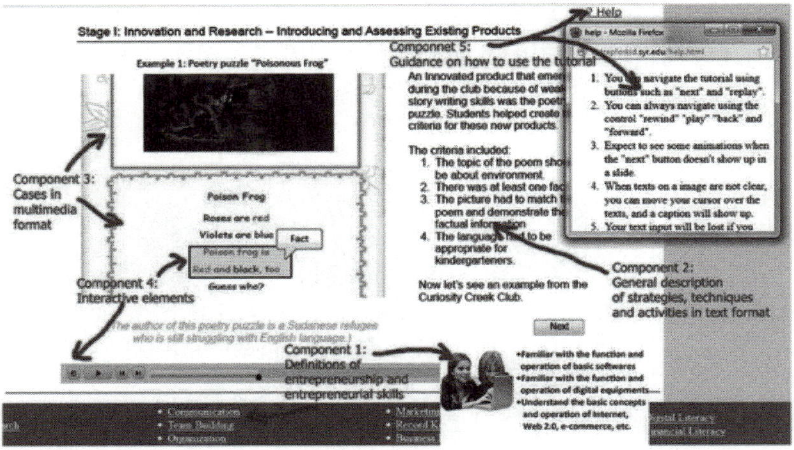

[그림 45] 형성연구를 통해 도출된 튜토리얼 1.0(Luo et al., 2018)

국내에서도 임철일과 연은경(2009)이 사례 기반 시뮬레이션 설계원리에 관한 형성연구를 실시하였다. 해당 연구의 절차는 ① 설계원리의 선정 및 개발, ② 시뮬레이션의 개발, ③ 자료수집 절차 및 분석

순으로 이루어지며 이 과정을 통하여 설계원리 도출하였으며 [그림 46]과 같은 프로그램을 개발하였다.

[그림 46] 사례기반학습을 위한 절차적 시뮬레이션 예시 화면(임철일, 연은경, 2009)

3) 설계·개발연구 방법론과 형성연구의 비교

형성연구는 설계·개발연구 방법론의 한 가지 유형으로 볼 수 있다. Reigeluth와 Frick(1999)은 현존하는 설계이론을 검증하거나 새로운 이론 및 모형을 구성하는 토대로서 형성적 연구 기법을 설계·개발연구 방법론의 한 유형으로 포함하였다.

형성 연구는 교수설계 이론 및 모형의 개발과 개선을 목적으로 하여 제안된 것에 비하여, 설계 개발 연구는 이를 포함한 다양한 수업 관련 이론적 모형과 도구의 개발과 관련되어 있다. 즉 보다 넓은 영역을 연구 대상으로 삼는다.

또한 형성 연구는 형성 평가의 아이디어를 기반으로 이론과 모형의 수정에 관심을 가지는 것에 비하여, 설계개발 연구는 내적 및 외적 타당성을 확보하려는 일련의 방법론을 구체적으로 제시하고 있다. 대체로 형성 연구는 사례 연구 차원에서 학습자의 의견 등 질적 자료 분석에 집중하는 것에 비하여, 설계개발 연구는 대체로 준실험 상황에서 통제 집단과 실험 집단의 통계적 차이를 검증하게 된다.

3. 설계 · 개발연구 방법론의 향후 발전 방향

1) 기술 기반 교육 방법의 개발

설계 · 개발연구 방법론은 향후 새로운 기술을 기반으로 하는 교육 방법을 체계적으로 개발하려고 할 때 활용할 수 있다. 예를 들어 새로운 이러닝(e-learning) 플랫폼의 설계 및 개발에서 이 방법론을 활용하여 사용자 경험과 학습 효과를 최적화할 수 있다. 이에 대한 대표적인 사례에는 김민지와 허선영(2021)의 코딩 학습 지원 도구 프로토타입 개발 연구가 있다. 이 연구는 코딩 학습의 높은 학습 탈락률을 방지하고 효과적으로 학습이 이루어질 수 있도록 인공지능 챗봇을 활용한 웹 기반 코딩 지원 도구의 프로토타입을 개발하는 것을 목적으로 하며, 프로토타입 개발을 위해 설계 · 개발연구 방법론을 활용하였다. 연구 절차는 〈표 64〉와 같다. 문헌분석 및 사례분석을 통해 프로토타입의 설계원리를 도출하였고, 이를 반영하여 1차 프로토타입을 개발하였다. 이후 초보 코딩학습자를 대상으로 설문조사와 면담을 통해 사용성 평가를 실시하였다. 이를 통해 프로토타입의 장점으로 챗봇의 단계적 피드백, 신속한 문제해결, 동료 학습자와의 의사소통 지원 등을 발견하고, 개선점으로는 챗봇 에이전트 생성, 함수 설명 기능 추가, 챗봇 질문 메뉴 추가, 챗봇 음성 지원 추가 등을 발견하였다. 이상의 개선점을 반영하여 개발한 최종 프로토타입에는 코딩 창, 인공지능 챗봇, 그룹대화방, 함수표기 기능이 포함되었다.

〈표 64〉 인공지능 챗봇을 활용한 웹 기반 코딩 학습 지원 도구 프로토타입 개발 연구 절차(김민지, 허선영, 2021)

연구 절차	세부 내용
문헌분석 및 사례분석	• 선행연구 분석 • 사례분석 • 학습자 특성 도출 • 지원 도구 사용 목표 설정
프로토타입 설계	• 설계원리 도출 • 지원 도구 구조 설계 • 지원 도구 화면 설계
1차 프로토타입 개발	• 인공지능 챗봇 프로토타입 개발 • 웹 기반 지원 도구 프로토타입 개발 • 내용 전문가 검토
사용성 평가	• 설문 조사 • 면담
최종 프로토타입 개발	• 인공지능 챗봇 기능 수정 • 지원 도구 웹 수정

또한 VR과 AR 기술 등의 최신 테크놀로지를 교육에 적용하기 위한 콘텐츠를 설계하고 평가하는 데에도 활용할 수 있다. 박태정(2020)은 설계·개발연구 방법론을 활용하여 가상현실 기반 메이커교육 프로그램의 설계원리를 개발하고, 이 설계원리를 적용하여 스마트카 메이커교

육용 VR 시뮬레이션 앱을 개발하였다. 연구 결과로서 〈표 65〉와 같은 설계원리가 도출되었고, 이를 반영하여 시뮬레이션 앱을 개발하였다. 그리고 전문가 검토를 실시하여 시뮬레이션 앱의 사용성을 평가하였다.

〈표 65〉 가상현실 기반 메이커교육 프로그램의 설계원리(박태정, 2020)

연구 절차	세부 내용
1. 메이킹 단계 및 활동 구성	1.1. 메이킹 단계를 체계적으로 세분화하여 구성하라
	1.2. 단계별 활동에 대한 단서 및 피드백 제시 방법을 구체화하라
2. 메이킹 도구 및 장비 제시	2.1. 메이킹에 필요한 도구를 수준별로 분류하여 제시하라
	2.2. 취사선택할 수 있도록 메이킹 외형 재료를 다양하게 제공하라
3. 메이킹 성취 목표와 보상 연계 설계	3.1. 학생들의 동기, 도전 의식을 이끌어낼 수 있는 메이킹 성취 목표를 설계하라
	3.2. 메이킹 성취 목표 달성 시 적절한 내외적 보상을 제공하라
4. VR 객체 제작 및 상호작용 구현	4.1. VR 객체 조작에 있어 사용자 경험을 극대화하라
	4.2. VR 부작용을 방지하라

임은선(2023)은 중등학교 영어 수업 맥락에서 인공지능 기반 적응형 학습 시스템을 효과적으로 활용하기 위한 수업 모형과 교수전략을 개발하기 위해 설계 · 개발연구 방법론의 유형 2를 활용하였다. 선행문헌을 종합적으로 검토하고 관련 전문가와의 면담 결과를 바탕으로 초기 수업 모형과 교수전략을 개발하였고, 이에 대한 내적 타당성 확인을 위해 전문가 6인을 대상으로 한 전문가 타당화를 거쳤다. 마지막으로 이를 직접 중학교 영어 수업 현장에 적용해봄으로써 모형과 전략의 외적 타당성을 확인하고 최종 수업 모형과 교수전략을 개발하

였다. 개발된 7개의 교수전략과 그에 대한 25개의 상세지침에 대한 예시는 〈표 66〉과 같다.

〈표 66〉 인공지능 기반 적응형 학습 시스템 활용 영어 수업을 위한 교수전략 예시(임은선, 2023)

<table>
<tr><th>연구 절차</th><th>세부 내용</th></tr>
<tr><td rowspan="6">1. 학습자가 인공지능 기반 적응형 학습 시스템을 능숙하게 사용할 수 있도록 하라.</td><td>1.1. 학습자들에게 인공지능 기반 적응형 학습 시스템의 활용 목적을 안내하라</td></tr>
<tr><td>(예시 및 해설)
• 학습자들에게 인공지능 기반 적응형 학습 시스템 활용 활동이 수업에서 다루는 목표로서 예컨대 언어 구문이나 상황별 의사소통 등의 주요 학습 내용을 연습하는 과정임을 안내
• 인공지능 기반 적응형 학습 시스템을 활용하는 활동이 단순히 학생들을 평가하기 위한 활동이 아니며, 교과서 내 문법, 어휘, 읽기, 쓰기 등의 학습 내용을 반복적으로 연습하는 과정이며 시스템 활용을 통해 자신의 성취도에 대한 분석 결과와 취약점을 보완할 수 있는 연습문제를 제공받을 수 있음을 설명</td></tr>
<tr><td>1.2. 학습자들이 모델링(modeling)을 통해 관찰학습을 할 수 있도록 인공지능 기반 적응형 학습 시스템의 기능을 직접 시연하라</td></tr>
<tr><td>(예시 및 해설)
• 학습자용 계정으로 로그인하는 방법, 교사가 제공한 문제를 푸는 방법, 문제의 정 · 오답 여부 및 피드백을 확인하는 방법, 스스로 문제를 생성해 풀이하는 방법 등을 직접 시연</td></tr>
<tr><td>1.3. 학습자들이 인공지능 기반 적응형 학습 시스템을 직접 활용 및 탐색해볼 수 있는 충분한 시간과 기회를 제공</td></tr>
<tr><td>(예시 및 해설)
• 1인 1스마트기기(노트북, 크롬북, 태블릿PC, 스마트폰 등)의 환경 갖추기
• 인공지능 기반 적응형 학습 시스템을 활용하여 첫 수업을 하기 전, 학습자들이 인공지능 기반 적응형 학습 시스템을 능숙하게 사용할 수 있도록 학습자들이 수업 전 10~15분 정도의 시간 동안 직접 활용하며 영어 문제를 풀어보도록 함</td></tr>
</table>

2) 설계 · 개발연구 방법론의 가치 및 향후 발전 방향

설계 · 개발연구 방법론은 특히 교육 분야에서 다음과 같은 측면에서 중요한 가치를 지닌다. 먼저 설계 · 개발연구 방법론은 교육 문제의 복잡성과 맥락 의존성을 고려한 효과적인 교육적 해결방안을 도출할 수 있다는 점에서 실제적 교육문제를 해결하는 데 기여할 수 있다. 설계 · 개발연구 방법론은 교육 문제가 복잡하고 맥락에 의존적이라는 전제에 바탕을 두고 있다. 따라서 이 연구 방법론은 문제의 복잡성을 단순화하지 않고 그대로 받아들여 특정 교육 환경과 상황에 최적화된 해결책을 찾는다. 또한 이 연구 방법론은 실제 교육 현장에서 적용 가능한 실용적인 해결방안을 제시할 수 있다. 이는 교육자들이 이론적인 지식만을 얻는 것이 아니라, 실제로 문제를 해결할 수 있는 능력을 키울 수 있게 한다. 이러한 점에서 설계 · 개발연구 방법론은 일정한 실험실 환경에서 진행되어 실제적 맥락을 고려하기 어려운 실험연구를 보완할 수 있는 방법으로 평가된다.

다음으로 설계 · 개발연구 방법론은 질적 연구와 양적 연구의 방법론을 모두 수용하여 설계와 개발에 대해 과학적으로 접근한다는 점에서 가치를 지닌다. 이를 통해 더 정확하고 신뢰할 수 있는 결과를 도출할 수 있다. 설계 · 개발연구 방법론은 교육 관련 산출물, 서비스, 프로그램 등을 철저히 검증하는 데에도 효과적으로 활용되고 있다. 이 과정에서 질적 및 양적 데이터를 활용하여, 개발된 해결책의 효과성과 타당성을 과학적으로 증명할 수 있다. 이렇게 질적 연구와 양적 연구를 모두 활용함으로써 연구의 신뢰성과 타당성을 높일 수 있고, 이는 연구 결과를 더 넓은 맥락에서 해석하고 적용할 수 있게 만든다.

또한 설계 · 개발연구 방법론의 산출물은 주로 새로운 테크놀로지, 매체를 교육적으로 활용하기 위한 설계 모형, 원리, 전략 개발 등으로 나타난다(강지혜, 박태정, 2022). 연구의 맥락과 목적에 따라 다양한 산출물이 도출될 수 있다. 설계 · 개발연구 방법론을 통해 얻어지는 이러한 산출물은 교육환경을 혁신하기 위한 핵심 도구와 자원으로 작용할 수 있다. 이들은 교육 시스템을 변화시키고 학습자들에게 혁신적 교육 경험을 제공하기 위한 핵심 구성요소로 작용한다. 이러한 특징을 고려하였을 때, 설계 · 개발연구 방법론은 AI · 디지털 역량의 필요성에 따라 AI 활용 교육과 AI 융합 교육이 강조되고 있는 현재의 교육과정에서 유용하게 활용될 수 있다(임철일, 2024). 융합 교육 측면에서 설계 · 개발연구가 활용된 사례를 살펴보면 구단희 외(2022)는 사회과에서 인공지능 리터러시를 함양시키기 위한 문제해결 수업 모형을 개발하였고, 임철일 외(2023)는 국어과에서 블록 코딩을 활용한 융합형 수업 설계원리와 모형을 개발하였다. 요컨대, 설계 · 개발연구 방법론은 향후 인공지능과 같은 첨단의 기술적 발전의 가속화와 함께 이를 효과적으로 활용하기 위한 요구를 반영하는 연구 방법론(임철일, 2024)으로서 그 적용 범위가 확대될 것이다.

본 장에서는 설계 · 개발연구 방법론과 유사한 연구 방법론인 설계기반연구와 형성연구의 특징과 사례, 이 두 연구 방법론이 설계 · 개발연구 방법론과 어떠한 다른 특징을 지니는지 소개하였다. 연구자는 여러 연구 방법론에 대한 이해를 바탕으로, 연구의 초점과 맥락에 따라 적절한 연구 방법론을 선택하여 활용해야 한다. 연구자는 설계 · 개발연구 방법론의 가치를 이해하고, 다양한 실제적 교육 문제를 해결하기 위해 설계 · 개발연구 방법론을 효과적으로 사용할 수 있다.

참고문헌

강정찬, 이상수 (2009). 비계설정을 위한 블렌디드 수업설계 모형 개발. 교육정보미디어연구, 15(3), 89-121.

강지혜, 박태정 (2022). 설계・개발연구와 설계기반연구의 연구동향 분석: 주제범위 문헌고찰. 교육공학연구, 38(3), 661-698.

고보경 (2022). 의과대학 환자안전교육을 위한 사례기반 학습모형 개발 [서울대학교 대학원 석사학위논문].

곽영순 (2015). 미래 학교교육 변화 및 교육과정 재구성에 필요한 교사 전문성 탐색. 교과교육학연구, 19(1), 93-111.

곽영순, 백경선, 이미숙, 민재원, 김용 (2013). 교사의 학교 수준 교육과정 편성·운영 역량 강화 방안 (연구보고 RRC 2013-7). 한국교육과정평가원.

교육부 (2011). 과학기술예술 융합 STEAM 교육 활성화 방안 발표 보고서. 교육부.

교육부 (2020). 현직 교사의 인공지능 융합교육 역량 강화를 위해 교육부, 시도교육청, 38개 교육대학원이 힘을 합치다. [보도자료]. https://www.moe.go.kr/boardCnts/viewRenew.do?boardID=294&boardSeq=82398&lev=0&searchType=null&statusYN=W&page=110&s=moe&m=020402&opType=N.

구단희, 김진현, 이지영, 조애영, 이원희 (2022). 인공지능 리터러시 함양을 위한 인공지능 융합 사회과 문제해결 수업모형 및 교수전략 개발 연구. 인공지능연구 논문지, 3(3), 54-74.

권순달 (2011). 교육연구의 이해. 양서원.

김경한 (2020). 교과교육 관점의 수업설계모형 연구. 학습자중심교과교육연구, 20(17), 633-662. 10.22251/jlcci.2020.20.17.633

김근재 (2019). 피지컬 컴퓨팅 도구를 활용한 메이커 교육 수업 모형 개발 [서울대학교 대학원 석사학위논문].

김민정 (2017). 설계기반 연구를 통한 플립러닝 사전 동영상 자기주도 예습 지원 교수-학습전략 개발. 교육정보미디어연구, 23(4), 789-814.

김민지, 허선영 (2021). 인공지능 챗봇을 활용한 웹 기반 코딩학습 지원도구 프로토타입 개발. 교육정보미디어연구, 27(1), 111-132.

김선영 (2013). 전문성 수준에 적응적인 학습활동 중심 이러닝 설계전략 개발 [서울대학교 대학원 박사학위논문].

김선희 (2014). 디지털 매체를 활용한 포럼연극 수업설계 모형 개발 [서울대학교 대학원 박사학위논문].
김선희, 임철일 (2016). 디지털 매체 활용 포럼연극 수업설계의 개념 모형 개발. 교육공학연구, 32(3), 453-486.
김성욱 (2016). 모바일 탐구학습을 위한 수업설계 모형 개발 연구 [서울대학교 대학원 박사학위논문].
김성욱, 임철일 (2017). 모바일 탐구학습을 위한 수업설계의 개념모형 개발 연구: 테크놀로지 통합을 중심으로. 교육공학연구, 33(2), 327-364.
김자미, 이원규, 김용, 우호성, 양혜지, 김성희, 김재홍, 김예슬, 박한별 (2020). 교원의 융합교육 역량모델 개발 및 모듈형 연수체계 개발 연구. 한국과학창의재단.
김현주, 임정훈 (2014). 스마트러닝 기반 협력적 문제해결 수업모형 개발. 교육공학연구, 30(4), 651-677.
나일주, 정현미 (2001). 웹 기반 가상교육 프로그램 설계를 위한 활동모형 개발. 교육공학연구, 17(2), 27-52.
나일주, 양용칠, 김현진, 송해덕, 서민원, 송상호, 이지현, 임철일, 조일현, 임정훈, 최성우, 송영민, 하영자, 유영만, 조은순 (2016). 교육 공학 탐구. 박영사.
박기용 (2007). 교수설계 모형과 실천 간의 차이와 원인 분석. 교육공학연구, 23(4), 1-30.
박성익, 임철일, 이재경, 최정임, 조영환 (2021). 교육공학과 수업(제6판). 교육과학사.
박순경, 이광우, 이미숙, 정영근, 민용성, 이근호, 김평국, 이경진 (2008). 초·중등학교 교육과정 선진화 개혁 방안 연구(I)–총괄 (연구보고 CRC 2008-28-1). 한국교육과정평가원.
박태정 (2015). 이러닝 환경에서의 감성적 어포던스 설계원리 개발 [서울대학교 대학원 박사학위논문].
박태정 (2020). 가상현실 기반 메이커 교육 프로그램 설계원리개발 및 적용. 한국IT 서비스학회지, 19(6), 161-175.
백순근 (2004). (학위논문 작성을 위한)교육연구 및 통계분석. 교육과학사.
성태제 (2020). 교육연구방법의 이해. 학지사.
송연옥 (2014). ICT 교수· 학습 측면에서 본 국내 수업모형 연구동향 분석. 디지털융복합연구, 12(1), 539-548.
송유경 (2021). 데이터 리터러시 향상을 위한 데이터 기반 토론 수업 모형 개발 [서울대학교 대학원 석사학위논문].
송유경, 송석리, 김예지, 임철일 (2021). 데이터 리터러시 향상을 위한 데이터 기반 토론 수업 모형 및 교수전략 개발 연구. 교육공학연구, 37(4), 943-982.

신선혜 (2021). 초등학교 혼합 수업의 과정중심평가 설계전략 개발 [서울대학교 대학원 석사학위논문].

연은경 (2013). 사례기반학습을 위한 사례 설계 원리 개발 연구 [서울대학교 대학원 박사학위논문].

오영범, 이상수, 강정찬 (2011). 원어민을 활용한 원격화상 수업설계 원리: 설계기반 연구방법을 적용하여. 교육정보미디어연구, 17(4), 499-530.

오은영 (2017). 외국어 말하기 학습을 위한 음성인식 테크놀로지 기반 상호작용형 애플리케이션 개발연구 [서울대학교 대학원 박사학위논문].

유기웅, 정종원, 김영석, 김한별 (2018). 질적 연구방법의 이해. 박영스토리.

이다연 (2021). 창의적 문제해결(CPS)의 문제 이해 단계를 위한 온라인 지원 도구 개발 [서울대학교 대학원 석사학위논문].

이다연, 임철일 (2021). 창의적 문제해결(CPS)의 문제 이해 단계를 위한 중등학생용 온라인 지원 도구 개발. 교육정보미디어연구, 27(3), 843-874.

이선희 (2019). 개인화 학습 지원을 위한 공개교육자원(OER) 활용 교수설계원리 개발연구 [서울대학교 대학원 석사학위논문].

이영태 (2013). 집단지성 기반의 학습환경 설계원리 및 모형개발 [서울대학교 대학원 박사학위논문].

이웅기 (2021). AI 기반 학습 지원도구 개발을 위한 모형 연구. [서울대학교 대학원 박사학위논문].

이은상, 김현진 (2020). 학습자 중심 학습을 위한 교사 간 협력적 수업 설계모형(T-CID) 개발 연구. 교육공학연구, 36(4), 1057-1086.

이정연 (2023). 블렌디드 러닝을 활용한 한국어 프로젝트 수업 모형 개발 연구. 외국어교육연구, 37(2), 55-78.

이주경 (2022). 기업교육에서 창의적 사고 기법을 활용한 실시간 온라인 학습 설계원리 개발 연구 [서울대학교 대학원 박사학위논문].

이지연 (2020). 360도 비디오 활용 수업성찰 지원 시스템 설계전략 개발 [서울대학교 대학원 석사학위논문].

이지현, 박정은 (2014). 뇌과학 기반 교수설계 전략의 탐색. 교육공학연구, 30(3), 335-359.

이진경 (2017). 플립러닝의 교수학습자료 개발을 위한 인지적 지원 도구 개발 연구 [서울대학교 대학원 박사학위논문].

이찬미 (2017). 외국어 학습에서 자기조절학습의 동기요소를 지원하는 이러닝 설계전략 탐색 [서울대학교 석사학위논문].

이현주, 김진선 (2020). 중등 특수교사를 위한 전환교육 주제의 교사재교육 이러닝 프로그램 개발: 설계기반연구를 적용하여. 교육문화연구, 26(3), 293-318.

이해영, 정홍상, 도수관, 사용진 (2019). 연구조사방법론. 대영문화사.

임은선 (2023). 인공지능 기반 적응형 학습 시스템 활용 영어 수업 모형 개발 [서울대학교 대학원 석사학위논문].

임철일 (1995). 교수설계이론을 위한 대안적 연구방법론의 탐색. 교육학연구, 33(3), 207-222.

임철일 (2012). 교수설계 이론과 모형(2판). 교육과학사.

임철일 (2019). 미래 사회와 교육을 위한 교육공학 연구 및 실천 영역의 재조명. 교육공학연구, 35(2), 253-287.

임철일 (2024). AI 융합 교육을 위한 설계 개발 연구 방법론의 활용 가능성. 김동일 외, 혁신과 공존의 교육학: 개념과 실천(pp. 403-440). 교육과학사.

임철일, 박태정, 김성욱, 윤영호 (2019). 암환자의 긍정성 증진을 위한 블렌디드 건강코칭 교육 프로그램 프로토타입 개발 및 적용. 한국IT서비스학회지, 18(5), 71-83.

임철일, 연은경 (2006). 기업교육 프로그램 개발을 위한 사용자 중심의 래피드 프로토타입 방법론에 관한 연구. 기업교육과 인재연구, 8(2), 27-50.

임철일, 연은경 (2009). 사례기반 시뮬레이션 설계 원리에 관한 형성 연구. 교육공학연구, 25(2), 117-149.

임철일, 연은경 (2015). 기업교육 프로그램 개발과 교수체제설계. 교육과학사.

임철일, 이다연, 정혜진, 이은서 (2023). 블록 코딩을 활용한 융합형 국어 수업 설계 원리 및 모형 개발. 교육공학연구, 39(2), 345-377.

임철일, 지현경, 고보경, 임은선, 민시은 (2024). 예비교원의 AI · 디지털 활용 수업 설계 역량강화를 위한 교육 프로그램 개발 연구. 교육정보미디어연구, 30(1), 129-153.

임철일, 최소영, 홍미영 (2010). 초등학교 초임 교사를 위한 교수 체제 설계 모형의 개발 연구. 교육공학연구, 26(4), 121-147.

장정아 (2005). 웹기반 PBL에서 튜터의 역할수행에 대한 사례연구. 교육공학연구, 21(3), 97-129.

정슬기, 진서연, 박인우 (2023). 국내 예비교사 대상 TPACK 향상 교육 프로그램의 효과에 관한 메타분석. 교육정보미디어연구, 29(2), 311-333. 10.15833/KAFEIAM. 29.2.311

정재삼 (1997). 결정지향적인 교육공학 연구방법론: 개발연구를 중심으로. 교육공학연구, 13(2), 286-302.

조부희 (2018). 가상현실 기반 STEAM 수업 설계전략 개발 연구 [서울대학교 대학원 석사학위논문].

조영환, 이현경, 조규태, 박세진 (2019). 디지털 교과서 활용 수업을 위한 참여적 설계의 효과와 제한점. 교육정보미디어연구, 25(4), 767-795.

조정길, 허원회 (2017). 스마트 폰에서 모바일 앱의 사용성 평가 프레임워크. 예술인문사회융합멀티미디어논문지, 7(12), 841-848.

지현경 (2021). 창의적 문제해결을 위한 교과-소프트웨어융합 수업설계 모형 개발 연구 [서울대학교 대학원 박사학위논문].

지현경, 임철일 (2022). 창의적 문제해결을 위한 교과-소프트웨어융합 수업설계 원리 개발 연구. 교육공학연구, 38(2), 369-407. 10.17232/KSET.38.2.369

진성희, 한승우, 김태현 (2014). 공학계열 대학생들의 진로탐색능력 향상을 위한 프로그램 개발 및 효과. 공학교육연구, 17(3), 8-21.

채지윤 (2023). 클라우드 기반 학습도구를 활용한 데이터 기반 맞춤형 수업 모형 개발: 중등 수학 교육을 중심으로 [서울대학교 대학원 석사학위논문].

최서연 (2022). 인공지능 교육시스템 기반 초등학교 수학 수업 설계모형 개발 [서울대학교 대학원 석사학위논문].

최서연, 임철일 (2023). 인공지능 튜터링 시스템 기반 초등학교 수학 수업 설계원리 및 지침 개발. 교육공학연구, 39(4), 969-1009.

최소영 (2017). 초등 STEAM 교육의 창의적 설계 활동을 위한 교수설계 원리 개발 연구[서울대학교 대학원 박사학위논문].

한송이 (2019). 증강현실 기반 수업설계 원리 개발 연구 [서울대학교 대학원 박사학위논문].

한송이, 임철일 (2019). 증강현실 기반 수업설계 원리 개발 연구. 교육공학연구, 35(스페셜), 455-489. 10.17232/KSET.35.2.455

한옥결 (2019). 대시보드를 활용한 자기성찰 교수관리전략 개발 [서울대학교 대학원 석사학위논문].

한형종 (2019). 가상현실 기반 교육용 시뮬레이션 설계모형 개발 [서울대학교 대학원 박사학위논문].

한형종, 임철일 (2020). 가상현실 기반 교육용 시뮬레이션 설계원리 개발. 교육공학연구, 36(2), 221-264. 10.17232/KSET.36.2.221

함윤희, 김진희, 허선영, 한형종, 최서연 (2020). 자기주도학습 지원을 위한 디지털 교과서 대시보드 프로토타입 개발 연구. 교육공학연구, 36(1), 1-31.

허선영 (2020). 컴퓨터 기반 협력적 논변에서 관점수용을 위한 교사의 적응적 지원전략에 관한 설계기반연구 [서울대학교 대학원 박사학위논문].

홍미영 (2012). 창의적 문제해결을 위한 이러닝 지원시스템 설계원리 개발연구: CPS 모형을 중심으로 [서울대학교 대학원 박사학위논문].

홍수민 (2021). 인공지능 스피커를 활용한 언어교육에서 교수자의 스캐폴딩 전략 개발 [서울대학교 대학원 석사학위논문].

홍수민, 임철일 (2021). 인공지능 스피커를 활용한 언어교육에서 교수자의 스캐폴딩 전략 개발. 교육공학연구, 37(2), 309-341.

홍현미 (2017). 융합인재교육(STEAM)을 위한 플립러닝 수업설계원리 개발 연구 [서울대학교 대학원 박사학위논문].

Arksey, H., & O'Malley, L. (2005). Scoping studies: towards a methodological framework. *International journal of social research methodology, 8*(1), 19-32.

Barab, S. (2014). Design-based research: A methodological toolkit for engineering change. *The Cambridge handbook of the learning sciences, 2*, 151-170.

Barab, S. (2022). Design-Based Research: A Methodological Toolkit for Engineering Change. In R. K. Sawyer (Ed.), *The Cambridge Handbook of the Learning Sciences*(pp. 177–195). chapter 9, Cambridge University Press.

Brown, A. (1992). Design experiments: Theoretical and methodological challenges in creating complex interventions in classroom settings. *The Journal of the Learning Sciences, 2*(2), 141-178.

Cobb, P., Confrey, J., DiSessa, A., Lehrer, R., & Schauble, L. (2003). Design experiments in educational research. *Educational researcher, 32*(1), 9-13.

Cober, R., Tan, E., Slotta, J., So, H. J., & Könings, K. D. (2015). Teachers as participatory designers: Two case studies with technology-enhanced learning environments. *Instructional Science, 43*(2), 203-228.

Cole, P. G., & Chan, L.K.S. (1994). *Teaching principles and practice*. Prentice Hall.

Collins, A. (1992). Toward a design science of education. In *New directions in educational technology*(pp. 15-22). Springer, Berlin, Heidelberg.

Cooper, H. M. (1998). *Synthesizing research: A guide for literature reviews*. SAGE.

Creswell, J. W. (2014). *Qualitative, quantitative and mixed methods approaches*.

SAGE.

Davis, L. L. (1992). Instrument review: Getting the most from a panel of experts. *Applied Nursing Research, 5*(4), 194-197.

Dick, W., & Carey, L. (1985). *The systematic design of instruction Glenview.* Scott, Foreman and Company.

Efron, S. E., & Ravid, R. (2020). 문헌리뷰 작성가이드(한유리, 역). 피와이메이트. (2019).

Eggen, P., & Kauchak, D. (2002). *Strategies for teachers: Teaching content and thinking skills* (4th ed.). Allyn and Bacon.

Ellis, T. J., & Levy, Y. (2010, June). *A guide for novice researchers: Design and development research methods*. In Proceedings of Informing Science & IT Education Conference (InSITE) (Vol. 10, No. 10, pp. 107-117). Italy, Cassino.

Ericsson, K. A. (2004). Deliberate practice and the acquisition and maintenance of expert performance in medicine and related domains. *Academic Medicine, 79*(10), 70–81.

Ericsson, K. A., & Charness, N. (1994). Expert performance: Its structure and acquisition. *American Psychologist, 49*(8), 725-747.

Grant, M. J., & Booth, A. (2009). A typology of reviews: an analysis of 14 review types and associated methodologies. *Health information & libraries journal, 26*(2), 91-108.

Grant, J. S., & Davis, L. L. (1997). Selection and Use of Content Experts for Instrument Development. *Research in Nursing & Health, 20*, 269-274.

Harrison, R., Flood, D., & Duce, D. (2013). Usability of mobile applications: Literature review and rationale for a new usability model. *Journal of Interaction Science, 1*(1), 1-16.

Koehler, M., & Mishra, P. (2009). What is technological pedagogical content knowledge (TPACK)?. *Contemporary issues in technology and teacher education, 9*(1), 60-70.

Könings, K. D., Seidel, T., & van Merriënboer, J. J. (2014). Participatory design of learning environments: Integrating perspectives of students, teachers, and designers. *Instructional Science, 42*(1), 1-9.

Lee, J. (2012). *Development of a visual summarizer design model for digital learning* [Doctoral Dissertation of Seoul National University].

Levac, D., Colquhoun, H., & O'Brien, K. K. (2010). Scoping studies: advancing the methodology. *Implementation science, 5*, 1-9.

Littell, J. H., Corcoran, J., & Pillai, V. (2011). 체계적 문헌고찰과 메타분석(정인숙, 전성숙, 황선경, 김동희, 하주영, 신병철 역). 수문사. (2008).

Luo, H., Koszalka, T. A., Arnone, M. P., & Choi, I. (2018). Applying case-based method in designing self-directed online instruction: a formative research study. *Educational Technology Research and Development, 66*, 515-544.

Lynn, M. R. (1986). Determination and quantification of content validity. *Nursing research, 35*(6), 382-386.

Maciejewski, M. L. (2020). Quasi-experimental design. *Biostatistics & Epidemiology, 4*(1), 38-47.

Merriam, S. B. (1998). *Qualitative research and case study applications in education*. Jossey-Bass.

Munn, Z., Peters, M. D., Stern, C., Tufanaru, C., McArthur, A., & Aromataris, E. (2018). Systematic review or scoping review? Guidance for authors when choosing between a systematic or scoping review approach. *BMC medical research methodology, 18*, 1-7.

OECD. (2006). *Schooling for Tomorrow: Think Scenarios, Rethink Education*. OECD Publishing.

O'Mathuna, D. P. (2000). Evidence-based practice and reviews of therapeutic touch. *Journal of Nursing Scholarship, 32*, 279–285.

Perez, R. S., & Emery, C. D. (1995). Designer thinking: How novices and experts think about instructional design. *Performance Improvement Quarterly, 8*(3), 80–95.

Reigeluth, C. M. (1983). *Instructional Design Theories and Models: An Overview of Their Current Status*. Erlbaum, Hillsdale.

Reigeluth, C. M. (1993). Principles of educational systems design. *International Journal of Educational Research, 19*(2), 117-131.

Reigeluth, C. M., & Carr-Chellman, A.A. (Eds.). (2009). *Instructional-Design Theories and Models, Volume III: Building a Common Knowledge Base*. Routledge.

Reigeluth, C. M., & Frick, T.W. (1999). Formative research: A methodology for creating and improvingdesign theories. In C. M. Reigeluth (Eds.), *Instructional-design theories and models – A new paradigm of instructional theory* (pp. 633-652). Lawrence Erlbaum.

Reigeluth, C. M., & Honebein, P. (2020). The instructional theory framework appears lost. Isn't it time we find it again?. *Revista De Educación a Distancia (RED),20*(64).

Reiser, R. A., & Dempsey, J. A. (Eds.) (2012), *Trends and Issues in Instructional Design and Technology* (3rd ed., pp. 256-262). Pearson.

Richey, R. C., & Klein, J. D. (2007). *Design and development research: Methods, strategies, and issues*. Routledge.

Richey, R. C., & Klein, J. D. (2012). 교육공학연구를 위한 설계 · 개발연구(정현미, 김광수 역). 학지사. (2007)

Richey, R. C., & Klein, J. D. (2014). Design and Development Research. *Handbook of Research on Educational Communications and Technology* (pp. 141-150). Springer.

Richey, R. C., Klein, J. D. & Tracey, M. W. (2011). *The Instructional Design Knowledge Base: Theory, Research, and Practice.* Routledge.

Richey, R. C., & Nelson, W. A. (1996). Developmental research. Braden, R. A. (Ed.), *Handbook of research for educational communications and technology* (pp. 1213-1245). Springer.

Rowland, G. (1992). What do instructional designers actually do? An initial investigation of expert practice. *Performance Improvement Quarterly, 5*(2), 65–86.

Rubio, D. M., Berg-Weger, M., Tebb, S. S., Lee, E. S., & Rauch, S. (2003). Objectifying content validity: Conducting a content validity study in social work research. *Social work research, 27*(2), 94-104.

S, Zhang. (2019). 혼합형 실시간 학습을 위한 수업설계 원리 개발 연구 [서울대학교 대학원 박사학위논문].

Sauer, J., Seibel, K., & Rüttinger, B. (2010). The influence of user expertise and prototype fidelity in usability tests. *Applied ergonomics, 41*(1), 130-140.

Sauer, J., & Sonderegger, A. (2009). The influence of prototype fidelity and aesthetics of design in usability tests: Effects on user behaviour, subjective evaluation and emotion. *Applied ergonomics, 40*(4), 670-677.

Schmidt, D. A., Baran, E., Thompson, A. D., Mishra, P., Koehler, M. J., & Shin, T. S. (2009). Technological pedagogical content knowledge (TPACK) the development and validation of an assessment instrument for preservice teachers. *Journal of research on Technology in Education, 42*(2), 123-149.

Seels, B., & Richey, R. (1994). *Instructional technology: The definition and domain of the field.* Association for Educational Communications and Technology.

Shulman, L. S. (1986). Those who understand: Knowledge growth in teaching. *Educational Researcher, 15*(2), 4-14.

Simon, H. A., & Chase, W. G. (1973). Skill in chess. *American Science, 61*, 394-403.

Souza, M. T. D., Silva, M. D. D., & Carvalho, R. D. (2010). Integrative review: what is it? How to do it?. *Einstein (São Paulo), 8*, 102-106.

Stake, R. E. (1995). *The art of case study research*. SAGE.

Stein, M. K., Remillard, J., & Smith, M. S. (2007). How curriculum influences student learning. *Second handbook of research on mathematics teaching and learning, 1*(1), 319-370.

Streiner, D. L., & Norman, G. R. (2008). *Health measurement scales: A practical guide to their development and use*. Oxford University Press.

Tracey, M. W. (2009). Design and development research: A model validation case. *Educational Technology Research and Development, 57*, 553-571.

Van den Akker, J., Gravemeijer, K., McKenney, S., & Nieveen, N. (Eds). (2006). *Educational design research*. Routledge.

Voigt, C., & Swatman, P. (2005). *Interactions in case discussions: A design-based research approach.* The information System Laboratory.

Wang, F., & Hannafin, M. J. (2005). Design-based research and technology-enhanced learning environments. *Educational technology research and development, 53*(4), 5-23.

Whittemore, R., & Knafl, K. (2005). The integrative review: updated methodology. *Journal of advanced nursing, 52*(5), 546-553.

찾아보기

저자 약력

임철일
서울대학교 교육학과 교수
서울대학교 사범대학 학습과학연구소 미래교육혁신센터 센터장

이다연
서울대학교 교육학과 교육공학전공 박사 졸업
서울대학교 객원교수

이진연(Li Zhenyan)
서울대학교 교육학과 교육공학전공 박사수료
서울대학교 사범대학 학습과학연구소 미래교육혁신센터 연구원

한옥결(Han Yujie)
서울대학교 교육학과 교육공학전공 박사수료
서울대학교 사범대학 학습과학연구소 미래교육혁신센터 연구원

고보경
서울대학교 교육학과 교육공학전공 박사수료
서울대학교 사범대학 학습과학연구소 미래교육혁신센터 연구원

홍수민
서울대학교 교육학과 교육공학전공 박사수료
서울대학교 사범대학 학습과학연구소 미래교육혁신센터 연구원

임은선
서울대학교 교육학과 교육공학전공 박사과정
서울대학교 사범대학 학습과학연구소 미래교육혁신센터 연구원

채지윤
서울대학교 교육학과 교육공학전공 박사과정
서울대학교 사범대학 학습과학연구소 미래교육혁신센터 연구원

교수설계 연구를 위한
설계 · 개발연구 방법론

2024년 8월 20일 1판 1쇄 인쇄
2024년 8월 30일 1판 1쇄 발행

저 자 : 임철일 이다연 이진연
한옥결 고보경 홍수민
임은선 채지윤

발행인 : 한 정 주
발행처 : 교 육 과 학 사

저자와의 협의하에 인지생략

경기도 파주시 광인사길 71
전화 (031)955-6956~8 / 팩스 (031)955-6037
Home-page : www.kyoyookbook.co.kr
E-mail : kyoyookbook@daum.net
등록 : 1970년 5월 18일 제2-73호

낙장·파본은 교환해 드립니다.
정가 17,000원
Printed in Korea.
ISBN 978-89-254-1899-5